高等职业教育创新创业系列精品教材

经济法实践
——创业项目化教程（第2版）

主　编　郑红玲　李　彬
　　　　　刘　凤
副主编　李心航　王　慧

北京理工大学出版社
BEIJING INSTITUTE OF TECHNOLOGY PRESS

版权专有 侵权必究

图书在版编目（CIP）数据

经济法实践：创业项目化教程/郑红玲，李彬，刘凤主编. —2 版. —北京：北京理工大学出版社，2021.1（2021.2 重印）

ISBN 978 – 7 – 5682 – 8670 – 1

Ⅰ.①经⋯　Ⅱ.①郑⋯ ②李⋯③刘⋯　Ⅲ.①经济法 – 中国 – 高等学校 – 教材　Ⅳ.①D922.29

中国版本图书馆 CIP 数据核字（2020）第 117495 号

出版发行 / 北京理工大学出版社有限责任公司
社　　址 / 北京市海淀区中关村南大街 5 号
邮　　编 / 100081
电　　话 /（010）68914775（总编室）
　　　　　（010）82562903（教材售后服务热线）
　　　　　（010）68948351（其他图书服务热线）
网　　址 / http：//www.bitpress.com.cn
经　　销 / 全国各地新华书店
印　　刷 / 涿州市新华印刷有限公司
开　　本 / 787 毫米 × 1092 毫米　1/16
印　　张 / 14　　　　　　　　　　　　　　　　责任编辑 / 武丽娟
字　　数 / 325 千字　　　　　　　　　　　　　文案编辑 / 武丽娟
版　　次 / 2021 年 1 月第 2 版　2021 年 2 月第 2 次印刷　责任校对 / 刘亚男
定　　价 / 39.80 元　　　　　　　　　　　　　责任印制 / 施胜娟

图书出现印装质量问题，请拨打售后服务热线，本社负责调换

前　言

当前，我国经济发展进入新常态，转型升级，实施创新驱动发展战略。经济发展需要深化改革开放，完善法制，更需要庞大的符合社会主义市场经济发展的人力资源，在职业教育快速发展的今天，高职高专的莘莘学子将成为明天市场经济活动的中坚力量，因此，培养懂法律、懂经济的高技能人才，为市场经济建设服务，是时代所需。

经济法作为我国法律体系中的一个重要法律部门，涵盖的内容比较庞杂，作为商科专业的基础课程，经济法的学时有限，而目前高职经济法教学中所使用的教材往往内容太多，在授课时需由教师进行删减，因此本书从高职高专商科类学生的职业技能需要出发，简明、实用地介绍和阐述经济法的基础知识。

本书的编写团队由一线教师组成，一直致力于高职院校经济法课程的教学改革。本书作为课改的成果之一，以商事主体在市场经济活动中的内在逻辑为主线，根据高职高专商科类专业教育教学规律、职业岗位能力要求以及高职高专学生的学习特点，重点突出了经济法的通识性和实用性。全书共分六个模块，包括十四个项目。这六个模块是市场经济活动中最基本、最实用的法律知识。为了提升学生解决实际问题的能力，在各模块中安排了时代背景、案例资讯、知识链接、案例分析、知识扩展、延伸阅读、实训任务等内容，引导学生了解经济发展的动向，熟悉经济案例，掌握经济法基本知识，学以致用，及时将知识转化为实践能力。

本书特色如下：

（1）体例创新，内容实用。本书作为高职高专商科类专业学生的教材，在编写体例上，设置时代背景、案例资讯、知识链接、案例分析、知识应用、实训任务等环节，由浅入深，由背景了解到知识掌握，再到案例分析和实践应用，逐步增强学生们经济法律的实践能力。在内容上，根据多年的经济法教学实践经验，对教学内容进行了精心选择，强调经济法的基础性和通识性。

（2）模块引领，项目设计。针对高职高专学生特点，本书中经济法基础内容结合职业岗位能力要求，整合划分为六个模块，方便学习，更利于学生案例分析能力和实践能力的培养。项目设计凸显了经济法重点内容，以案说法，在活生生的案例中，达到学习目标。

（3）案例教学，任务实践。本书通过案例分析加强学生对重点知识的把握，通过知识扩展和延伸阅读推动学生对基础知识的掌握，通过实训任务来培养学生的用法技能。实训任务要求学生利用团队学习的模式来完成并展示，拓展了学生学习的时间和空间，达到了提升学生的经济法实践能力，增强学生的团队合作能力的目标。

本书由青岛职业技术学院郑红玲、李彬担任主编，李心航、王慧担任副主编。具体编写分工如下：模块一和模块五由李彬编写；模块二和模块三由李心航编写；模块四由郑红玲编写；模块六由王慧编写。全书由青岛职业技术学院商学院副院长、副教授刘凤担任主审，总体把握编写质量。

　　本书在编写过程中参考了大量书籍和资料，并且得到了山东新和律师事务所的大力支持和帮助，在此向有关作者和山东新和律师事务所表示衷心的感谢！

　　囿于编者水平，书中疏漏和不当之处在所难免，敬请读者批评指正。

编　者

前 言（第 2 版）

本书在第一版的基础上进行了修订。本次修订的要点包括：

（1）结合我国近几年的立法实际情况，追踪经济法律方面的最新变化和调整，对教材中的部分章节进行内容上的更新，如 2020 年 5 月 28 日，十三届全国人大三次会议表决通过了《中华人民共和国民法典》，自 2021 年 1 月 1 日起施行，届时《婚姻法》《继承法》《民法通则》《收养法》《担保法》《合同法》《物权法》《侵权责任法》《民法总则》会同时废止，根据《民法典》的内容对模块二和模块六的内容进行了更新；根据 2019 年 11 月 1 日起施行的《中华人民共和国商标法》的修改条款和 2020 年 10 月 17 日全国人民代表大会常务委员会关于修改《中华人民共和国专利法》的决定，对模块三的内容进行了更新；根据 2018 年 1 月 1 日开始施行的《反不正当竞争法》，对模块四的内容进行了更新；根据 2019 年 1 月 1 日起施行的《个人所得税法》，对模块五的内容进行了更新；从而保证教材的实用性。

（2）在模块一增加了注册公司需要提交的文件模板、模块三增加了商标注册申请书的模板、模块六增加了仲裁申请书和民事起诉状的格式要求，便于学生更直观地了解进行相应的法律行为时应该怎么做。

（3）对【案例资讯】部分的案例进行了更新，增加了近期的一些典型实际案例，帮助学生了解法律在实际中的应用。

本次修订恰逢《民法典》颁布并将于 2021 年 1 月 1 日开始施行、《专利法》最新修改并将于 2021 年 6 月 1 日开始施行，为了让学生了解到最新内容，模块二直接介绍《民法典》的相关法律规定，案例分析部分没有用现行的《合同法》进行分析，而是直接应用《民法典》的相关内容进行分析；模块三的涉及专利法的内容直接介绍最新的法律规定并用于案例分析，特此说明。

本书第 2 版由青岛职业技术学院郑红玲、李彬、刘凤担任主编，李心航、王慧担任副主编。具体编写分工如下：模块一和模块五由李彬编写；模块二和模块三由李心航、刘凤编写；模块四由郑红玲编写；模块六由王慧编写。全书由郑红玲、李心航负责统稿。

本书在编写过程中参考了大量书籍和资料，案例部分得到了山东新和律师事务所王新忠律师的大力支持和帮助，在此向有关作者、山东新和律师事务所和王新忠律师表示衷心的感谢！

囿于编者水平，书中难免有疏漏和不完善之处，恳请读者批评指正。

编 者

目 录

模块一　创业新时代，你准备好了吗 ······································· (1)
　　项目一　创设个人独资企业 ··· (7)
　　项目二　创设合伙企业 ·· (11)
　　项目三　创设公司 ·· (16)
　　　【实训任务】 ·· (30)

模块二　如何正确处理合同事务 ·· (40)
　　项目一　订立有效的交易合同 ·· (44)
　　　【实训任务】 ·· (60)
　　项目二　防范合同履行中的风险 ····································· (60)
　　　【实训任务】 ·· (71)
　　项目三　违约责任的追究 ··· (71)
　　　【实训任务】 ·· (80)

模块三　如何保护商事主体的工业产权 ································· (81)
　　项目一　保护商事主体的商标权 ···································· (87)
　　　【实训任务】 ·· (96)
　　项目二　保护商事主体的专利权 ···································· (98)
　　　【实训任务】 ·· (108)

模块四　商事主体如何进行经营 ·· (109)
　　项目一　了解何为不正当竞争，如何进行正当竞争 ············ (115)
　　　【实训任务】 ·· (132)
　　项目二　提升产品和服务质量，保护消费者权益 ··············· (132)
　　　【实训任务】 ·· (156)

模块五　商事主体如何缴纳税收 (157)
　　项目一　缴纳企业税收 (166)
　　项目二　缴纳个人所得税 (175)
　　【实训任务】 (183)

模块六　如何走司法途径解决经济纠纷 (184)
　　项目一　了解何为仲裁，如何提出仲裁 (188)
　　项目二　了解何为诉讼，如何提起诉讼 (197)
　　【实训任务】 (213)

参考文献 (216)

模块一

创业新时代，你准备好了吗

小张是某高职院校商科专业三年级的学生，很有经济头脑，在大众创业、万众创新理念的感召下，小张想一毕业就进行创业。在为创业做大量准备工作时，小张犯了难，设立什么类型的企业呢？个人独资企业、合伙企业还是公司？它们有什么不同呢？哪种企业对小张创业更有利呢？

知识目标

1. 了解创业的时代背景。
2. 了解个人独资企业法、合伙企业法、公司法等市场主体法律法规。
3. 掌握市场主体设立、管理、债务承担的法律责任。

能力目标

1. 能够根据市场主体法的规定和当代经济发展要求，创设适合自身条件的企业。
2. 在企业经营中，能够运用市场主体法律理清市场主体的权利、义务和责任。
3. 在权益受到侵犯时，能够运用法律手段进行维护和解决。

态度目标

1. 有良好的法律意识和法律素养，特别是诚信意识。
2. 具有良好的法律思维方式。
3. 具有良好的团队合作意识和择业观念。
4. 具有良好的职业精神、个人修养及创新意识。

时代背景

一、经济发展的新常态

习近平总书记在 2014 年 5 月考察河南的行程中，第一次提及"新常态"。他说："中国发展仍处于重要战略机遇期，我们要增强信心，从当前中国经济发展的阶段性特征出发，适应新常态，保持战略上的平常心态。"

中国发展处于重要战略机遇期。中共中央政治局适应经济发展新常态，创新宏观调控思路和方式，破解经济社会发展难题。中国 GDP 增速从 2012 年起开始回落至 6%～7%，告别过去 30 多年平均 10% 左右的高速增长。

中国经济呈现出新常态，从高速增长转为中高速增长，经济结构优化升级，从要素驱动、投资驱动转向创新驱动。

二、大众创业、万众创新

在 2014 年 9 月的夏季达沃斯论坛上，李克强总理提出，要在 960 万平方公里土地上掀起"大众创业""草根创业"的新浪潮，形成"万众创新""人人创新"的新态势。此后，他在首届世界互联网大会、国务院常务会议和各种场合中频频阐释这一关键词。每到一地考察，他几乎都要与当地年轻的"创客"会面，希望激发民族的创业精神和创新基因。

李克强总理在 2015 年政府工作报告又提出"大众创业，万众创新"。政府工作报告中如此表述：推动大众创业、万众创新，"既可以扩大就业、增加居民收入，又有利于促进社会纵向流动和公平正义"。在论及创业创新文化时，强调"让人们在创造财富的过程中，更好地实现精神追求和自身价值"。

2015 年 5 月，李克强总理先后来到中国科学院和北京中关村创业大街考察调研。他强调，推动大众创业、万众创新是充分激发亿万群众智慧和创造力的重大改革举措，是实现国家强盛、人民富裕的重要途径，要坚决消除各种束缚和桎梏，让创业创新成为时代潮流，汇聚起经济社会发展的强大新动能。

当前，大众创业、万众创新的理念正日益深入人心。随着各地各部门认真贯彻落实，业界学界纷纷响应，各种新产业、新模式、新业态不断涌现，有效激发了社会活力，释放了巨大创造力，成为经济发展的一大亮点。

在全面深化改革的征途上，推进大众创业、万众创新，是中国发展的动力之源，也是富民之道、公平之计、强国之策，广阔前景值得期待。

三、互联网+

"互联网+"是创新 2.0 下的互联网发展新形态、新业态，是知识社会创新 2.0 推动下的互联网形态演进及其催生的经济社会发展新形态。"互联网+"是互联网思维的进一步实践成果，它代表一种先进的生产力，推动经济形态不断地发生演变，从而带动社会经济实体的生命力，为改革、创新、发展提供广阔的网络平台。

通俗来说，"互联网+"就是"互联网+各个传统行业"，但这并不是简单的两者相加，而是利用信息通信技术以及互联网平台，让互联网与传统行业进行深度融合，创造新的发展形态。

它代表一种新的社会形态，即充分发挥互联网在社会资源配置中的优化和集成作用，将互联网的创新成果深度融合于经济、社会各领域之中，提升全社会的创新力和生产力，形成更广泛的以互联网为基础设施和实现工具的经济发展新形态。

多年来，"互联网＋"已经改造及影响了多个行业，当前大众耳熟能详的电子商务、互联网金融、在线旅游、在线影视、在线房产等行业都是"互联网＋"的杰作。

四、大数据时代

最早提出"大数据"时代到来的是全球知名的咨询公司麦肯锡，麦肯锡称："数据，已经渗透到当今每一个行业和业务职能领域，成为重要的生产因素。人们对于海量数据的挖掘和运用，预示着新一波生产率增长和消费者盈余浪潮的到来。""大数据"在物理学、生物学、环境生态学等领域以及军事、金融、通信等行业存在已有时日，却因为近年来互联网和信息行业的发展而引起人们关注。

现在的社会是一个高速发展的社会，科技发达，信息流通，人们之间的交流越来越密切，生活也越来越方便，大数据就是这个高科技时代的产物。

随着云时代的来临，大数据（Big Data）也引发了越来越多的关注。大数据（Big Data）通常用来形容一个公司创造的大量非结构化和半结构化数据，这些数据在下载到关系型数据库用于分析时会花费过多时间和金钱。大数据分析常和云计算联系到一起，因为实时的大型数据集分析需要像 MapReduce 一样的框架来向数十、数百甚至数千的电脑分配工作。

在现今的社会，大数据的应用越来越彰显它的优势，它占领的领域也越来越大，电子商务、O2O、物流配送等，各种利用大数据进行发展的领域正在协助企业不断地发展新业务，创新运营模式。有了大数据这个概念，消费者行为的判断、产品销售量的预测、精确的营销范围以及存货的补给得到了全面的改善与优化。

谈谈你对"新常态"下创新创业及互联网发展新业态的认识和理解？

_____
_____
_____
_____
_____
_____
_____
_____
_____
_____

五、组建国家市场监督管理总局

2018年3月，第十三届全国人民代表大会第一次会议批准了国务院机构改革方案，方案提出，将国家工商行政管理总局的职责、国家质量监督检验检疫总局的职责、国家食品药品监督管理总局的职责、国家发展和改革委员会的价格监督检查与反垄断执法职责、商务部的经营者集中反垄断执法以及国务院反垄断委员会办公室等职责整合，组建国家市场监督管理总局，作为国务院直属机构。

组建国家药品监督管理局，由国家市场监督管理总局管理。市场监管实行分级管理，药品监管机构只设到省一级，药品经营销售等行为的监管，由市县市场监管部门统一承担。

将国家质量监督检验检疫总局的出入境检验检疫管理职责和队伍划入海关总署。保留国务院食品安全委员会、国务院反垄断委员会，具体工作由国家市场监督管理总局承担。国家认证认可监督管理委员会、国家标准化管理委员会职责划入国家市场监督管理总局，对外保留牌子。

重新组建国家知识产权局，由国家市场监督管理总局管理。

总局机关：办公厅、综合规划司、法规司、执法稽查局、登记注册局（小微企业个体工商户专业市场党建工作办公室）、信用监督管理司、反垄断局、价格监督检查和反不正当竞争局（规范直销与打击传销办公室）、网络交易监督管理司、广告监督管理司、质量发展局、产品质量安全监督管理司、食品安全协调司、食品生产安全监督管理司、食品经营安全监督管理司、特殊食品安全监督管理司、食品安全抽检监测司、特种设备安全监察局、计量司、标准技术管理司、标准创新管理司、认证监督管理司、认可与检验检测监督管理司、新闻宣传司、科技和财务司、人事司、国际合作司（港澳台办公室）、机关党委、离退休干部办公室。

直属单位：机关服务中心、信息中心、发展研究中心、行政学院、专业技术人才开发中心、宣传中心、中国纤维质量监测中心、食品审评中心（中保委）、中国计量科学研究院、中国标准化研究院、中国检验检疫科学研究院、中国特种设备检测研究院、中国合格评定国家认可中心、中国网络安全审查、技术与认证中心、全国组织机构统一社会、信用代码数据服务中心、中国物品编码中心、认证认可技术研究中心、国家标准技术审评中心、中国市场监管报社、中国质量报刊社、中国消费者报社、中国工商出版社有限公司、中国质量标准出版传媒有限公司、中国市场监督管理学会、中国计量测试学会、中国检验检测学会、中国个体劳动者协会、中国消费者协会、中国质量万里行促进会、中国品牌建设促进会、中国消费品质量安全促进会、中国出入境检验检疫协会、中国认证认可协会、中国质量检验协会、中国计量协会、中国标准化协会、中国防伪行业协会、中国设备监理协会、中国特种设备安全与节能促进会。

案例资讯

一、传统企业巨头与新兴互联网产业相联合，共同打造新的供应链体系

皇氏集团股份有限公司是一家集乳业和文化产业为一体的双主业综合性上市公司，成立于2001年5月，2010年1月6日公司A股在深交所上市。主要产品是以水牛奶、黑白花牛奶为主要原料的巴氏杀菌奶、水牛奶系列、特色果奶、酸奶等液态乳制品和乳饮料，乳业板

块主要经营从牧草种植、奶牛养殖到乳品加工、销售的全产业链业务。2014—2016 年，皇氏集团先后多次荣获"农业产业化国家重点龙头企业""全国优秀乳品加工企业""广西民营企业 50 强"等称号。

2019 年全媒体时代的到来，在全国多地拥有多个优质奶源的皇氏集团，为了让优质的国产奶更好地服务于广大的消费人群，经多方考察，与同样在选择优质奶制品源头的"明日众购商城"董事长王松海一见如故。"明日众购商城"以互联网渠道为业务体系，经过两年时间线上商城的运营，目前线下 128 家体验店分布于全国各地，"明日众购商城"的发展与皇氏集团的经营理念一拍即合，合同签订后，以遵义乳业有限公司为试点，打破传统线下渠道合作模式，大胆创新做转型，用最新的消费模式进行合作——开始体验式新零售模式。结合"明日众购商城"的新模式运营经验，利用线上订奶系统，服务消费者，开拓新市场，实现线上下单、线下送奶、线下体验，让消费者享受消费分润、消费养老累计和医疗救助等福利。综合集团内各企业的优势和资源，共同打造平台型生态圈，让消费者享受到更优质的产品。

（来源：北国网）

二、中国中车又获大订单，连接四国通道，欧洲两大制造商合并都难抗衡

目前，在全球范围内，能称得上列车制造大国的只有中国、日本、德国和法国。有人说，德国和法国主要经营欧洲市场，中国和日本主要经营亚洲市场，这种说法是不准确的，因为那些要买列车的客户也不傻，谁家产品好，肯定就买谁家的。而恰巧，中国的列车制造水平近年来飞速发展，在拿下印度、以色列、新加坡等多个国家的订单后，又在 2019 年 9 月 11 日顺利"攻"入欧洲。

据媒体报道，中国中车株洲电力机车有限公司在 9 月 11 日成功与匈牙利签下大单，向其提供两种型号的"火车头"，并满足欧洲货运铁道的"七国认证"标准。

据了解，当这些中国制造的"火车头"投入使用后，能够迅速融入匈牙利的国家干线铁路中，可以提供物流运输和工程牵引等功能，还能在有"四国通道"之称的中欧陆海快线上运行，进一步加深希腊、马其顿、塞尔维亚和匈牙利的联系。

在此前，西门子与阿尔斯通其实已经察觉到中国的列车制造业正在迅速崛起，已经威胁到这两家巨头的市场地位了，为了与中国抗衡，西门子和阿尔斯通决定将各自的交通业务进行合并，组建新公司以产生互补效应，全面狙击中国中车的国际业务。但令他们失望的是，中国中车已经成长起来了，他们的反制措施实施得太晚，已经难起什么作用了。

从公开的资料上看，中国中车去年全年营收 350 亿美元左右，远超西门子和阿尔斯通交通业务的总和。且有专业人士分析，中车有中国高铁这张重量级的名片，在技术上很容易就能获得国际客户的信任，现在全球各国只要有建高铁的，就少不了被网友拿来与中国高铁进行对比，中国高铁已经成了行业标杆，而掌握了标杆建造技术的中国中车，想拓展国际市场自然不是什么难事。

综合来看，就算欧洲两大列车制造商巨头联合起来，在短时间内也无法与中车抗衡，毕竟中车的产品无论是在技术上还是在价格上，都有一定的优势，在国际市场上也更受欢迎，

此次西门子和阿尔斯通失守欧洲市场，让匈牙利的列车合同被中国拿下就是最好的证明。

（来源：中华网军事）

三、中小企业迎来创新发展新机遇

小微企业是小型企业、微型企业、家庭作坊式企业、个体工商户（经济学意义上的企业）的统称，是由经济学家郎咸平教授提出的。

税收中的小型微利企业的概念和小微企业略有不同，主要包括三个标准，自 2019 年 1 月 1 日至 2021 年 12 月 31 日，从事国家非限制和禁止行业，且同时符合年度应纳税所得额不超过 300 万元、从业人数不超过 300 人、资产总额不超过 5 000 万元等三个条件的企业，为小型微利企业。

2019 年，国务院决定再推出一批针对小微企业的普惠性减税措施。此次措施实施后，预计每年可再为小微企业减负约 2 000 亿元。中共中央办公厅、国务院办公厅印发了《关于促进中小企业健康发展的指导意见》，通过加强制度建设，营造公平竞争的发展环境，破解融资难融资贵"顽疾"，培育一批"小巨人"企业。

（来源：光明网）

四、大数据人工智能时代来临，金融行业将如何交易？

今天，我们生活在一个信息大爆炸的时代。在突如其至的海量信息面前，人们常常面临选择的困惑。尤其是随着近年来大数据人工智能的迅猛发展，很多职业将会被人工智能所取代，随着大数据人工智能时代来临，金融行业将如何交易？

华尔街正在上演这一幕：人类被人工智能交易取而代之，交易员们正面临着前所未有的裁员危机。人工智能的产生和发展，不仅促进金融机构服务主动性、智慧性，有效提升了金融服务效率，而且提高了金融机构风险管控能力，为金融产业的创新发展带来了积极影响，未来人工智能将持续带动金融行业的智能应用升级和效率提升。

各大行业在人工智能应用上不断加快探索步伐，目前已实现利用大数据、云计算、机器学习等人工智能技术来分析数据，协助完成任务，尤其是在金融行业上，人工智能取代人执行交易是未来的趋势。

（来源：平安财经网，2019 - 09 - 11 产经栏目）

研讨与交流（企业作为市场主体，结合案例资讯，谈谈你对所熟悉企业的一些认识，并重视对新涌现的大批互联网企业、"明星"企业的关注、了解和研究）：

在新的时代背景下，每个人都怀揣着创业的热情，但是我们应该怎样创立自己的企业？每种企业又有着怎样的特点？请认真学习以下内容，从中我们能获得有益的启示。

项目一　创设个人独资企业

导入案例

李某，24岁，与父母同住，两年前大学毕业后创办了一家个人独资企业，经济上独立。现在，因经营不善，企业倒闭，欠下10万元债务。债权人找到其父母，要求其父母替儿子偿还债务，李某的父母该怎么办呢？

知识简介

一、个人独资企业的概念

个人独资企业，是指依法在中国境内设立，由一个自然人投资，财产为投资人个人所有，投资人以其个人财产对企业债务承担无限责任的经营实体。

二、个人独资企业的设立条件

（1）投资人为一个自然人，法律、行政法规禁止从事营利性活动的人，不得作为投资人申请设立个人独资企业。

（2）有合法的企业名称。

（3）有投资人申报的出资，个人独资企业投资人在申请企业设立登记时明确以其家庭共有财产作为个人出资的，应当依法以家庭共有财产对企业债务承担无限责任。

三、个人独资企业的事务管理

（一）管理方式

个人独资企业投资人可以自行管理企业事务，也可以委托或者聘用其他具有民事行为能力的人负责企业的事务管理。投资人对受托人或者被聘用的人员职权的限制，不得对抗善意第三人。

（二）管理人员违反忠实义务的行为

（1）利用职务上的便利，索取或者收受贿赂。
（2）利用职务或者工作上的便利侵占企业财产。
（3）挪用企业的资金归个人使用或者借贷给他人。
（4）擅自将企业资金以个人名义或者以他人名义开立账户储存。
（5）擅自以企业财产提供担保。
（6）未经投资人同意，从事与本企业相竞争的业务。
（7）未经投资人同意，同本企业订立合同或者进行交易。
（8）未经投资人同意，擅自将企业商标或者其他知识产权转让给他人使用。
（9）泄露本企业的商业秘密。
（10）法律、行政法规禁止的其他行为。

四、个人独资企业的解散与清算

（一）清算人的产生

个人独资企业解散，由投资人自行清算或者由债权人申请人民法院指定清算人进行清算。

（二）责任消灭时效制度

个人独资企业解散后，原投资人对个人独资企业存续期间的债务仍应承担偿还责任，但债权人在5年内未向债务人提出偿债请求的，该责任消灭。

案例分析

一、个人独资企业的设立、管理

【案情】

李某是某高职院校大三学生，2018年8月在行政管理机关注册成立了一家主营信息咨询的个人独资企业，取名为"卓越信息咨询有限公司"，注册资本为人民币一元。营业形势看好，收益甚丰。于是后来张某与李某协议参加该个人独资企业的投资经营，并注入投资20万元人民币。经营过程中先后共聘用工作人员15名，对此李某认为自己开办的是私人企业，并不需要为职工办理社会保险，因此没有给职工缴纳社会保险费也没有与职工签订劳动合同。后来该独资企业经营不善导致负债30万元。李某决定于2019年10月自行解散企业，但因为企业财产不足清偿而被债权人、企业职工诉诸人民法院。法院审理后认为李某与张某形成事实上的合伙关系，判决责令李、张补充办理职工的社会保险并缴纳保险费，由李某与张某对该企业的债务承担无限连带责任。

【问题】 在个人独资企业的设立和企业经营管理活动中，存在哪些违法情形？

【分析】

本案涉及《个人独资企业法》的适用问题。我们主要从学习研究的角度来进行分析，

作以下评断:

(1) 该企业的设立是否合法。根据我国《个人独资企业法》第二条、第十条的规定,自然人可以单独投资设立个人独资企业,设立时法律仅要求投资人申报出资额和出资方式,但并不要求须缴纳最低注册资本金。因此,李某单独以一元人民币经法定登记程序投资设立个人独资企业的做法,符合法律规定。但根据第十一条的规定,"个人独资企业的名称应与其责任形式相符合",而个人独资企业为投资人个人负无限责任,因此李某将其取名为"卓越信息咨询有限公司"违反法律规定,应予以纠正。

(2) 李某允许另一公司参加投资,共同经营的行为是否合法。根据《个人独资企业法》第二条、第八条、第十五条的规定,个人独资企业须为一个自然人单独投资设立,企业存续期间登记事项发生变更时应当在作出变更决定之日起十五日内申请办理变更登记。因此,李某如允许他人参加投资经营,必须依法办理变更登记,并改变为其他性质的企业,因为此时已经不符合个人独资企业的法定条件了。

(3) 该企业是否应当与职工签订劳动合同并为其办理社会保险。根据我国社会保障方面的立法规定、《劳动法》的相关规定,该企业不与职工签订劳动合同、不为职工办理社会保险的做法违反法律的强制性规定。《个人独资企业法》第二十二条、第二十三条对此也作出了规定:"个人独资企业招用职工的,应当依法与职工签订劳动合同",并"按照国家规定参加社会保险,为职工缴纳社会保险费"。因此李某的理由不成立。

(4) 该企业的债权人在李某不能清偿债务时能否向李某的家庭求偿。根据《个人独资企业法》第二条、第十八条的规定,李某经济上独立于其家庭,且法律规定只有投资人在申请设立个人独资企业进行登记时明确以其家庭共有财产作为个人出资的,才可以依法由家庭共有财产对企业债务承担无限责任,因此债权人不能向李某的家庭求偿,而应当由李某个人负无限责任。

(5) 李某决定自行解散企业的做法是否合法。根据《个人独资企业法》第二十六条第一款的规定,李某作为该企业的投资人,有权决定自行解散个人独资企业,因此李某的做法并不违法。

(6) 就本案而言,由于张某后来加入投资经营,因此该个人独资企业事实上已转变为公民之间的合伙关系,由此,法律责任也应当由合伙人李某、张某承担。

二、个人独资企业财产法律关系

【案情】

2019年1月15日,甲某出资5万元,设立个人独资的A企业,甲某聘请乙某管理企业事务的同时规定,凡是乙某对外签订标的额超过2万元的合同必须经过甲某同意。

2019年2月10日,乙某未经过甲某的同意,以A企业名义向善意第三人丙某购买了价值3万元的货物。

2019年7月4日,A企业亏损不能支付到期的所欠王某的债务,甲某决定解散该企业,并请求法院指定清算人,7月10日,法院指定丁某作为清算人,对A企业进行清算。经查,A企业和甲某的资产以及债权债务情况如下:

1. A企业欠缴税款1万元,欠乙某工资2万元,欠社保费2万元,欠王某20万元。
2. A企业的银行存款3万元,实物折价10万元。

3. 甲某在 B 合伙企业出资 8 万元，占 50% 的出资额，B 企业每年向甲某分配利润。
4. 甲某个人其他可执行的财产价值 6 万元。

【问题】
1. 乙某在 2019 年 2 月 10 日以 A 企业的名义向丙某购买价值 3 万元货物的行为是否有效，请说明理由。
2. 请说明 A 企业如何满足王某的债权请求。

【分析】
1. 乙某在 2019 年 2 月 10 日以 A 企业的名义向丙某购买价值 3 万元货物的行为有效。解析：根据我国《个人独资企业法》第十九条规定：投资人对受托人或者被聘用的人员职权的限制，不得对抗善意第三人。乙某虽然未经过甲某同意，做出超越其职权的行为，但对善意第三人则不构成约束，甲某可以追究乙某的责任，但对善意第三人的买卖行为依然合法有效。
2. 首先，用 A 企业的银行存款和实物折价共 13 万元（3 万 + 10 万）清偿所欠乙某的工资、社会保险费用、税款后，剩余 8 万元用于清偿所欠王某的债务。

其次，A 企业剩余财产全部用于清偿后，仍欠王某 12 万元，可用甲某的个人财产清偿。即用甲某的个人财产清偿时，可用甲某个人其他可执行的 6 万元财产清偿，不足部分，可用甲从 B 合伙企业分得的收益予以清偿，或由王某依法请求人民法院强制执行甲在 B 企业中的财产份额用于清偿。

知识应用

个人独资企业负责人变更后的法律责任
【案情】
原告：某公司
被告：某化肥厂
被告：赵某

被告某化肥厂系个人独资企业，在 2017 年至 2019 年多次向原告购买配件。2019 年 6 月，双方结欠货款 57 259 元，在支付 2 万元后，被告投资人赵某以化肥厂名义和原告于 2019 年 8 月达成还款计划，约定余款于 2021 年 5 月前还清。

2019 年 11 月 8 日，赵某（甲方）与王某（乙方）达成转让协议，甲方决定将化肥厂转让给乙方，协议约定：①转让之后所发生的债权债务由乙方承担。②乙方自签字之日方能有自由经营权。③本协议自签字之日起生效。协议签订的当日，化肥厂即在行政管理部门办理了企业投资人变更登记。

后原告依还款计划要求被告化肥厂偿还到期债务，但被告以投资人变更为由拒绝偿还。原告诉至法院，要求化肥厂承担到期债务的清偿责任，在审理期间，又依原告申请追加赵某为被告。被告化肥厂辩称，化肥厂为个人独资企业，原厂负责人是赵某，2019 年 11 月 8 日变更为王某，并办理了变更登记，依据协议的约定，转让前的债务应由赵某承担，请求驳回原告对化肥厂的诉讼请求。被告赵某辩称化肥厂负责人的变更不能影响债务的承担方式，故应由企业承担清偿责任。

【问题】 个人独资企业负责人的变更影响企业承担清偿责任吗？本案原告权益如何实现？

【分析】

项目二　创设合伙企业

导入案例

小张在纠结到底选择何种企业类型时，甲和乙邀请小张跟他们合伙一起开水果店，小张该如何决定呢？如果小张要加入甲和乙的合伙企业，应该注意哪些问题？

知识简介

一、合伙的概念和类型

合伙企业，是指自然人、法人和其他组织依法在中国境内设立的普通合伙企业和有限合伙企业。

（1）普通合伙企业由普通合伙人组成，合伙人对合伙企业债务承担无限连带责任。

（2）有限合伙企业由普通合伙人和有限合伙人组成，普通合伙人对合伙企业债务承担无限连带责任，有限合伙人以其认缴的出资额为限对合伙企业债务承担责任。

国有独资公司、国有企业、上市公司以及公益性的事业单位、社会团体不得成为普通合伙人。

二、普通合伙企业的设立条件

（1）有两个以上合伙人。合伙人为自然人的，应当具有完全民事行为能力。

（2）有书面合伙协议。

（3）有合伙人认缴或者实际缴付的出资，合伙人可以用货币、实物、知识产权、土地使用权或者其他财产权利出资，也可以用劳务出资。

（4）有合伙企业的名称和生产经营场所，合伙企业名称中应当标明"普通合伙"字样。

（5）法律、行政法规规定的其他条件。

三、普通合伙企业的事务管理

1. 合伙事务的执行方式

合伙人对执行合伙事务享有同等的权利。按照合伙协议的约定或者经全体合伙人决定，可以委托一个或者数个合伙人对外代表合伙企业，执行合伙事务。

2. 合伙事务的决议规则

合伙人对合伙企业有关事项作出决议，按照合伙协议约定的表决办法办理。合伙协议未约定或者约定不明确的，实行合伙人一人一票并经全体合伙人过半数通过的表决办法。

3. 合伙事务的决定

除合伙协议另有约定外，合伙企业的下列事项应当经全体合伙人一致同意：

（1）改变合伙企业的名称。
（2）改变合伙企业的经营范围、主要经营场所的地点。
（3）处分合伙企业的不动产。
（4）转让或者处分合伙企业的知识产权和其他财产权利。
（5）以合伙企业名义为他人提供担保。
（6）聘任合伙人以外的人担任合伙企业的经营管理人员。
（7）补充和修改合伙协议。
（8）新合伙人入伙。

4. 合伙人的义务

合伙人不得自营或者同他人合作经营与本合伙企业相竞争的业务。

除合伙协议另有约定或经全体合伙人一致同意外，合伙人不得同本合伙企业进行交易。

四、普通合伙企业与第三人的关系

1. 合伙人的代表权

合伙企业对合伙人执行合伙事务以及对外代表合伙企业权利的限制，不得对抗善意第三人。

2. 合伙企业债务的清偿

（1）补充责任：合伙企业对其债务，应先以其全部财产进行清偿。
（2）无限连带责任：合伙企业不能清偿到期债务的，合伙人承担无限连带责任。合伙人由于承担无限连带责任，清偿数额超过其亏损分担比例的，有权向其他合伙人追偿。

3. 合伙企业与合伙人的债权人的关系

（1）禁止抵销与禁止代位。

合伙人发生与合伙企业无关的债务，相关债权人不得以其债权抵销其对合伙企业的债务；也不得代位行使合伙人在合伙企业中的权利。

（2）双重优先原则。

合伙人的自有财产不足清偿其与合伙企业无关的债务的，该合伙人可以其从合伙企业中分取的收益用于清偿；债权人也可以依法请求人民法院强制执行该合伙人在合伙企业中的财产份额用于清偿。

五、普通合伙的入伙与退伙

1. 入伙

（1）入伙的条件与程序。

新合伙人入伙，除合伙协议另有约定外，应当经全体合伙人一致同意，并依法订立书面入伙协议。订立入伙协议时，原合伙人应当向新合伙人如实告知原合伙企业的经营状况和财务状况。

（2）入伙的后果。

入伙的新合伙人与原合伙人享有同等权利，承担同等责任。入伙协议另有约定的，从其约定。新合伙人对入伙前合伙企业的债务承担无限连带责任。

2. 退伙

（1）退伙的形式。

①声明退伙（自愿退伙）：包括协议退伙和通知退伙。

②法定退伙：包括当然退伙和除名退伙。

合伙人有下列情形之一的，当然退伙：

a. 作为合伙人的自然人死亡或者被依法宣告死亡。

b. 个人丧失偿债能力。

c. 作为合伙人的法人或者其他组织依法被吊销营业执照、责令关闭、撤销，或者被宣告破产。

d. 法律规定或者合伙协议约定合伙人必须具有相关资格而丧失该资格。

e. 合伙人在合伙企业中的全部财产份额被人民法院强制执行。

合伙人被依法认定为无民事行为能力人或者限制民事行为能力人的，经其他合伙人一致同意，可以依法转为有限合伙人，普通合伙企业依法转为有限合伙企业。其他合伙人未能一致同意的，该无民事行为能力或者限制民事行为能力的合伙人退伙。退伙事由实际发生之日为退伙生效日。

合伙人有下列情形之一的，经其他合伙人一致同意，可以决议将其除名：

a. 未履行出资义务。

b. 因故意或者重大过失给合伙企业造成损失。

c. 执行合伙事务时有不正当行为。

d. 发生合伙协议约定的事由。

对合伙人的除名决议应当书面通知被除名人。被除名人接到除名通知之日，除名生效，被除名人退伙。被除名人对除名决议有异议的，可以自接到除名通知之日起 30 日内，向人民法院起诉。

（2）退伙的后果。

①合伙人资格的转承与财产继承。

②连带责任。

案例分析

一、合伙企业的设立条件

【案情】

2019年8月,张某、王某、李某三人协商共同出资,设立一家经营食品的合伙企业,并订立了合伙协议,但没有约定利润分配和亏损分担方案。张某、王某均已经在合伙协议书上签名、盖章,李某因有急事未在协议书上签名盖章便匆匆赶往外地办事。张某与王某均按期出资,起名为"依舟食品有限公司",并正式开业。李某回来后也加入合伙的经营管理。该合伙与百货公司签订了一份销售月饼的合同,百货公司将货款汇至其账户,但该合伙企业一直未按合同约定供货,并以种种理由不退还货款。2019年年末,该合伙企业因经营不善,资不抵债。百货公司要求退款,但三个合伙人均以"依舟食品有限公司"破产为由拒绝承担债务,百货公司遂诉至人民法院。

【问题】

1. 该合伙企业是否成立?
2. 存在哪些违法行为?
3. 应当如何处理该合伙的债务?

【分析】

本案涉及《合伙企业法》的适用问题。

1. 根据《合伙企业法》第四条、第九条、第十一条、第十四条、第十九条的规定,合伙协议须由全体合伙人协商一致,以书面形式订立并经全体合伙人签名、盖章后生效。同时,应当持合伙协议书等文件向企业登记管理机关申请登记,签发营业执照日期为合伙企业成立日期。因此,本案中的合伙协议缺乏法定有效要件,归于无效。而且其未经法定的申请登记程序,没有获得合伙企业营业执照,因此合伙企业并没有成立。

2. 《合伙企业法》第十五条明确规定,合伙企业名称中应当标明"普通合伙"字样,因此用"依舟食品有限公司"作为合伙企业名称属违法。

3. 由于该合伙不符合《合伙企业法》的规定,因此不能认定为合伙企业,但不等于就可以因此免除三个合伙人的民事责任,而且三个合伙人均以"依舟食品有限公司"破产为由拒绝承担债务的理由也不合乎法律规定。应当依据《民法典》第九百七十二条、第九百七十三条的规定,合伙的利润分配和亏损分担,按照合伙合同的约定办理;合伙合同没有约定或者约定不明确的,由合伙人协商决定;协商不成的,由合伙人按照实缴出资比例分配、分担;无法确定出资比例的,由合伙人平均分配、分担。合伙人对合伙债务承担连带责任。清偿合伙债务超过自己应当承担份额的合伙人,有权向其他合伙人追偿。

二、合伙企业的入伙与退伙

【案情】

甲某与乙某、丙某、丁某四人于2019年开办了一个合伙企业。约定由甲某、乙某、丙某各出资5万元,丁某提供劳务作价5万元入伙,四人平均分配盈余和承担亏损,由丁某执行合伙事务,但是超过5万元的业务须由全体合伙人共同决定。四人办理了有关手续并租赁了房屋进行经营。后来丁某以合伙企业的名义向某工商银行贷款10万元。半年后,乙某想把自己的一部分财产份额转让给戊某，甲某和丙某表示同意，但丁某不同意，并表示愿意受让乙某转让的那部分财产份额。因多数合伙人同意戊某成为新合伙人，丁某于是提出退伙，甲某、乙某、丙某同意其退伙并接纳戊某成为新合伙人。此时，企业已经对某工商银行负债12万元。此后，企业经营状况开始恶化，半年后散伙，又负债6万元。由此导致了一系列的纠纷。

【问题】

1. 丁某的入伙是否合法？
2. 甲某、乙某、丙某能否以丁某向银行贷款超过合伙企业对合伙人执行事务的限制，未经其一致同意为由拒绝向银行偿债的主张能否成立？
3. 乙某转让财产份额的行为是否有效？
4. 丁某退伙的行为是否违法？
5. 本案中合伙企业的债务应当如何承担？

【分析】

本案涉及《合伙企业法》的具体适用问题。

1. 丁某以劳务入伙是合法的。根据《合伙企业法》第十六条的规定，"合伙人可以用货币、实物、知识产权、土地使用权或者其他财产权利出资，也可以用劳务出资。合伙人以劳务出资的，其评估办法由全体合伙人协商确定，并在合伙协议中载明"。因此丁某的入伙合法。

2. 甲某、乙某、丙某以丁某向银行贷款超过合伙企业对合伙人执行事务的限制，未经其一致同意为由拒绝向银行偿债的主张不能成立。根据《合伙企业法》第二十六条、第三十七条的规定，执行合伙事务的合伙人对外代表合伙企业，合伙企业对合伙人执行合伙企业事务以及对外代表合伙企业权利的限制，不得对抗不知情的善意第三人。因此该主张不能成立。

3. 乙某转让财产份额的行为是无效的。根据《合伙企业法》第二十二条的规定，"除合伙协议另有约定外，合伙人向合伙人以外的人转让其在合伙企业中的全部或者部分财产份额时，须经其他合伙人一致同意。"本案中，由于丁某不同意，因此乙某不能转让，否则行为无效。

4. 丁某退伙的行为不违法。根据《合伙企业法》第四十五条、第四十六条的规定，合伙协议未约定合伙企业的经营期限的，经全体合伙人同意在不给合伙企业事务执行造成不利影响的情况下，合伙人可以退伙。因此丁某可以退伙。

5. 本案中合伙企业的债务应当按下列规则承担：根据《合伙企业法》第四十四条、第五十三条、第五十四条的规定，丁某对其退伙前的合伙企业欠工商银行的12万元债务在合伙企业不足清偿时与甲某、乙某、丙某、戊某五人承担无限连带清偿责任。丁某退伙后发生的6万元负债则由甲某、乙某、丙某、戊某四人在合伙企业不足清偿时承担无限连带清偿责任。

知识应用

合伙人对合伙企业解散前应承担的法律责任

【案情】

2016年10月，王某等五人各出资2万元成立了海鲜食品厂，并推举王某为合伙企业负责人。2017年5月，县木材加工厂因生产资金紧张向县农业银行申请贷款15万元，约定借款期限二年，海鲜食品厂在借款合同担保人栏内签注"同意担保"字样，并加盖了公章。借款到期后，木材加工厂因经营管理不善未能按期还贷。经多次催取，尚欠本金12万元及利息。2019年9月，县农业银行向法院提起诉讼，要求王某等五人连带承担清偿责任。王某等辩称，海鲜食品厂已经于2018年6月解散，并曾在电视台刊登了清理债权债务声明，明确规定了债务清偿期限，并声明对过期债务不给予清偿，因此依法不应当承担还款保证责任。

法院审理认为，合伙人应当对合伙企业的债务承担连带清偿责任，被告王某等的辩解理由不能成立，遂依法判决县木材加工厂按期还本付息，王某等五人对此承担连带责任。

【问题】法院的判决正确吗？请分析王某等五人对合伙企业解散前债务承担的法律责任？

【分析】

_____
_____
_____
_____
_____
_____
_____
_____
_____

项目三　创设公司

导入案例

小张经过慎重考虑，打算和甲一起设立一家有限责任公司，小张以现金出资5万元，甲以劳务作价3万元作为出资，双方共同拟定了公司章程并签名，但到行政管理机关申请登记注册时，管理机关作出了不予登记的决定，小张决定要把这个问题弄明白。

知识简介

一、概念

1. 公司法

公司法是指调整在国家协调经济运行过程中发生的关于公司的经济关系的法律规范的总称。
（1）性质：公司法既是组织法，也是行为法，但主要是组织法。
（2）公司法的立法目的：规范公司的组织和行为，保护公司、股东和债权人的合法权益，维护社会经济秩序，促进社会主义市场经济的发展。

2. 公司

公司是指依照法律在中国境内设立的有限责任公司和股份有限公司。公司是企业法人，有独立的法人财产，享有法人财产权。公司以其全部财产对公司的债务承担责任。

（1）性质：公司是企业法人，有独立的法人财产，享有法人财产权。公司以其全部财产对公司的债务承担责任。

（2）责任承担：有限责任公司的股东以其认缴的出资额为限对公司承担责任；股份有限公司的股东以其认购的股份为限对公司承担责任。

3. 股东权

公司股东对公司出资后，个人财产转化为公司法人财产，股东依法对公司享有资产收益、参与重大决策和选择管理者等权利。

二、公司的分类

（1）按公司所负责任分：无限公司、有限责任公司、两合公司、股份有限公司、股份两合公司。

我国公司法规定了两种形式：有限责任公司、股份有限公司，国有独资公司是一种特例。

有限责任公司，是指股东以其出资额为限对公司承担责任，公司以其全部资产对公司的债务承担责任的公司。

股份有限公司，是指其全部资本分为等额股份，股东以其所持股份为限对公司承担责任，公司以其全部资产对公司的债务承担责任的公司

国有独资公司是指国家授权投资的机构或者国家授权投资的部门单独投资设立的有限责任公司。

（2）按管辖和被管辖关系分：总公司与分公司。分公司不具有法人资格，其民事责任由总公司承担。

（3）按控制和被控制关系分：母公司与子公司。子公司具有法人资格，依法独立承担民事责任。

（4）按公司信用基础分：人合公司、资合公司、人资兼合公司。

（5）按公司股票发行方式分：封闭式公司（不上市公司）、开放式公司（上市公司）。

（6）按公司所属国籍分：本国公司、外国公司、跨国公司。

三、有限责任公司设立条件

（1）股东符合法定人数，有限责任公司由五十个以下股东出资设立。

（2）有符合公司章程规定的全体股东认缴的出资额。

（3）股东共同制定公司章程。

（4）有公司名称，建立符合有限责任公司要求的组织机构。

（5）有公司住所。

四、有限责任公司章程应当载明的事项

（1）公司名称和住所。

（2）公司经营范围。

(3) 公司注册资本。
(4) 股东的姓名或者名称。
(5) 股东的出资方式、出资额和出资时间。
(6) 公司的机构及其产生办法、职权、议事规则。
(7) 公司法定代表人。
(8) 股东会会议认为需要规定的其他事项。
股东应当在公司章程上签名、盖章。

五、有限责任公司的股东出资

1. 出资方式

股东可以用货币出资，也可以用实物、知识产权、土地使用权等可以用货币估价并可以依法转让的非货币财产作价出资；但是，法律、行政法规规定不得作为出资的财产除外。对作为出资的非货币财产应当评估作价，核实财产，不得高估或者低估作价。法律、行政法规对评估作价有规定的，从其规定。

2. 股东出资义务履行与责任承担

股东应当按期足额缴纳公司章程中规定的各自所认缴的出资额。股东以货币出资的，应当将货币出资足额存入有限责任公司在银行开设的账户；以非货币财产出资的，应当依法办理其财产权的转移手续。股东不按照规定缴纳出资的，除应当向公司足额缴纳外，还应当向已按期足额缴纳出资的股东承担违约责任。

有限责任公司成立后，发现作为设立公司出资的非货币财产的实际价额显著低于公司章程所定价额的，应当由交付该出资的股东补足其差额；公司设立时的其他股东承担连带责任。

六、有限责任公司组织机构

1. 股东会

有限责任公司股东会由全体股东组成，股东会是公司的权力机构，依照《公司法》行使职权。股东会行使下列职权：

(1) 决定公司的经营方针和投资计划。
(2) 选举和更换非由职工代表担任的董事、监事，决定有关董事、监事的报酬事项。
(3) 审议批准董事会的报告。
(4) 审议批准监事会或者监事的报告。
(5) 审议批准公司的年度财务预算方案、决算方案。
(6) 审议批准公司的利润分配方案和弥补亏损方案。
(7) 对公司增加或者减少注册资本作出决议。
(8) 对发行公司债券作出决议。
(9) 对公司合并、分立、解散、清算或者变更公司形式作出决议。
(10) 修改公司章程。
(11) 公司章程规定的其他职权。

股东会的议事方式和表决程序，除公司法有规定的以外，由公司章程规定。股东会会议由股东按照出资比例行使表决权。

股东会会议作出修改公司章程、增加或者减少注册资本的决议，以及公司合并、分立、解散或者变更公司形式的决议，必须经代表三分之二以上表决权的股东通过。

股东会的首次会议由出资最多的股东召集和主持，依照公司法规定行使职权。

股东会会议分为定期会议和临时会议。

定期会议应当按照公司章程的规定按时召开。代表十分之一以上表决权的股东，三分之一以上董事或者监事，可以提议召开临时会议。

董事长因特殊原因不能履行职务时，由董事长指定的副董事长或者其他董事主持。

召开股东会议，应当于会议召开十五日以前通知全体股东。

2. 董事会

有限责任公司设董事会，其成员为三至十三人。

两个以上的国有企业或者其他两个以上的国有投资主体投资设立的有限责任公司，其董事会成员中应当有公司职工代表。董事会中的职工代表由公司职工民主选举产生。

董事会设董事长一人，可以设副董事长一至两人。董事长、副董事长的产生办法由公司章程规定。

董事长为公司的法定代表人。

董事会对股东会负责，行使下列职权：

（1）负责召集股东会，并向股东会报告工作。

（2）执行股东会的决议。

（3）决定公司的经营计划和投资方案。

（4）制定公司的年度财务预算方案、决算方案。

（5）制定公司的利润分配方案和弥补亏损方案。

（6）制定公司增加或者减少注册资本的方案。

（7）拟定公司合并、分立、变更公司形式、解散的方案。

（8）决定公司内部管理机构的设置。

（9）聘任或者解聘公司经理（总经理）（以下简称经理），根据经理的提名，聘任或者解聘公司副经理、财务负责人，决定其报酬事项。

（10）制定公司的基本管理制度。

（11）公司章程规定的其他职权。

董事会会议由董事长召集和主持；董事长因特殊原因不能履行职务时，由董事长指定副董事长或者其他董事召集和主持。三分之一以上董事可以提议召开董事会会议。董事会的议事方式和表决程序，除公司法有规定的以外，由公司章程规定。召开董事会会议，应当于会议召开十日以前通知全体董事。

股东人数较少或者规模较小的有限责任公司，可以设一名执行董事，不设董事会。执行董事可以兼任公司经理。执行董事的职权由公司章程规定。

3. 经理

有限责任公司设经理，由董事会聘任或者解聘。经理对董事会负责，行使下列职权：

（1）主持公司的生产经营管理工作，组织实施董事会决议。

(2) 组织实施公司年度经营计划和投资方案。
(3) 拟定公司内部管理机构设置方案。
(4) 拟定公司的基本管理制度。
(5) 制定公司的具体规章。
(6) 提请聘任或者解聘公司副经理、财务负责人。
(7) 决定聘任或者解聘除应由董事会聘任或者解聘以外的负责管理人员。
(8) 董事会授予的其他职权。

经理列席董事会会议。

4. 法定代表人

在法律层面上，法定代表人行为等同于公司行为，是公司意志的具体体现人，一般由董事长/执行董事或经理担任，在法律层面对公司的所有行为、结果负责。

自然人可以担任多家公司的法定代表人。

5. 监事会

有限责任公司设监事会，其成员不得少于三人。监事会应当包括股东代表和适当比例的公司职工代表，其中职工代表的比例不得低于三分之一，具体比例由公司章程规定。监事会中的职工代表由公司职工通过职工代表大会、职工大会或者其他形式民主选举产生。

有限责任公司，股东人数较少和规模较小的，可以设一至两名监事。

董事、经理及财务负责人不得兼任监事。

监事的任期每届为三年。监事任期届满，连选可以连任。

监事会或者监事行使下列职权：

(1) 检查公司财务。
(2) 对董事、高级管理人员执行公司职务的行为进行监督，对违反法律、行政法规、公司章程或者股东会决议的董事、高级管理人员提出罢免的建议。
(3) 当董事、高级管理人员的行为损害公司的利益时，要求董事、高级管理人员予以纠正。
(4) 提议召开临时股东会会议，在董事会不履行公司法规定的召集和主持股东会会议职责时召集和主持股东会会议。
(5) 向股东会会议提出提案。
(6) 依照《公司法》第一百五十一条的规定，对董事、高级管理人员提起诉讼。
(7) 公司章程规定的其他职权。

监事列席董事会会议。

七、一人有限责任公司

一人有限责任公司是指只有一个自然人股东或者一个法人股东的有限责任公司。一人有限责任公司简称一人公司。

（一）特征

1. 股东为一人

一人公司的出资人即股东只有一人。股东可以是自然人，也可以是法人。这是一人公司与一般情形下的有限责任公司的不同之处，通常情形下有限责任公司的股东是两人或两人以上。一人公司的此特征也体现了其与个人独资企业的区别，后者的投资人只能是自然人，而不包括法人。

2. 股东对公司债务承担有限责任

一人公司的本质特征同于有限公司，即股东仅以其出资额为限对公司债务承担责任，公司以其全部财产独立承担责任，当公司财产不足以清偿其债务时，股东不承担连带责任。这是一人公司与个人独资企业的本质区别。

3. 组织机构的简化

一人公司由于只有一个出资人，所以不设股东会，公司法关于由股东会行使的职权在一人公司系由股东独自一人行使。至于一人公司是否设立董事会、监事会，则由公司章程规定，可以设立，也可以不设立，法律未规定其必须设立。

（二）特别规定

（1）一个自然人只能投资设立一个一人有限责任公司。该一人有限责任公司不能投资设立新的一人有限责任公司。

（2）一人有限责任公司应当在公司登记中注明自然人独资或者法人独资，并在公司营业执照中载明。

（3）一人有限责任公司章程由股东制定。

（4）一人有限责任公司不设股东会。依法律规定需股东作出决定时，应当采用书面形式，并由股东签名后置备于公司。

（5）一人有限责任公司应当在每一会计年度终了时编制财务会计报告，并经会计师事务所审计。

（6）一人有限责任公司的股东不能证明公司财产独立于股东自己的财产的，应当对公司债务承担连带责任。

（7）国有独资公司按其特别规定。

案例分析

一、公司的成立与投资的撤回权

【案情】

2019年4月，甲与乙在山东某地发起设立某饮料有限公司。甲与乙签订一份协议，内容为：乙投入35万元，甲投入25万元；公司设立股东会、董事会，董事会为公司决策和执行机构；出资方按比例分享利润、分担风险；公司筹备及注册登记由乙负责。同年6月及7月甲按规定将25万元汇入乙账户。双方制定了公司章程，确定了董事人选，并举行会议，制订生产计划。但此后，公司没有开展业务活动，并没有办理注册登记。甲曾向乙催问数次，未有结果。到2019年10月，由于饮料公司一直没有注册开展活动，甲要求乙退回其投资款，双方发生争议。甲认为，由于乙负责办理登记而一直没有成功，致使某饮料公司不能成立，所订立协议无效，应退回其投资25万元。乙认为，双方签订了协议，缴纳了出资，制定章程，至今已半年时间，即使未办理登记手续，只是形式上有欠缺，事实上公司已经成立。而且，双方所订立协议是合法有效的，协议中并未规定乙办理注册登记的期限，所以该协议至今仍为有效。甲要求退还投资款，属于违约行为。所以乙主张双方应继续履行协议，由乙方面尽快办妥注册登记手续。双方争执不下，于是甲方诉至人民法院，法院经审理，支持了原告的诉讼请求。

【问题】

1. 某饮料有限公司成立了吗？
2. 甲可以撤回投资吗？

【分析】

1. 某饮料有限公司没有成立

我国关于公司的成立，采取"注册登记"的原则，即只有履行了登记注册手续，公司才告成立。《公司法》第七条规定："公司营业执照签发日期，为公司成立日期"。因此，本案中某饮料有限公司没有办理设立登记，更没有《企业法人营业执照》，因此，饮料有限公司没有成立。乙认为某饮料有限公司事实上成立，这一主张没有法律根据。

2. 某饮料有限公司没有成立，甲是可以撤回投资的

《公司法》对股份有限公司的投资撤回权作出了规定，但是未对有限责任公司的发起人或投资者在公司没有成立时，可否撤回投资作出明确规定。理论上，发起人在有限责任公司登记前抽回出资，应当是可以的。而在公司登记成立后，就不允许了。理由如下：

第一，《公司法》没有规定禁止出资者在公司登记成立前抽回出资。法律没有规定禁止的，可以为之。

第二，有限责任公司具有资合性和人合性的特点。如果出资者在公司成立前要求撤回出资，这说明他对要成立的公司或其他出资人产生了不信任感，从而使公司成立的信用基础产生了动摇。从这一点来看，应该允许出资人在公司登记前撤回出资，以免给公司造成不利影响或给出资人造成损失。如果出资者想在公司登记前撤回出资而不允许他撤回出资，那么在公司成立后，该出资者会马上合法地转让他的出资，其结果必将对刚成立的公司不利。因此，允许出资者在公司成立前撤回出资是合情合法的。在本案中，负责公司筹备事务的乙未履行其义务，甲已多次催告，其解除投资协议、收回投资款的行为与《民法典》合同编的精神也是一致的。

综上所述，甲要求返还 25 万元投资款的要求是合理的。

二、公司的增资

【案情】

原告：某市食品厂

被告：某食品有限责任公司

2018 年 10 月，某市某食品厂等八家企业共同出资设立某食品有限责任公司，公司依法成立，注册资金为 500 万元。某食品有限责任公司成立后，一直处于盈利状态。为扩大生产规模、拓展业务，该公司董事会拟订了一个增加注册资本的方案，提出把公司现有注册资本增加到 800 万元。采用邀请出资的方式，作为公司股东之一的某市食品厂在该方案中被要求认缴 60 万元。该方案于 2019 年 2 月提交股东会讨论，某市食品厂以本厂经营状况不佳为由反对增资。最后股东会对增资方案进行表决，表决结果是五家企业赞成增资，食品厂等三家企业反对增资，其中赞成增资的五家企业股份总额为 320 万元，占表决权总数的 64%，反对增资的三家企业股份总额为180万元，占表决权总数的36%。决议通过以后，股东会授权董事会执行增资决议。食品厂拒绝缴纳增资方案中确定由其认缴的60万元。董事会决定暂停食品厂的股金分红，用以抵作出资。食品厂不服公司董事会决定，向人民法院提起诉讼，要求法院确认股东会的增资协议无效，并按公司的财务状况向其分配利润。一审法院经审理，支持了原告的诉讼请求。

【问题】某食品有限责任公司股东增资决议有效吗？

【分析】

本案是一起有限责任公司违法增资损害股东利益导致的案件。

本案中，某食品有限责任公司股东增资决议无效。根据《公司法》第三十七条规定，股东会具有对公司增加或减少注册资本作出决议的职权。但《公司法》第四十三条规定"股东会会议作出修改公司章程、增加或者减少注册资本的决议，以及公司合并、分立、解散或者变更公司形式的决议，必须经代表三分之二以上表决权的股东通过。"

本案中某食品有限公司股东会的增资决议在表决时，只有占64%表决权的股东通过，未达到三分之二的法定比例，所以增资协议无效。

知识扩展

公司的增资

公司的增资，是指公司为扩大经营规模、拓展业务、提高公司的资信程度，依法增加注册资本的行为。

公司增资应按法定程序进行：

（1）由董事会负责制定公司增加注册资本的方案。

（2）由股东会负责对公司增加注册资本作出决议。

（3）公司依法修改公司的章程中有关注册资本以及公司股东认缴出资的条款。

（4）股东认缴新增资本的出资，按照《公司法》设立有限责任公司缴纳出资的有关规定执行。

（5）增资后依法向公司登记机关办理变更登记。

三、公司的组织机构

【案情】

甲、乙、丙、丁四人出资设立智慧科技有限公司，拟定章程为：除每年召开一次股东会外，还可以召开临时会议，临时会议必须经代表1/2以上表决权的股东或1/2以上董事提议召开。在申请设立登记时，公司登记机关指出了公司章程存在问题，全体股东协商后予以纠正。2018年3月公司成立，注册资本为3 600万元，其中甲以工业产权作价出资800万元，乙以现金出资1 200万元，丙丁各以现金出资800万元。公司成立后，由甲召集和主持了股东会首次会议，设立了董事会。5月，公司董事会发现，甲作为出资的工业产权实际价额为600万元，为了使公司注册资本达到3 600万元，公司董事会提出解决方案，即由甲补足其差额200万元，如果甲不能补足差额，则由其他股东按照出资比例出资分担该差额。2019年6月，公司董事会制定了一个增资方案，方案提出将公司注册资本增到 5 000 万元。增资方案提交股东会表决时，甲、乙、丙同意，丁反对。股东会通过了增资决议，并授权董事会执行。2019 年年底智慧科技有限公司在上海依法成立了分公司，分公司在经营过程中，因违反合同被诉至法院。原告以智慧科技有限公司是上海分公司的总公司为由，要求智慧科技有限公司承担违约责任。

【问题】

1. 智慧科技有限公司在设立前拟定的章程中有关召开临时股东会的决定是否合法？为什么？

2. 智慧科技有限公司首次股东会由甲召集和主持是否符合《公司法》的规定？为什么？

3. 智慧科技有限公司作出的关于甲出资不足的解决方案是否符合《公司法》的规定？为什么？

4. 智慧科技有限公司股东会作出的增资决议是否符合《公司法》的规定？

5. 智慧科技有限公司是否应为上海分公司承担责任？为什么？

【分析】

1. 不合法，因为根据《公司法》第三十九条的规定，股东会会议分为定期会议和临时会议。定期会议应当依照公司章程的规定按时召开。代表十分之一以上表决权的股东，三分之一以上的董事，监事会或者不设监事会的公司的监事提议召开临时会议的，应当召开临时会议。

2. 不符合规定。根据《公司法》第三十八条的规定，首次股东会会议由出资最多的股东召集和主持，所以首次会议应由乙召集和主持。

3. 符合规定，根据《公司法》第三十条的规定，有限责任公司成立后，发现作为设立公司出资的非货币财产的实际价额显著低于公司章程所定价额的，应当由交付该出资的股东补足其差额；公司设立时的其他股东承担连带责任。

4. 符合规定。根据《公司法》第四十三条的规定，股东会的议事方式和表决程序，除本法有规定的外，由公司章程规定。股东会会议作出修改公司章程、增加或者减少注册资本的决议，以及公司合并、分立、解散或者变更公司形式的决议，必须经代表三分之二以上表决权的股东通过。

5. 应当承担责任。分公司是不具有独立法人资格的，同时根据民事诉讼法的规定，该责任应由总公司承担。

知识应用

一、公司下属部门的职权

【案情】

甲公司和乙公司于 2017 年 11 月和 2018 年 11 月签订了 4 份购销合同。2019 年 5 月 15 日，双方对未付货款部分，签订了对账单，总计乙公司尚欠甲公司约 60 万元。由于乙公司拖欠不付，甲公司遂按合同中的仲裁约定向某仲裁委员会申请仲裁。

乙公司接到通知后，通知仲裁委员会，决定不予应诉。理由是：（1）本公司并未在合同上签字盖章，合同对自己未发生效力；（2）有关仲裁条款未发生法律效力。

经查：（1）双方所订的合同均采用的是市场监督管理机关监制的合同标准文本。合同中，仅有供方的法定代表人和委托人的签字和加盖的供方合同专用章，需方仅有委托代理人王某的签字。而 2017 年签订的 3 份合同中，均在第 13 项中明确约定"合同双方签字盖章生效。"（2）需方签字人王某的公开身份是乙公司商场部经理。合同的签订和履行均由程某操办。（3）在 2019 年 5 月 15 日签订的对账单中，供方加盖了公司印章，而需方仅加盖了属于乙公司的分公司地位的轻工经营部的印章。

仲裁机关经审理，支持了原告的诉讼请求。

【问题】商场的部门经理有无对外的代表权？甲公司的债权由谁来清偿？

【分析】

二、思考回答

请区分个体工商户、个人独资企业、一人有限责任公司的不同。

知识扩展

一、公司相关管理人员的规定

(一) 哪些人属于公司"高管"?

根据《公司法》第二百一十六条规定,"高级管理人员"是指公司的经理、副经理、财务负责人,上市公司董事会秘书和公司章程规定的其他人员。

除此以外,公司章程可以规定其他人员为公司高管,如部门总监等。

(二)《公司法》对于董事、监事、高管的任职兼任限制有哪些?

1.《公司法》第五十一条、第一百一十七条规定:"董事、高级管理人员不得兼任监事。"所以,无论是有限公司还是股份公司,董事和高级管理人员均不得兼任监事。换句话说,只要是公司监事,就不可能同时为公司董事或高管。

2.《公司法》第六十八条规定:"经国有资产监督管理机构同意,董事会成员可以兼任经理。"所以,对于国有独资公司,董事如兼任经理,必须经国有资产监督管理机构同意。

3.《公司法》第一百一十四条规定:"公司董事会可以决定由董事会成员兼任经理。"所以,对于股份有限公司,董事可兼任经理,但需要由董事会决定。

董事不能兼任监事。董事兼任经理,股份有限公司须经董事会决定,国有独资公司须经国资委同意;董事兼任其他高管,《公司法》未作限制。

(三) 公司高管受到哪些方面的约束?

1. 法律规定的约束。这主要指高管的忠实义务和勤勉义务。

2. 公司章程规定的约束。在《公司法》中,高管和董事、监事并列,成为公司章程规范的对象,受到公司章程的制约。

3. 劳动合同的约束。高管作为企业的员工,与企业之间的关系同时受《劳动法》调整。

(四) 公务员能否担任公司高管?

根据《公务员法》规定,公务员不得从事或者参与营利性活动,在企业或者其他营利性组织中兼任职务。

(五) 其他注释

1. 控股股东,是指其出资额占有限责任公司资本总额百分之五十以上或者其持有的股份占股份有限公司股本总额百分之五十以上的股东;出资额或者持有股份的比例虽然不足百分之五十,但依其出资额或者持有的股份所享有的表决权已足以对股东会、股东大会的决议产生重大影响的股东。

2. 实际控制人,是指虽不是公司的股东,但通过投资关系、协议或者其他安排,能够实际支配公司行为的人。

3. 关联关系,是指公司控股股东、实际控制人、董事、监事、高级管理人员与其直接或者间接控制的企业之间的关系,以及可能导致公司利益转移的其他关系。但是,国家控股的企业之间不仅因为同受国家控股而具有关联关系。

二、法人制度

(一) 概念

法人是具有民事权利能力和民事行为能力,依法独立享有民事权利和承担民事义务的组织。

（二）设立条件及程序

法人应当依法成立。法人应当有自己的名称、组织机构、住所、财产或者经费。法人成立的具体条件和程序，依照法律、行政法规的规定。设立法人，法律、行政法规规定须经有关机关批准的，依照其规定。

（三）分类

1. 营利法人：是指以取得利润并分配给股东等出资人为目的成立的法人。营利法人包括有限责任公司、股份有限公司和其他企业法人等。

2. 非营利法人：是指为公益目的或者其他非营利目的成立，不向出资人、设立人或者会员分配所取得利润的法人。非营利法人包括事业单位、社会团体、基金会、社会服务机构等。

3. 特别法人：是指《民法典》中规定的机关法人、农村集体经济组织法人、城镇农村的合作经济组织法人、基层群众性自治组织法人（居民委员会、村民委员会）。

（四）相关规定

1. 法人的民事权利能力和民事行为能力，从法人成立时产生，到法人终止时消灭。

2. 法定代表人。依照法律或者法人章程的规定，代表法人从事民事活动的负责人，为法人的法定代表人。法定代表人以法人名义从事的民事活动，其法律后果由法人承受。法人章程或者法人权力机构对法定代表人代表权的限制，不得对抗善意相对人。

3. 法人以其主要办事机构所在地为住所。依法需要办理法人登记的，应当将主要办事机构所在地登记为住所。

4. 法人被宣告破产的，依法进行破产清算并完成法人注销登记时，法人终止。

三、公司法关于"公司法人人格否认"或称为"揭开公司面纱"制度的规定

《公司法》第二十条在为公司的设立和经营活动提供较为宽松条件的同时，为防范滥用公司制度的风险，增加了"公司法人人格否认"制度的规定。即当公司股东滥用公司法人独立地位和股东有限责任、逃避债务、严重损害公司债权人利益时，该股东即丧失依法享有的仅以其对公司的出资为限对公司承担有限责任的权利，而应对公司的全部债务承担连带责任。这也就是说，若作为债务人的公司存在公司法人人格否认的情况，则债权人可不将该公司作为独立法人对待，直接要求其股东承担债务偿还的连带责任。因此，这一规定，为防范滥用公司制度，保证交易安全，保障公司债权人的利益，维护社会经济秩序，提供了必要的制度安排。

四、股份有限公司设立条件与设立方式

（一）设立条件

1. 发起人符合法定人数（二人以上二百人以下，其中须有半数以上的发起人在中国境内有住所）。

2. 有符合公司章程规定的全体发起人认购的股本总额或者募集的实收股本总额。

3. 股份发行、筹办事项符合法律规定。

4. 发起人制订公司章程，采用募集方式设立的经创立大会通过。

5. 有公司名称，建立符合股份有限公司要求的组织机构。

6. 有公司住所。

（二）设立方式

1. 股份有限公司的设立，可以采取发起设立或者募集设立的方式。

2. 发起设立,是指由发起人认购公司应发行的全部股份而设立公司。

3. 募集设立,是指由发起人认购公司应发行股份的一部分,其余股份向社会公开募集或者向特定对象募集而设立公司;以募集设立方式设立股份有限公司的,发起人认购的股份不得少于公司股份总数的百分之三十五;但是,法律、行政法规另有规定的,从其规定。

4. 股份有限公司采取发起设立方式设立的,注册资本为在公司登记机关登记的全体发起人认购的股本总额。在发起人认购的股份缴足前,不得向他人募集股份。股份有限公司采取募集方式设立的,注册资本为在公司登记机关登记的实收股本总额。法律、行政法规以及国务院决定对股份有限公司注册资本实缴、注册资本最低限额另有规定的,从其规定。

五、股份有限公司发起人的责任

以发起设立方式设立股份有限公司的,发起人应当书面认足公司章程规定其认购的股份,并按照公司章程规定缴纳出资。以非货币财产出资的,应当依法办理其财产权的转移手续。发起人不依照规定缴纳出资的,应当按照发起人协议承担违约责任。

发行的股份超过招股说明书规定的截止期限尚未募足的,或者发行股份的股款缴足后,发起人在三十日内未召开创立大会的,认股人可以按照所缴股款并加算银行同期存款利息,要求发起人返还。

股份有限公司成立后,发起人未按照公司章程的规定缴足出资的,应当补缴;其他发起人承担连带责任。股份有限公司成立后,发现作为设立公司出资的非货币财产的实际价额显著低于公司章程所定价额的,应当由交付该出资的发起人补足其差额;其他发起人承担连带责任。

1. 公司不能成立时,对设立行为所产生的债务和费用负连带责任。

2. 公司不能成立时,对认股人已缴纳的股款,负返还股款并加算银行同期存款利息的连带责任。

3. 在公司设立过程中,由于发起人的过失致使公司利益受到损害的,应当对公司承担赔偿责任。

六、股份有限公司的组织机构

(一) 股东大会

股份有限公司股东大会由全体股东组成。股东大会是公司的权力机构,依照本法行使职权。《公司法》第三十七条第一款关于有限责任公司股东会职权的规定,适用于股份有限公司股东大会。

股东大会会议由董事会召集,董事长主持;董事长不能履行职务或者不履行职务的,由副董事长主持;副董事长不能履行职务或者不履行职务的,由半数以上董事共同推举一名董事主持。

董事会不能履行或者不履行召集股东大会会议职责的,监事会应当及时召集和主持;监事会不召集和主持的,连续九十日以上单独或者合计持有公司百分之十以上股份的股东可以自行召集和主持。

(二) 董事会

股份有限公司设董事会,其成员为五人至十九人。董事会成员中可以有公司职工代表。

董事会中的职工代表由公司职工通过职工代表大会、职工大会或者其他形式民主选举产生。

《公司法》第四十五条关于有限责任公司董事任期的规定和第四十六条关于有限责任公司董事会职权的规定，适用于股份有限公司董事。

董事会设董事长一人，可以设副董事长。董事长和副董事长由董事会以全体董事的过半数选举产生。

（三）监事会

股份有限公司设监事会，其成员不得少于三人。

监事会应当包括股东代表和适当比例的公司职工代表，其中职工代表的比例不得低于三分之一，具体比例由公司章程规定。监事会中的职工代表由公司职工通过职工代表大会、职工大会或者其他形式民主选举产生。

《公司法》第五十三条、第五十四条关于有限责任公司监事会职权的规定，适用于股份有限公司监事会。

七、公司法修改

2018年10月26日第十三届全国人民代表大会常务委员会第六次会议通过。

将第一百四十二条修改为：公司不得收购本公司股份。但是，有下列情形之一的除外：

（一）减少公司注册资本；

（二）与持有本公司股份的其他公司合并；

（三）将股份用于员工持股计划或者股权激励；

（四）股东因对股东大会作出的公司合并、分立决议持异议，要求公司收购其股份；

（五）将股份用于转换上市公司发行的可转换为股票的公司债券；

（六）上市公司为维护公司价值及股东权益所必需。

公司因前款第（一）项、第（二）项规定的情形收购本公司股份的，应当经股东大会决议；公司因前款第（三）项、第（五）项、第（六）项规定的情形收购本公司股份的，可以依照公司章程的规定或者股东大会的授权，经三分之二以上董事出席的董事会会议决议。

公司依照本条第一款规定收购本公司股份后，属于第（一）项情形的，应当自收购之日起十日内注销；属于第（二）项、第（四）项情形的，应当在六个月内转让或者注销；属于第（三）项、第（五）项、第（六）项情形的，公司合计持有的本公司股份数不得超过本公司已发行股份总额的百分之十，并应当在三年内转让或者注销。

上市公司收购本公司股份的，应当依照《中华人民共和国证券法》的规定履行信息披露义务。上市公司因本条第一款第（三）项、第（五）项、第（六）项规定的情形收购本公司股份的，应当通过公开的集中交易方式进行。

公司不得接受本公司的股票作为质押权的标的。

对公司法有关资本制度的规定进行修改完善，赋予公司更多自主权，有利于促进完善公司治理、推动资本市场稳定健康发展。国务院及其有关部门应当完善配套规定，坚持公开、公平、公正的原则，督促实施股份回购的上市公司保证债务履行能力和持续经营能力，加强监督管理，依法严格查处内幕交易、操纵市场等证券违法行为，防范市场风险，切实维护债权人和投资者的合法权益。

实训任务

任务一：

一、任务名称

请以5人左右为一学习团队模拟设立一家有限责任公司。

二、任务目标

在新的时代背景下，依据企业法律规定，各学习团队能够创设适合自己的企业（个人独资企业、合伙企业、公司），并能够分析企业的组织形式、管理流程和企业的法律责任承担等基本事项。

三、任务要求

（一）公司成立条件

1. 拟成立公司的简要说明（参与行业、经营范围、规模设计、经营理念、企业管理等）。

2. 应当充分准备符合《公司法》之规定"有限责任公司成立"的相关文件，包括但不限于以下文件：

（1）企业名称预先核准通知书。

（2）全体股东指定代表或者共同委托代理人的证明。

（3）公司章程。

（4）股东的法人资格证明或者自然人身份证明。

（5）载明公司董事、监事、经理的姓名、住所的文件以及有关委派选举或者聘用的证明。

（6）公司法定代表人的任职文件和身份证明。

（7）公司住所证明。

（8）公司董事长签署的设立公司登记申请书。

（9）其他文件、证件。国家法律、行政法规规定有限责任公司必须报经审批的，还应当提交有关批准文件（经营范围中涉及国家法律、行政法规规定必须报经审批的项目，应当提交有关部门的批准文件。公司的经营范围中属于法律、行政法规规定须经批准的项目，应当依法经过批准）。

3. 应当清楚地说明公司设立所需经历的各阶段。

（二）完成任务需要最终提交的材料

1. 提交所有公司登记所需的各项文件。

2. 将公司设立划分为若干阶段，并以图表形式表示出来，重点展示和提交公司设立登记流程图、公司组织机构图。

3. 将第1项所需要提交的文件根据第2项所划分的阶段进行整理归档，即将相关文件整理归档至公司设立各阶段之下。

（三）汇报与展示

各学习团队 PPT 展示汇报自己公司的设计方案，以及介绍公司在成立过程中团队分工与合作情况，并由队长公布队员参与度。

（四）评价

1. 实训任务纳入过程性考核成绩，学习团队得分将根据以上各项的完成情况由教师给出。
2. 团队队长对队员的贡献进行评价。
3. 队员得分将根据团队得分与团队队长的评价按比例计算得出。

四、参考样表（表 1–1 至表 1–8）

1. 企业名称预先核准申请书。
2. 指定代表或者共同委托代理人的证明（1）。
3. 公司设立登记申请书。
4. 公司股东（发起人）名录。
5. 公司董事、监事、经理情况。
6. 公司法定代表人登记表。
7. 指定代表或者共同委托代理人的证明（2）。
8. 公司变更登记申请书。

表 1–1　企业名称预先核准申请书

申请企业名称	
备选企业名称 （请选用不同的字号）	1.
	2.
	3.
经营范围	（只需填写与企业名称行业表述一致的主要业务项目）
注册资本（金）	（万元）
企业类型	
住所地	
投　资　人	

姓名或名称	证照号码	投资额/万元	投资比例/%

续表

姓名或名称	证照号码	投资额/万元	投资比例/%

（投资人写不下的，可另备页面载明并签名盖章）

表1-2　指定代表或者共同委托代理人的证明（1）

指定代表或者委托代理人：

　　指定代表或委托代理人更正有关材料的权限：

　　　1. 同意□不同意□修改有关表格的填写错误；

　　　2. 其他有权更正的事项：

指定或者委托的有效期限：自　　　　年　　月　　日至　　　　年　　月　　日

指定代表或委托代理人联系电话	固定电话：
	移动电话：

（指定代表或委托代理人身份证明复印件粘贴处）

投资人盖章或签字：

年　　月　　日

注：1. 投资人是拟设立企业的全体出资人。投资人是法人和经济组织的由其盖章；投资人是自然人的由其签字。

　　2. 指定代表或者委托代理人更正有关材料的权限，选择"同意"或"不同意"并在□中打√；第2项按授权内容自行填写。

表 1-3　公司设立登记申请书

名　　称				
住　　所			邮政编码	
法定代表人姓名			职　务	
注册资本	（万元）	公司类型		
实收资本	（万元）	出资方式		
经营范围				
营业期限	自　　年　　月　　日至　　年　　月　　日			
备案事项				

本公司依照《中华人民共和国公司法》《中华人民共和国公司登记管理条例》设立，提交材料真实有效。谨此对真实性承担责任。

　　法定代表人签字：　　　　　　　　　　指定代表或委托代理人签字：

　　　　　　年　月　日　　　　　　　　　　　　　　　　　年　月　日

注：1. 提交文件、证件应当使用 A4 纸。
　　2. 应当使用钢笔、毛笔或签字笔工整地填写表格或签字。
　　3. 公司类型：有限责任公司和股份有限公司。其中，国有独资公司应当注明"有限责任公司（国有独资）"；一人有限责任公司应当注明"有限责任公司（自然人独资）"或"有限责任公司（法人独资）"；股份有限公司是上市公司的应当注明"股份有限公司（上市）"。

表1-4 公司股东（发起人）名录

股东（发起人）名称或姓名	证件名称及号码	认缴出资额/万元	出资方式	持股比例/%	实缴出资额/万元	出资时间	出资方式	余额交付期限	备注

注：①根据公司章程的规定及实际出资情况填写。

②"备注"栏填写下述字母：A. 企业法人；B. 社会团体法人；C. 事业法人；D. 国务院、省级人民政府、经授权的机构或部门；E. 自然人；F. 其他。

③出资方式填写：货币、非货币。

表1–5　公司董事、监事、经理情况

姓名_____　职务_____	姓名_____　职务_____
身份证件号码：	身份证件号码：
（身份证件复印件粘贴处）	（身份证件复印件粘贴处）
姓名_____　职务_____	姓名_____　职务_____
身份证件号码：	身份证件号码：
（身份证件复印件粘贴处）	（身份证件复印件粘贴处）
姓名_____　职务_____	姓名_____　职务_____
身份证件号码：	身份证件号码：
（身份证件复印件粘贴处）	（身份证件复印件粘贴处）

表1-6 公司法定代表人登记表

姓　　名		是否公务员	
职　　务		联系电话	
任免机构			

（身份证件复印件粘贴处）

法定代表人签字：

年　　月　　日

表 1-7 指定代表或者共同委托代理人的证明（2）

申请人：
指定代表或者委托代理人：
委托事项及权限：
1. 办理 _____（企业名称）的□设立□变更□注销□备案□_____手续；
2. 同意□不同意□核对登记材料中的复印件并签署核对意见；
3. 同意□不同意□修改企业自备文件的错误；
4. 同意□不同意□修改有关表格的填写错误；
5. 同意□不同意□领取营业执照和有关文书。

指定代表或委托代理人或者经办人信息	签　　字：
	固定电话：
	移动电话：
（指定代表或委托代理人、具体经办人身份证明复印件粘贴处）	

指定或者委托的有效期限：自　　年　月　日至　　年　月　日

（申请人盖章或签字）
　　年　月　日

注：1. 手工填写表格和签字请使用黑色或蓝黑色钢笔、毛笔或签字笔，请勿使用圆珠笔。
2. 设立登记，有限责任公司申请人为全体股东；国有独资公司申请人为国务院或地方人民政府国有资产监督管理机构；股份有限公司申请人为董事会；非公司企业申请人为出资人；变更、注销登记申请人为本企业；企业集团登记申请人为母公司。
3. 委托事项及权限：第1项应当选择相应的项目并在□中打√，或者注明其他具体内容；第2、3、4、5项选择"同意"或"不同意"并在□中打√。
4. 指定代表或者委托代理人可以是自然人，也可以是其他组织；指定代表或者委托代理人是其他组织的，应当另行提交其他组织证书复印件及其指派具体经办人的文件、具体经办人的身份证件。
5. 自然人申请人由本人签字，非自然人申请人加盖公章。

表 1-8 公司变更登记申请书

注册号

项　　目	原登记事项	申请变更登记事项
名　　称		
住　　所		
邮政编码		
法定代表人姓名		
注册资本	（万元）	（万元）
实收资本	（万元）	（万元）
公司类型		
经营范围		
营业期限		
股　东 （发起人）		
备案事项		

　　本公司依照《中华人民共和国公司法》《中华人民共和国公司登记管理条例》申请变更登记，提交材料真实有效。谨此对真实性承担责任。

　　法定代表人签字：　　　　指定代表或委托代理人签字：　　　　公司盖章：

　　　　年　月　日　　　　　　　　年　月　日　　　　　　　　年　月　日

注：1. 申请变更登记事项只填申请变更的内容。
　　2. 提交的文件、证件应当使用 A4 纸。
　　3. 应当使用钢笔、毛笔或签字笔工整地填写表格或签字。

任务二：

一、任务名称

请以 5 人左右为一学习团队策划《××××专业大学生创业计划书》。

二、任务目标

结合"大众创业、万众创新"的时代号召，调研、分析、策划创业路径，实现自己创业梦或自身价值。

三、任务要求（重点在企业结构和法律适用上）

（一）计划书内容

1. 创业计划书封面（企业名称、创业者名称、基本信息）。
2. 企业概况（SWOT 分析法：优势、劣势、机会、威胁；企业类型）。
3. 创业计划者的个人情况（以往的相关经验、教育背景）。
4. 市场评估（目标顾客及潜在顾客描述、市场容量或本企业预计市场占有率、市场容量的变化趋势及前景、SWOT 分析）（简要说明）。
5. 市场营销计划【产品或服务产品主要特征、成本价、销售价、竞争对手的价格、地址、面积（平方米）、租金或建筑成本、销售方式、促销及成本预测】（简要说明）。
6. 企业组织结构【企业将登记注册成个人独资企业或合伙企业或有限责任公司或股份有限公司（选择其一），拟议的企业名称、企业组织结构图、各部门主要职责描述、员工岗位描述、企业将获得的营业执照或许可证】。
7. 法律适用【企业组织法律适用（个人独资企业或合伙企业或有限责任公司或股份有限公司，选择其一）、企业法律权利与法律义务、企业法律责任（刑事法律责任、民事法律责任、行政法律责任）】。
8. 其他内容可以省略。

（二）完成任务需要最终提交的材料

以学习团队为单位提交一份《创业计划书》。

（三）汇报与展示

各学习团队 PPT 展示汇报创业计划书设计过程，并介绍设计过程中团队分工与合作情况，由队长公布队员参与度。

（四）评价

1. 实训任务纳入过程性考核成绩，学习团队得分将根据以上各项的完成情况由教师给出。
2. 团队队长对队员的贡献进行评价。
3. 队员得分将根据团队得分与团队队长的评价按比例计算得出。

模块二

如何正确处理合同事务

小张的公司已经顺利地成立了，为了开展业务，公司需要和合作方签订各种合同，如买卖合同、承运合同、租赁合同等，小张犯难了，合同应该怎么签？合同应该包括哪些基本条款？如果出现了纠纷应该如何解决呢？如何防范风险的发生呢？

知识目标

1. 了解合同的概念、特征与分类。
2. 掌握合同的订立、效力。
3. 掌握合同的履行、担保、变更、转让和终止的相关规定。
4. 了解违约责任和缔约过失责任的区别。

能力目标

能够按照我国的合同法律制度规定正确地签订合同，尽可能地在合同签订阶段将风险降到最低。

态度目标

平等自愿、公平、诚实守信。

时代背景

合同法律是关于市场交易规则的法律，不仅与经营者的经营活动密切相关，也与人民群众的生活密切相关，对保护合同当事人的合法权益、规范市场交易行为、建立市场经济体制都具有十分重要的意义。

自20世纪以来，随着社会经济结构发生巨变、科学技术突飞猛进以及经济全球化，从形式主义走向实质主义、对合同自由的限制、进一步强化对消费者的保护，诚信原则成为合同法律中的一项重要原则，合同法律的国际化等成为当代合同法发展的新趋势。

一、科学技术的突飞猛进对合同法律提出的挑战

随着网络的迅速发展，电子商务成为未来贸易方式发展方向的代表，其前景十分广阔，而电子商务交易也对合同法律的规则形成了挑战。许多国家制定了专门的有关电子商务的法律规则，以调整当事人利用网络从事订约的行为。也有一些国家通过修订合同法律、修订合同订立的规则以及扩大合同书面形式的范围，从而将电子商务交易纳入合同法律调整的范围。我国合同法律在合同订立一章中对此已做出了规定，而且在2019年1月1日开始实施的《电子商务法》中也作出了相应的规定。

二、诚实信用原则的发展对合同法律的影响

20世纪以来，诚信原则在大陆法系国家民法中得到迅速发展，已经成为合同法律中至高无上的帝王条款。1907年《瑞士民法典》在第二条明确宣称："任何人都必须诚实、信用地行使权利并履行义务"，该规定确定了现代合同法的最高原则。此后，日本等国家的民法典也纷纷效仿。由于诚信原则的确立，不仅打破了以意思自治和合同自由为中心的封闭的合同体系，同时"带动了其他如'情势不变条款''交易基础消灭'和'权利滥用'等一系列新的一般条款的确定，从而以一般条款作为一个整体，把利益衡量原则带入了私法的理论和实践当中，对立法、法律解释和司法起了不可低估的作用"。

三、经济全球化对合同法律的影响

近几十年来对合同法影响最为深远的原因乃是经济的全球化。随着市场经济的全球化和相伴而来的跨国公司在这种市场上的经营，20世纪以来，世界市场的格局逐步形成，经济趋同化快速发展。在经济日益全球化的条件下，作为交易共同规则的合同法律以及有关保险、票据等方面的规则日益国际化，两大法系的相应规则正逐渐融合。这就产生了走向相对统一的合同法运动。正如美国学者夏皮罗指出的，"随着市场的全球化和相伴而来的跨国公司在这种市场上的经营，就产生了走向相对统一的全球化契约法和商法的一些活动"。

市场经济是开放的经济，它要求消除对市场的分割、垄断、不正当竞争等现象，使各类市场成为统一的而不是分割的市场。各类市场主体能够在统一的市场中平等地从事各种交易活动，同时市场经济要求促使国内市场和国际市场的接轨，促进市场经济的高度发展和财富的迅速增长。由此决定了作为市场经济基本法的合同法律，不仅应反映国内统一市场需要而形成一套统一规则，同时也应该与国际惯例相衔接。近几十年来，合同法律的国际化已成为法律发展的重要趋向，调整国际贸易的合同公约，初步实现合同法律具体规则的统一。

结合经济全球化和电商时代的发展，谈谈你对合同法律重要性的认识和理解。

案例资讯

一、中国飞机租赁集团暂停订购 100 架波音 737 MAX 飞机计划

《南华早报》8 日援引中国飞机租赁集团的一份声明报道称，在得到安全保证前，该集团已暂停订购 100 架波音 737 MAX 飞机的计划。据悉，这家在香港上市的租赁公司由国有企业集团中国光大集团控股，于 2017 年 6 月订购了 50 架飞机，随后在 12 月又增加了 25 架，并计划再增加 25 架。按照原计划，第一架波音 MAX 喷气式飞机预计在 2019 年第三季度交付，直至 2023 年全部交付完成。

（来源：澎湃新闻）

二、因合同不当条款，美国零售业巨头亚马逊在法国被罚 400 万欧元！

2019 年 9 月 4 日，法国一家法院裁定，美国零售业巨头亚马逊对在它所辖线上平台销售产品的企业施行不公平商业条款，向亚马逊开出 400 万欧元罚单（约合 3 150 万元人民币）。

法国消费者和反欺诈监督机构表示，在关联不公平商业条款的诉讼中，这一裁决涉及的罚款金额创纪录。

法国监管部门 2015 年起调查第三方销售平台，发现多项条款对 1 万家在亚马逊平台销售产品的法国中小型企业不公平，2017 年向法院提起诉讼。

监管部门建议亚马逊限期整改，允许亚马逊修改与商户的合同，要求这家美国企业就商户企业送货的条款作出更公平的调整。

对利用亚马逊平台的企业而言，优势显而易见，但是双方"实力不对等"不能导致商户企业被迫接受不公平条款。

在法院裁决中，法官认定争议条款"明显失衡"，下令亚马逊 6 个月内更改。亚马逊方面回应，称法院裁决涉及的商业条款中，大部分已于年初调整。

法院文件显示，亚马逊在法国市场 50 亿欧元（约合 394 亿元人民币）销售总额中，60% 来自线上平台，只要大型市场平台尊重竞争和消费者保护规定，数字经济是一个巨大商机。

（来源：新浪网）

三、西班牙法院受理内马尔与巴萨的合同纠纷

2019 年 9 月 28 日西班牙法院将试图解决巴西球星内马尔与其前俱乐部巴塞罗那之间数百万欧元的巨额合同纠纷。

争议始于内马尔在 2017 年突然转会至大巴黎,不到一年就与巴萨签订了新合同,该合同使他一直待到 2021 年。

这项交易价值 2.22 亿欧元,仍然是有史以来支付给球员的最高金额。巴塞罗那随后以违反合同为由起诉内马尔,并拒绝向他支付 2 600 万欧元,这是他续签合同奖金的一部分。

但是仅仅一年之后,当他移居大巴黎时,巴塞罗那拒绝付款。并且要求他退还已经收到的部分奖金,以及 850 万欧元和违约赔偿金的利息。内马尔立即提起反诉,要求支付利息 2 600 万。

据《每日经济新闻》报道,西班牙税务部门正密切关注此案。西班牙税务部门渴望知道这位罢工者(2017 年是纳税居民)是否已支付了奖金和转给大巴黎的应得费用。

早在三月,内马尔的公共关系机构 NR Sports 承认税务部门已要求提供文件,但坚持认为该球员不是西班牙新的税务调查的对象。自从他从巴西的桑托斯转到加泰罗尼亚俱乐部后,这位年轻的前锋自 2013 年抵达欧洲以来就一直受到法律问题的困扰。

巴萨对这笔交易的估值为 5 710 万欧元,但西班牙检察官认为,已支付的金额至少为 8 330 万欧元,这触发了两国的一系列法律案件,其中一些案件尚未解决。

(来源:新浪网)

研讨与交流(结合案例资讯,谈谈你对合同的认识,并重视合同订立、合同履行的问题和对案例的关注、了解和研究):

_____
_____
_____
_____
_____
_____
_____
_____
_____
_____
_____
_____
_____

知识链接

从人类早期的以物易物的交换,不断发展到以货币为媒介的商品交换,后来又从一般的商品交换发展到现代高度发达的商品经济,合同均被广泛运用,它维持着社会生活中最普遍、最重要的法律关系。合同本身虽不能带来经济效益,但是它有利于保护合同当事人的合法权益、维护社会经济秩序;有利于加强国家对企业的管理和监督;有利于企业加强经济核算和经济管理等。

所以作为当代大学生要在市场经济的大潮中一展身手,储备必要的合同法律知识是非常必要的。

项目一 订立有效的交易合同

导入案例

甲、乙双方于 2018 年 7 月 12 日签订了一份简单的购销合同，约定乙方向甲方购买 50 万米纱布，由于当时货物的价格变化大，不便将价格在合同中确定，双方一致同意合同价格只写明以市价而定，同时双方约定交货时间为 2018 年年底，除上述简单约定合同中便无其他条款。

合同签订后，甲方开始组织生产，到 2018 年 11 月月底甲方已生产 40 万米纱布，为防止仓库仓储货物过多，同时便于及时收取部分货款，甲方遂电告乙方，要求向乙方先交付已生产的 40 万米货物，乙方复函表示同意。货物送达乙方后，乙方根据相关验收标准组织相关工作人员进行了初步检验，认为货物布中的跳丝、接头太多，遂提出产品质量问题，但乙方同时考虑到该产品在市场上仍有销路，且与甲方有多年的良好合作关系，遂同意接收了该批货物，并对剩下的 10 万米货物提出了明确的质量要求。

在收取货物的 15 天后，乙方向甲方按 5 元/米的价格汇去货款 200 万元人民币。甲方收到货款后认为价格过低，提出市场价格为 6.8 元/米，按照双方合同约定的价格确定方式，乙方应按照市场价格，乙方应按 1.8 元/米补足全部货款，但是乙方一直未予回复。

2018 年 12 月 20 日，甲方向乙方发函提出剩下货物已经生产完毕，要求发货并要求乙方补足第一批货物货款。乙方提出该批货物质量太差，没有销路，要求退回全部货物，双方因此发生纠纷并诉至法院。

（来源：找法网）

知识简介

一、合同的概念及合同的订立

（一）合同的概念、特征与形式

合同是民事主体之间设立、变更、终止民事法律关系的协议。婚姻、收养、监护等有关身份关系的协议，适用有关该身份关系的法律规定；没有规定的，可以根据其性质参照适用《民法典》合同编规定。

1. 合同的法律特征

（1）合同是民事法律行为。

（2）合同是双方意思表示一致的民事法律行为。

（3）合同的目的是设立、变更、终止民事法律关系（表现为"债"，主要是财产性的）。

2. 合同的形式

（1）口头形式。

口头合同一般适用于标的数量不大、内容不复杂而且能及时结清的合同关系。例如，公民为满足日常生活而订立的买卖、借贷、保管等合同以及即时的现货交易、商店里的零售等。

口头形式的主要优点是简便易行，直接迅速；缺点是缺乏文字证据，一旦发生纠纷，难于举证，不易分清责任。对于不能即时结清的合同和标的额较大的合同，不宜采用这种形式。

（2）书面形式。

书面形式是指合同书、信件和数据电文（包括电报、电传、传真、电子数据交换和电子邮件）等可以有形地表现所载内容的形式。

随着互联网技术和电子商务的发展，采用数据电文形式订立的合同普遍存在，这类合同为电子合同，属于书面合同范畴。电子商务当事人订立和履行合同，适用《电子商务法》《电子签名法》和《民法典》合同编的有关规定。

（3）其他形式。

其他形式是指根据当事人的行为或者特定情形推定成立的合同，也称为默示合同。此类合同是指当事人未用语言明确表示成立，而是根据当事人的行为推定合同成立。

如房屋租赁合同，租赁期满后，出租人未提出让承租人退房，承租人也未表示退房而是继续交房屋租金，出租人仍然接受租金。尽管当事人没有重新签订合同，但是可以依当事人的行为推定合同仍然有效，继续履行。

（二）合同的内容

合同一般包括以下条款：

（1）当事人的名称或者姓名和住所；
（2）标的；
（3）数量；
（4）质量；
（5）价款或者报酬；
（6）履行期限、地点和方式；
（7）违约责任；
（8）解决争议的方法。

（三）合同的主体

合同的主体即签订合同的当事人，包括自然人、法人和其他组织，《合同法》规定："当事人订立合同，应当具有相应的民事权利能力和民事行为能力。当事人依法可以委托代理人订立合同。"

（四）合同的订立程序

当事人订立合同，可以采取要约、承诺方式或者其他方式。一般情况下，承诺生效时合同即为成立。合同的订立是"要约、承诺"的过程，但并不一定是一个"要约、承诺"就可以实现的，往往需要经过"要约、再要约、又要约……承诺"等阶段才可能实现，即经过广泛的磋商及讨价还价。

要约是希望和他人订立合同的意思表示。发出要约的人为要约人，接受要约的人为受要约人。要约作为一种缔约的意思表示，它能够对要约人和受要约人产生一种拘束力。尤其是要约人在要约的有效期限内，必须受要约内容的拘束。

要约邀请是指希望他人向自己发出要约的表示。要约邀请是当事人订立合同的预备行为，只是引诱他人发出要约，不能因相对人的承诺而成立合同。如寄送的价目表、拍卖公告、招标公告、招股说明书、债券募集办法、基金招募说明书、商业广告和宣传等为要约邀请。商业广告和宣传的内容符合要约条件的，构成要约。

承诺是受要约人同意要约的意思表示。其效力体现在：承诺到达要约人，承诺生效，合同即告成立。

在电子商务活动中，电子商务经营者发布的商品或者服务信息符合要约条件的，用户选择该商品或者服务并提交订单成功，合同成立。当事人另有约定的，从其约定。

电子商务经营者不得以格式条款等方式约定消费者支付价款后合同不成立；格式条款等含有该内容的，其内容无效。

二、合同的效力

（一）有效合同应具备的要件

（1）行为人具有相应的民事行为能力。
（2）意思表示真实。
（3）不违背公序良俗。

（二）无效的合同

有下列情形之一的，合同无效：
（1）无民事行为能力人订立的合同；
（2）行为人与相对人以虚假的意思表示订立的合同；
（3）违反法律、行政法规的强制性规定订立的合同。但是，该强制性规定不导致该合同无效的除外；
（4）违背公序良俗订立的合同；
（5）行为人与相对人恶意串通，损害他人合法权益的合同。

有下列情形之一的，该格式条款无效：
（1）造成对方人身损害的；
（2）因故意或者重大过失造成对方财产损失的；
（3）提供格式条款一方不合理地免除或者减轻其责任、加重对方责任、限制对方主要权利的；
（4）提供格式条款一方排除对方主要权利的。

（三）可撤销的合同

可撤销的合同指一方当事人可依照自己的意思使合同的效力归于消灭的合同，有下列情形之一的，一方当事人有权请求人民法院或者仲裁机构撤销合同。
（1）基于重大误解订立的合同；
（2）一方以欺诈手段，使对方在违背真实意思的情况下订立的合同；
（3）第三人实施欺诈行为，使一方在违背真实意思的情况下订立的合同，对方知道或者应当知道该欺诈行为的；
（4）一方或者第三人以胁迫手段，使对方在违背真实意思的情况下订立的合同；
（5）一方利用对方处于危困状态、缺乏判断能力等情形，致使合同成立时显失公平的。

（四）效力待定的合同

有些合同经过有权人的追认，才能化欠缺有效要件为符合有效要件，发生当事人预期的法律效力；有权人在一定期间内不予追认，合同归于无效。

具体包括以下四种情形：

（1）限制民事行为能力人订立的合同经法定代理人同意或者追认后有效，但纯获利益的合同或者与其年龄、智力、精神健康状况相适应而订立的合同有效；相对人可以催告法定代理人自收到通知之日起三十日内予以追认。法定代理人未作表示的，视为拒绝追认。合同被追认前，善意相对人有撤销的权利。撤销应当以通知的方式作出。

（2）行为人没有代理权、超越代理权或者代理权终止后，仍然实施代理行为，未经被代理人追认的，对被代理人不发生效力。被代理人已经开始履行合同义务或者接受相对人履行的，视为对合同的追认。相对人可以催告被代理人自收到通知之日起三十日内予以追认。被代理人未作表示的，视为拒绝追认。

行为人没有代理权、超越代理权或者代理权终止后，仍然实施代理行为，相对人有理由相信行为人有代理权的，代理行为有效。

法人的法定代表人或者非法人组织的负责人超越权限订立的合同，除相对人知道或者应当知道其超越权限外，该代表行为有效，订立的合同对法人或者非法人组织发生效力。

（3）当事人超越经营范围订立的合同的效力，应当根据法律规定结合具体情形来确定其效力。

（4）无处分权人将不动产或者动产转让给受让人的，所有权人有权追回；除法律另有规定外，符合下列情形的，受让人取得该不动产或者动产的所有权：①受让人受让该不动产或者动产时是善意；②以合理的价格转让；③转让的不动产或者动产依照法律规定应当登记的已经登记，不需要登记的已经交付给受让人。

受让人依据前款规定取得不动产或者动产的所有权的，原所有权人有权向无处分权人请求损害赔偿。

重点知识记录：

案例分析

一、要约与承诺

【案情】

甲公司于2018年3月1日给乙公司发出邮件称："现有当年产玉米50吨，每吨1 000

元,如贵方需购,望于接到邮件之日起一周内回复为盼。"3月3日乙公司给甲公司回复称:"接受贵方条件,但希望以每吨800元成交。"

【问题】

1. 甲、乙公司的合同关系是否成立,为什么?

2. 假设乙公司在3月10日回复邮件给甲公司称:"完全接受贵方条件。"则甲、乙之间的合同关系是否成立,为什么?

3. 假设乙公司在接到甲公司的邮件后,于3月3日派人直接去公司提货,甲公司已将这50吨玉米高价卖给了丙公司,甲公司是否需对乙公司承担责任?

【分析】

1. 甲、乙之间的合同关系不成立。因为乙公司的答复已改变了甲公司要约中的实质性条款,不属于承诺,而是一个新要约,故他们之间的合同关系不成立。

2. 甲、乙之间的合同关系也不成立,因为乙公司所做出的"承诺"表示已超出了甲公司要约的有效期,属于一个新的要约,故他们之间的合同关系不能成立。

3. 乙公司完全可以在要约有效期内前去付款提货,以实际行为与甲公司设立合同关系。既然甲公司给乙公司发出的是一个附加保留期限的要约,甲公司就须受到此要约的约束。当乙公司以实际行为做出承诺时甲公司已无法履行其义务,违反了诚实信用的原则,理应向乙公司承担相应的法律责任。

二、缔约过失责任

【案情】

姜某经营一家饭店,由于准备去国外投亲,决定于2019年11月11日前将饭店以18万元的价格转让,并在外贴出了广告。李某正好想经营饭店,遂向姜某表达了签约意愿。此事被王某知晓,王某也有一家饭店要转让,于是故意与姜某磋商,并达成意向:王某将在2019年10月31日前向姜某交付18万元,到时签订正式合同,姜某在此之前不得将饭店转让他人。背地里,王某却与李某签订协议,将自己的饭店转让李某,之后,便拒绝与姜某签订合同。姜某见出国日期将近,只好将饭店以10万元价格转让。半年之后,姜某知道事情原委,将王某起诉至法院,要求赔偿8万元。

【问题】请根据我国《民法典》合同编的有关规定进行分析,法院会支持王某的诉讼请求吗?

【分析】

法院审理认为王某故意与姜某磋商,并达成意向,使得姜某遭受损失,王某应承担缔约过失责任,故判令王某向姜某赔偿8万元。

《民法典》第五百条规定"当事人在订立合同过程中有下列情形之一,给对方造成损失的,应当承担损害赔偿责任:(一)假借订立合同,恶意进行磋商;(二)故意隐瞒与订立合同有关的重要事实或者提供虚假情况;(三)有其他违背诚实信用原则的行为。"

就本案而言,王某与姜某并没有合同关系,但王某在订立合同过程中假借订立合同,恶意进行磋商,最终使得姜某不得不低价转让他的饭店,王某的行为违反了诚实信用原则,应当承担缔约过失责任。

知识扩展

缔约过失责任

缔约过失责任，是指缔约人因故意或过失违反先合同义务（当事人双方互相保护、通知、保密、协作及欺诈禁止等义务）而给对方造成损害，应该依法承担的赔偿责任。

缔约过失责任的构成要件主要包括四个方面：
(1) 缔约一方当事人违反了先合同义务。
(2) 缔约的相对方遭受了损失。
(3) 违反先合同义务与损失之间的因果关系。
(4) 违反先合同义务一方当事人具有过错。

三、合同标的的合法性

【案情】

姜某 20 岁，某职业技术学院市场营销专业的大三学生，由于家庭经济困难，在校期间，姜某利用所学专业知识通过微信、微博等渠道销售烟草等产品赚取生活费以减轻家庭负担，因其利用网络和微信等渠道销售属于国家专卖的烟草的行为已违反法律规定，2014 年 10 月 10 日晚，姜某被当地公安机关立案调查，其因涉案数额较大，被以"涉嫌非法经营"处以刑事拘留。

【问题】姜某违反了哪些法律，为什么会被刑事拘留？

【分析】

卷烟是一种特殊商品。根据烟草专卖法及烟草专卖法实施条例的规定，经营烟草专卖品必须取得烟草专卖许可证，并且有固定的经营场所。《烟草专卖许可证管理办法》第四十一条规定：除了取得烟草专卖生产企业许可证、烟草专卖批发企业许可证或者特种烟草专卖经营企业许可证的企业依法销售烟草专卖品外，任何公民法人或者其他组织不得通过信息网络销售烟草专卖品。

依据《中华人民共和国行政许可法》第八十条的规定，姜某的行为超越了行政许可的范围，由于其在网络上销售烟草专卖品的涉案数额较大，已构成犯罪，应依法追究其刑事责任。

延伸阅读

有关烟草销售禁止规定

《中华人民共和国烟草专卖法》实施条例第十六条 烟草制品销售者应当在其售烟场所的明显位置设置吸烟有害健康和禁止向未成年人出售烟草制品的标识。

烟草制品销售者不得向未成年人出售烟草制品。对难以判明是否已成年的，应当要求其出示身份证件；对不能出示身份证件的，不得向其出售烟草制品。

条例第十八条 禁止下列行为：
(一) 使用自动售卖设备销售烟草制品；
(二) 发布或者变相发布烟草广告；

（三）以慈善、公益、环保事业的名义，或者以"品牌延伸""品牌共享"等其他方式进行烟草促销；

（四）烟草企业冠名赞助活动；

（五）派发、赠予烟草制品；

（六）以派发、赠予烟草宣传品等直接或间接的手段鼓励、诱导购买烟草制品。

条例第十九条　禁止通过互联网、移动通信等信息网络向公众销售烟草制品。

互联网、移动通信等信息服务提供者发现有利用其平台向公众销售烟草制品的，应当采取措施删除违法信息，保存相关记录，并向有关部门报告。

条例第二十条　在各类公务和大型公共活动中不得提供、使用或者赠予烟草制品。不得使用财政性资金购买烟草制品。

法律责任

条例第四十四条　违反本条例第十八条第（二）、（三）、（四）项规定的，由市场监督行政部门责令广告主停止发布，并处以广告或者赞助费用五倍的罚款；对负有责任的广告经营者、广告发布者没收广告费用，并处以广告费用三倍的罚款。

违反本条例第十八条第（五）、（六）项规定的，由市场监督行政部门责令停止派发、赠与行为，并对派发、赠与单位处以十万元罚款。

条例第四十五条　互联网、移动通信等信息服务提供者违反本条例第十九条规定的，由市场监督行政部门责令改正；拒不改正的，处以三万元罚款，并由通信管理部门依法关闭网站并吊销经营许可证或者注销备案。

对非本地注册的信息服务提供者，由通信管理部门提请注册地通信管理部门依法处理。

《中华人民共和国烟草专卖法》（节选）

第三十二条

无烟草专卖生产企业许可证生产烟草制品的，由烟草专卖行政主管部门责令关闭，没收违法所得，并处罚款。

无烟草专卖生产企业许可证生产卷烟纸、滤嘴棒、烟用丝束或者烟草专用机械的，由烟草专卖行政主管部门责令停止生产上述产品，没收违法所得，可以并处罚款。

第三十三条

无烟草专卖批发企业许可证经营烟草制品批发业务的，由烟草专卖行政主管部门责令关闭或者停止经营烟草制品批发业务，没收违法所得，并处罚款。

第三十四条

无特种烟草专卖经营企业许可证经营烟草专卖品进出口业务、外国烟草制品寄售业务或者免税的外国烟草制品购销业务的，由烟草专卖行政主管部门责令停止经营上述业务，没收违法所得，并处罚款。

第三十五条

无烟草专卖零售许可证经营烟草制品零售业务的，由工商行政管理部门责令停止经营烟草制品零售业务，没收违法所得，并处罚款。

四、代理制度

【案情】
某年3月,原告张某与被告刘某各自在自家的自留山上造林时,因地界的问题发生打架,当时刘某头部受伤,经法医鉴定构成轻伤甲级,检察院以原告涉嫌故意伤害罪而将原告收押。期间,原告的哥哥张某某为了能将原告取保候审,在当地村委会的主持下与被告刘某达成了赔偿协议,并当场赔了5 000元给被告。后来,检察院以证据不足为由将原告张某无罪释放。原告被释放后,以其哥哥在未取得自己同意的情况下而与被告达成的赔偿协议无效为由将被告刘某告上法庭,要求被告返还5 000元赔款。

【问题】 如何认定哥哥替弟弟与被告达成赔偿协议的行为的性质?

【分析】
在本案中,代理人张某某是原告张某的哥哥,足以使被告确信其代理行为是原告的真实意思,构成表见代理,代理行为有效。

尽管本案被告没有证据证明代理人的代理行为取得了原告本人的认可,但代理人张某某是原告的哥哥,客观上存在使被告确信张某某有代理权的因素,根据我国《民法典》第一百七十二条的规定:"行为人没有代理权、超越代理权或者代理权终止后以被代理人名义订立合同,相对人有理由相信行为人有代理权的,该代理行为有效。"由此可见,本案代理人张某某的代理行为构成表见代理,该代理行为有效。

知识扩展

代理制度

一、代理的概念和特征

(一)概念

代理是代理人以被代理人名义,在代理授权范围内,与第三人进行的,确立被代理人和第三人之间的法律关系的法律行为。

(二)法律特征

1. 代理是一种法律行为;
2. 代理是代理人以被代理人的名义进行的,即代替被代理人进行的法律行为;
3. 代理是代理人在授权范围内所为的独立意思表示;
4. 代理人在代理授权范围内进行代理的法律后果由被代理人承受,代理人与第三人确立的权利义务关系(甚至于代理的不良后果和损失),均由被代理人承受,从而在被代理人和第三人之间确立了法律关系。

二、代理的种类

1. 委托代理,是指代理人的代理权根据被代理人的委托授权行为而产生。因委托代理中,被代理人是以意思表示的方法将代理权授予代理人的,故又称"意定代理"。
2. 法定代理,是指代理人的代理权来自法律的直接规定,无须被代理人的授权。
3. 指定代理,是指代理人的代理权根据人民法院或其他机关的指定而产生。例如,人民法院及村民委员会等有权为未成年人或精神病人指定监护人,也就是指定法定代理人。

由于指定代理人的机关及代理权限都是由法律直接规定的,因此,指定代理不过是法定代理的一种特殊类型。

三、无权代理

无权代理是非基于代理权而以被代理人名义实施的旨在将效果归属于被代理人的代理。委托代理以被代理人授予代理权为要件,无权代理与有权代理的区别就是欠缺代理权。没有代理权、超越代理权或者代理权终止后的行为,只有经过被代理人的追认,被代理人才承担民事责任。未经追认的行为,由行为人承担民事责任。本人知道他人以本人名义实施民事行为而不作否认表示的,视为同意。

四、表见代理

表见代理是指虽无代理权但表面上有足以使人信为有代理权而须由本人负授权之责的代理。表见代理的代理权有欠缺,本属于无权代理,因本人行为造成表面上使他人相信有代理权存在,在善意相对人的信赖利益和本人利益之间,信赖利益涉及交易安全,较本人利益更应保护。所以,表见代理发生有权代理之效果,即由本人而非行为人承担代理行为的效果。

五、格式条款的效力

【案情】

青岛某电力设备公司是一家生产销售不间断电源及工业和民用蓄电池的企业,其将蓄电池生产委托给南海某电源有限公司(以下称南海公司),并约定由该公司代办托运。2019年4月,青岛某电力设备公司在武汉的分销商某电子工程有限公司向青岛某电力设备公司订购蓄电池,不同类型电池共100块,金额8万元。青岛某电力设备公司将该批订单交由南海公司生产,并代发至武汉。南海公司于完成订单后,委托张某经营的快运部发往武汉,商定运费为1500元,收货人为武汉某电子工程有限公司法定代表人,南海公司经办人员在运单托运人电话一栏中留下了南海公司电话。

后来,运输途中司机严重违章驾驶,车辆发生事故,导致该批货物全部损毁。青岛某电力设备公司为此要求张某赔偿,张某称托运时运单注明"托运人须投保,否则货物灭失按运费3倍赔偿",据此张某同意按运费3倍赔偿。青岛某电力设备公司无法接受,要求张某按照货物实际价值赔偿,张某拒不同意。

(来源:110网)

【问题】

青岛某电力设备公司是否有权要求按货物实际价值赔偿?

【分析】

1. 根据《民法典》第四百九十六条有关格式条款的定义对货运单上"托运人须投保,否则货物丢失按运费3倍赔偿"的规定进行分析,认为该规定属于格式条款。因为,比对张某给其他托运人的运单和他提交给青岛某电力设备公司运单,确认这些运单确实是预先印制好。

2. 运单上所有内容均由托运公司人员填写,张某没有事先向青岛某电力设备公司告知和解释这些条款,青岛某电力设备公司也并未同意这些条款,在运单上也没有青岛某电力设备公司或南海公司人员签名,该格式条款根本没有成立,更不用说生效。

3. 青岛某电力设备公司并无投保义务,法律法规对此无强制性规定。交通部颁布的《中华人民共和国交通部汽车货物运输规则》规定,采取自愿投保的原则,由托运人自行确定。张某强制青岛某电力设备公司投保,是利用格式条款加重原告责任。3倍运费赔偿与货物实际价值极为不符,极大减轻了被告责任,明显不公平。且《中华人民共和国交通部汽车货物运输规则》第八十三条第六款规定,由于承运人责任造成货物灭失或损失,以实物赔偿的,运费和杂费照收;按价赔偿的,退还已收的运费和杂费。所以张某应按货物实际价值赔偿。

知识扩展

格式条款的有关规定

格式条款是当事人为了重复使用而预先拟定,并在订立合同时未与对方协商的条款。依据我国《民法典》合同编的规定,采用格式条款订立合同的,提供格式条款的一方应当遵循公平原则确定当事人之间的权利和义务,并采取合理的方式提示对方注意免除或者减轻其责任等与对方有重大利害关系的条款,按照对方的要求,对该条款予以说明。

提供格式条款的一方未履行提示或者说明义务,致使对方没有注意或者理解与其有重大利害关系的条款的,对方可以主张该条款不成为合同的内容。

提供格式条款一方不合理地免除或者减轻其责任、加重对方责任、排除对方主要权利的,该条款无效。

对格式条款的理解发生争议的,应当按照通常理解予以解释。对格式条款有两种以上解释的,应当做出不利于提供格式条款一方的解释。格式条款和非格式条款不一致的,应当采用非格式条款。

六、合同的效力

【案情】

某商场准备开张,然后就做广告吸引人气,做宣传单。某天张女士接到传单,看到上面有一款非常便宜的某品牌化妆品,其他商场要比它贵好几倍,心里非常高兴。中学生王某在一天放学路上收到传单,看到上面有一款便宜的电脑,也心动了。

到了开业当天张女士买了许多那款便宜的化妆品,结账后商场发现那款商品价格是少打了一个零,要求张女士补钱。张女士拒绝了,便引起了纠纷。第二天,中学生王某偷偷拿了家里的钱,跑去买电脑了,爸爸发现后,非常生气,带着儿子去退货,商场称在无任何质量问题的情况下,拒绝退货,双方为此事纠缠起来。

【问题】

1. 该商场的传单广告是否构成要约?
2. 分析该商场跟张女士的买卖合同的法律效力?如何处理?
3. 分析该商场与中学生王某的买卖合同的法律效力?如何处理?

【分析】

根据合同订立的程序和合同的效力内容的学习，解析如下：

1. 该商场的传单广告属于要约邀请。因为该商场传单是向不特定的人群发出的，希望他人前去商场询价、购买。

2. 该商场跟张女士订立的合同属于重大误解的合同，是可撤销合同，可以要求解除合同。

3. 中学生属于限制民事行为能力人，其订立的合同属于效力待定的合同，其法定代理人可以不追认合同，要求退货。

知识扩展

要约与要约邀请的区别

要约，是指订立合同的一方当事人向他方提出的，以订立合同为目的的确定的意思表示。一项有效的要约，须具备以下要件：

1. 要约是特定的人做出的意思表示。一项要约的发出人必须是特定的合同当事人。
2. 要约是向相对人所发出的。
3. 要约必须包含缔结合同的主观目的。
4. 要约中必须包含合同成立所必需的主要条件。
5. 要约中需包含要约人表明一经承诺将受要约约束的意思。

而要约邀请通常是向不特定的人发出的，是希望他人向自己发出要约的意思表示，内容通常不是很具体确定，所以一般不具有法律约束力。寄送的价目表、拍卖公告、招标公告、招股说明书、商业广告等为要约邀请。如商业广告的内容符合要约规定的，视为要约。

自然人民事行为能力的分类

我国《民法典》根据自然人的年龄、智力状态等因素，把自然人的民事行为能力分为完全民事行为能力、限制民事行为能力和无民事行为能力三类。

一、完全民事行为能力

完全民事行为能力，是指法律赋予达到一定年龄和智力状态正常的自然人通过自己的独立行为进行民事活动的能力。《民法典》第十七和第十八条规定："十八周岁以上的自然人是成年人，具有完全民事行为能力，可以独立进行民事活动，是完全民事行为能力人。十六周岁以上的未成年人，以自己的劳动收入为主要生活来源的，视为完全民事行为能力人。"

二、限制民事行为能力

限制民事行为能力，又称为不完全民事行为能力或部分民事行为能力，是指法律赋予那些已经达到一定年龄但尚未成年和虽已成年但精神不健全、不能完全辨认自己行为后果的自然人所享有的可以从事与自己的年龄、智力和精神健康状况相适应的民事活动的能力。对享有限制民事行为能力的自然人，可称为限制民事行为能力人。

根据《民法典》第十九条和第二十二条规定：

1. 八周岁以上的未成年人是限制民事行为能力人，可以进行与他的年龄、智力相适应的民事活动；其他民事活动由他的法定代理人代理，或者征得他的法定代理人的同意。

2. 不能完全辨认自己行为的成年人是限制民事行为能力人，可以进行与他的精神健康状况相适应的民事活动；其他民事活动由他的法定代理人代理，或者征得他的法定代理人的同意。

三、无民事行为能力

无民事行为能力，是指完全不具有以自己的行为从事民事活动以取得民事权利和承担民事义务的资格。对无民事行为能力的自然人，可称为无民事行为能力人。

根据《民法典》第二十、二十一、二十三和第二十四条的规定：

1. 不满八周岁的未成年人是无民事行为能力人，由他的法定代理人代理民事活动。

2. 不能辨认自己行为的成年人是无民事行为能力人，由他的法定代理人代理民事活动。

七、电子合同

【案情】

青荣木业有限公司（以下简称青荣公司）需要购置办公家具，胶东木制品加工厂（以下简称胶东厂）主营办公家具。2019年3月5日上午，青荣公司给胶东厂发出一封电子邮件，要求购买该厂生产的办公家具，邮件中明确了如下内容：

需要办公桌8张，椅子16把；

要求在3月12日之前将货送至青荣公司；价格不高于15 000元。

邮件还对办公桌椅尺寸、式样、颜色作了说明，并附了样图。

当天下午3点35分18秒，胶东厂也以电子邮件回复青荣公司，对青荣公司的要求全部认可。3月6日，胶东厂还专门派人到青荣公司作了确认，但双方都没有签署任何书面文件。

2019年3月11日，胶东厂将上述桌椅送至青荣公司。由于青荣公司已于10日以10 000元的价格购买了另一家工厂生产的办公桌椅，就以双方没有签署书面合同为由拒收，双方协商不成。

3月16日，胶东厂起诉青荣公司至法院。庭审中，双方对用电子邮件方式买卖办公桌椅及胶东厂去确认，3月11日送货上门等均无异议。

【问题】

1. 本案中青荣实业有限公司和胶东木制品加工厂的合同是否成立？青荣公司以双方没有签署书面合同为由拒收是否可以？为什么？

2. 胶东厂能否胜诉？请说明理由。

【分析】

1. 青荣公司认为，双方没有签订传统的书面合同，就可以不承认已经存在的合同关系，就可以不履行义务。这是不符合《民法典》合同编的有关规定的。实际上，青荣公司与胶东厂之间即使没有电子邮件的存在，他们的购销关系也已成立。

因为青荣公司对他们所需要的标的的种类、数量、颜色、价格、履行期限、地点和方式等在胶东厂来人时作了确认，而且胶东厂已经按约履行了义务。也就是说，青荣公司和胶东厂之间已经形成了这样一个事实：青荣公司向胶东厂发出购买办公桌椅的要约，胶东厂对此要约作了承诺。根据民法原理，合同成立。

2. 根据《民法典》第四百六十九条的规定，"当事人订立合同，有书面形式、口头形式和其他形式。"该条同时规定，书面形式是合同书、信件、电报、电传、传真等可以有形地表现所载内容的形式。以电子数据交换、电子邮件等方式能够有形地表现所载内容，并可以随时调取查用的数据电文，视为书面形式。本案原被告所用的书面形式就是电子邮件，因此，青荣公司认为他们与胶东厂之间没有书面合同，是错误的。

青荣公司与胶东厂用电子邮件所订立的合同是有效的，合同的成立时间是青荣公司收到胶东厂发来的电子邮件之时，即3月5日15点35分18秒。

胶东厂按照合同规定的时间将货物送到青荣公司，没有违约行为，所以胶东厂能胜诉。

知识扩展

数据电文

数据电文是指经由电子手段、光学手段或者类似手段生成、储存或者传递的信息，这些手段包括但不限于电子数据交换、电子邮件、电报、电传或者传真。

《中华人民共和国电子签名法》对数据电文有如下规定：

第四条　能够有形地表现所载内容，并可以随时调取查用的数据电文，视为符合法律、法规要求的书面形式。

第五条　符合下列条件的数据电文，视为满足法律、法规规定的原件形式要求：

（一）能够有效地表现所载内容并可供随时调取查用。

（二）能够可靠地保证自最终形成时起，内容保持完整、未被更改。但是，在数据电文上增加背书以及数据交换、储存和显示过程中发生的形式变化不影响数据电文的完整性。

第六条　符合下列条件的数据电文，视为满足法律、法规规定的文件保存要求：

（一）能够有效地表现所载内容并可供随时调取查用。

（二）数据电文的格式与其生成、发送或者接收时的格式相同，或者格式不相同但是能够准确表现原来生成、发送或者接收的内容。

（三）能够识别数据电文的发件人、收件人以及发送、接收的时间。

第七条　数据电文不得仅因为其是以电子、光学、磁或者类似手段生成、发送、接收或者储存的而被拒绝作为证据使用。

第八条　审查数据电文作为证据的真实性，应当考虑以下因素：

（一）生成、储存或者传递数据电文方法的可靠性。

（二）保持内容完整性方法的可靠性。

（三）用以鉴别发件人方法的可靠性。

（四）其他相关因素。

第九条　数据电文有下列情形之一的，视为发件人发送：
（一）经发件人授权发送的。
（二）发件人的信息系统自动发送的。
（三）收件人按照发件人认可的方法对数据电文进行验证后结果相符的。
当事人对前款规定的事项另有约定的，从其约定。
第十条　法律、行政法规规定或者当事人约定数据电文需要确认收讫的，应当确认收讫。发件人收到收件人的收讫确认时，数据电文视为已经收到。
第十一条　数据电文进入发件人控制之外的某个信息系统的时间，视为该数据电文的发送时间。
收件人指定特定系统接收数据电文的，数据电文进入该特定系统的时间，视为该数据电文的接收时间；未指定特定系统的，数据电文进入收件人的任何系统的首次时间，视为该数据电文的接收时间。
当事人对数据电文的发送时间、接收时间另有约定的，从其约定。
第十二条　发件人的主营业地为数据电文的发送地点，收件人的主营业地为数据电文的接收地点。没有主营业地的，其经常居住地为发送或者接收地点。
当事人对数据电文的发送地点、接收地点另有约定的，从其约定。
根据法律规定，合同的书面形式是指合同书、信件和数据电文等可以有形地表现所载内容的形式，其中数据电文是指包含通信网络在内的网络条件下，当事人之间为了实现一定目的，通过电子邮件和电子数据交换所明确相互权利义务关系的协议，包括手机短信。

知识应用

一、合同成立的判定

【案情】
某果品公司因市场上西瓜脱销，向某农场发出一封电子邮件："因我市市场西瓜脱销，不知贵方能否供应。如有充足货源，我公司欲购十个冷冻火车皮。望能及时回电或回复邮件与我公司联系协商相关事宜。"

农场因西瓜丰收，正愁没有销路，接到电子邮件后，喜出望外，立即组织十个车皮货物给果品公司发去，并随即回邮件："十个车皮的货已发出，请注意查收。"在果品公司发出邮件后，农场回电前，外地西瓜大量涌入，价格骤然下跌。接到农场邮件后，果品公司立即回复邮件："因市场发生变化，贵方发来的货，我公司不能接收，望能通知承运方立即停发。"但因货物已经起运，农场不能改卖他人。为此，果品公司拒收，农场指责果品公司违约，并向法院起诉。

【问题】
1. 本案中的合同成立了吗？为什么？
2. 本案的纠纷是因谁的原因导致？为什么？
3. 此案应如何处理？

【分析】

二、合同的效力

【案情】
甲乙双方签订了一项买卖合同,甲方向乙方购买散装白酒,约定由乙方负责装瓶,并加贴某名牌商标,以利销售。白酒数量为 5 万瓶,价款为人民币 15 万元,交货时付清全部价款,交货时间为合同签订后 3 个月内。实际履行时,乙方延迟半个月交货。甲方付款时以资金紧张为由,只付了 10 万元,余下 5 万元约定在 10 天后付清。10 天后,甲方未付余款,乙方多次催讨未果,遂依合同约定的仲裁条款向仲裁机关申请仲裁。

【问题】 根据《民法典》合同编规定,仲裁机关将如何处理本案?其法律依据是什么?

【分析】

延伸阅读

济南中院判决一起合同纠纷案,微信达成租赁协议有法律效力

刘某租用某酒店一楼大厅作为经营场所,双方通过微信达成租赁协议。不久后,刘某以双方未签订书面租赁协议,给其经营造成极大风险为由,想要提前解约,并要求酒店退还租金。

近日,山东省济南市中级人民法院对此案作出终审判决,认为双方通过微信达成的租赁协议有效,刘某单方面提前解约于法无据,不予支持。

2008年5月,刘某租赁济南某酒店的一楼大厅内商铺,用于经营高档工艺礼品。5月24日,酒店的法定代表人王某通过微信向刘某发送了房屋租赁协议,刘某当天未予回应。次日,王某又向刘某发送了房屋租赁协议,对方随即向王某发送微信语音消息确认已收到。事后,刘某通过微信向王某转账支付5 000元租赁押金。

同年6月,酒店向刘某出具了5 000元押金收据。当月中旬,刘某代酒店向供电公司缴纳5万元电费,双方约定以此电费抵5万元租金,酒店出具了相关收据。7月19日,酒店将5 000元押金通过银行转账退还刘某。

后来,刘某思来想去觉得不安,遂跟酒店协商提前解约,并索要租金,双方协商未果。7月31日,刘某委托律师向酒店发出律师函,要求解除与酒店的租赁关系。

一审法院审理认为,双方虽未通过手写签字的方式签订纸质房屋租赁协议,但刘某在2017年5月25日收到王某通过微信向其发送的房屋租赁协议后,口头表示认可这份协议,并以向酒店支付5 000元押金和5万元租金的行为,实际履行了合同义务。因此,王某向刘某通过微信发送的房屋租赁协议有效。

根据双方达成的有效房屋租赁协议条款,如果乙方提前解除本协议,则甲方可以不退还乙方剩余房租。现刘某单方要求提前解除与酒店的租赁协议,按协议约定,酒店可以不退还刘某剩余房租。因此,刘某主张酒店返还5万元租金及利息的诉请,于法无据,不予支持。案件宣判后,刘某不服,向济南中院提起上诉被依法驳回。

法官说法

据本案主审法官介绍,房屋租赁协议有口头和书面两种方式。一般情况下,双方应签订书面租赁协议,明确约定双方的权利义务。若无书面租赁协议,则视为不定期租赁,合同一方可随时要求解除合同。但如果因其他原因导致双方未能及时签订书面租赁协议,则合同双方要注意留存相关证据。

本案中,双方通过微信的方式进行了合同确认,双方虽未通过手写签字的方式签订纸质房屋租赁协议,但刘某在收到王某通过微信向其发送的房屋租赁协议后,口头表示认可,并以实际履行合同义务的方式,对租赁协议表示认可,所以微信中的房屋租赁协议有效,合同对双方都有约束力,合同文本中约定的条款应该履行。若单方要求解除合同,必须按照双方约定或法定解除条件进行,不得任意解除合同,刘某单方面提前解约于法无据,法院不予支持。

(来源:法制日报 2019年08月02日)

实训任务

一、任务名称

请草拟一份"××××（物品）买卖合同"（建议：两个小组作为合同双方当事人进行操作；物品宜选择比较熟悉的种类，如服装、办公用品等）。

二、任务目的

通过实训，使学生能够掌握合同中应该具备的基本内容，能够正确规范地书写合同文本，能够独立地订立合同。

三、任务要求

（一）内容

以小组为单位收集合同的范本，与对方当事人商谈合同内容、撰写合同文本。实训任务的开展由队长负责，队员要进行合理分工。

（二）完成任务需要最终提交的材料

合同文本。

（三）汇报与展示

各学习团队展示合同文本，以及介绍合同磋商、订立过程中团队分工与合作情况，并由队长公布队员参与度。

（四）评价

1. 实训任务纳入过程性考核成绩，学习团队得分将根据以上各项的完成情况由教师给出。
2. 团队队长对队员的参与度进行评价。
3. 队员得分将根据团队得分与参与度比例相乘计算得出。

项目二　防范合同履行中的风险

导入案例

2019年7月，甲公司从乙公司处购买了一批货物，货款30万元。双方约定，2019年8月15日交付货物，货物验收合格后，甲公司应在8月30日前支付货款，不能按时支付货款应当向乙公司支付违约金2万元。

2019年8月15日，甲公司收到货物后，除部分自用外将其他货物转卖给丙公司，约定丙公司收货并验收合格后于8月20日向甲公司支付货款20万元。后因甲公司经营不善，资金周转出现问题，未能在2019年8月30日向乙公司支付货款。

乙公司于9月1日后向甲公司催要货款，甲公司以尚未收到丙公司货款为由，请求延期支付货款。2019年8月20日后，甲公司向丙公司索要货款，丙公司以资金短缺为由未支付货款。

知识简介

一、合同的履行

（一）合同履行的概念

合同的履行是指合同当事人按照合同约定或者法律的规定，全面适当地完成各自承担的合同义务，使债权人的权利得以实现的过程。合同履行是合同法的核心制度，也是当事人设定合同的主要目的。

（二）双务合同履行中的抗辩权

双务合同履行中的抗辩权，是指在符合法定条件时，当事人一方暂时拒绝履行其债务，以对抗合同相对方履行请求权的权利。它包括同时履行抗辩权、后履行抗辩权、不安抗辩权。

同时履行抗辩权，是指在没有规定履行顺序的双务合同中，当事人一方在对方当事人未为对待给付以前，有权拒绝先为给付的权利。

后履行抗辩权，是指当事人互负债务，有先后履行顺序的，先履行一方未履行之前，后履行一方有权拒绝其履行请求；或者先履行一方履行债务不符合合同的约定，后履行一方有权拒绝其相应的履行请求。

不安抗辩权，是指当事人互负债务，有先后履行顺序的，先履行的一方有确切证据表明另一方丧失履行债务能力时，在对方没有恢复履行能力或者没有提供担保之前，有权中止合同履行的权利。规定不安抗辩权是为了切实保护当事人的合法权益，防止借合同进行欺诈，促使对方履行义务。

（三）合同的保全

合同的保全是指为防止因债务人的财产不当减少而给债权人的债权带来危害，而设立的允许债权人代债务人之位向第三人行使债务人的权利，或者请求法院撤销债务人与第三人的法律行为的制度。其中前者为债权人的代位权制度，后者为债权人的撤销权制度。

代位权的行使：因债务人怠于行使其债权或者与该债权有关的从权利，影响债权人的到期债权实现的，债权人可以向人民法院请求以自己的名义代位行使债务人对相对人的权利。

撤销权的行使：

（1）债务人以放弃其债权、放弃债权担保、无偿转让财产等方式无偿处分财产权益，或者恶意延长其到期债权的履行期限，影响债权人的债权实现的。

（2）债务人以明显不合理的低价转让财产、以明显不合理的高价受让他人财产或者为他人的债务提供担保，影响债权人的债权实现，债务人的相对人知道或者应当知道该情形的。

以上情形债权人可以请求人民法院撤销债务人的行为。

代位权和撤销权的行使范围以债权人的债权为限。债权人行使代位权和撤销权的必要费用，由债务人负担。

二、合同的变更、转让和终止

案例资讯

(一) 合同变更

合同的变更,是指合同成立以后,尚未履行或尚未完全履行之前,合同当事人保持不变而合同内容发生变化的现象。

合同变更的要件:
(1) 合同变更须依当事人协议。
(2) 须有合同内容的变化,并对变更的内容作出明确的约定。
(3) 须遵守法定的形式。

合同变更的效力:

合同内容以变更后的内容为准,当事人应该按照该内容履行,否则将构成违约。合同变更原则上向将来发生效力,未变更的权利义务继续有效,已经履行的债务不因合同的变更而失去法律依据。

(二) 合同的转让

合同的转让,是指当事人一方将其合同权利、合同义务或者合同权利义务,全部或者部分转让给第三人。合同的转让,也就是合同主体的变更,准确的说是合同权利、义务的转让,即在不改变合同关系内容的前提下,使合同的权利主体或者义务主体发生变动。

合同转让包括合同权利的转让、合同义务的转让以及合同权利和义务的概括转让三种类型。合同的转让既可以全部转让,也可以部分转让。

合同权利的转让应通知原合同债务人,合同义务的转让应征得债权人的同意,否则转让无效。

(三) 合同的终止

合同的终止是指出于某种原因而引起合同债权债务关系的消灭。导致合同终止的原因主要有:

1. 履行

债务已经按约履行,合同目的得以实现。

2. 合同解除

合同解除是指合同当事人一方或者双方依照法律规定或者当事人的约定,依法解除合同效力的行为。合同解除分为合意解除和法定解除两种情况。

3. 债务抵销

债务抵销是当事人互负到期债务时,任何一方均可主张将自己的债务与对方的债务相抵销,从而使合同权利义务终止的制度。抵销分为法定抵销与约定抵销。

4. 提存

提存是指债务人履行其到期债务时,因债权人无正当理由而拒绝受领,或者因债权人下落不明等原因无法向债权人履行债务时,可依法将其履行债务的标的物送交有关部门,以代替履行的制度。

5. 免除

免除是指当事人为消灭债的关系而抛弃债权的单方法律行为，因债权人全部或部分抛弃债权，债务人得以全部或部分免除债务。

6. 混同

混同是指债权和债务同归一人，致使债的关系消灭的事实。

7. 法律规定或者当事人约定终止的其他情形

三、合同担保

合同担保指合同当事人依据法律规定或双方约定，由债务人或第三人向债权人提供的以确保债权实现和债务履行为目的的措施。合同担保的方式有保证、抵押、留置、质押、定金等。

（一）保证

1. 保证的概念

保证指债务人以外的第三人为债务人履行债务而向债权人所提供的一种担保，是指保证人和债权人约定，当债务人不履行债务时，保证人按照约定履行债务或者承担责任的行为，是典型的人保、典型的约定担保。

2. 保证的方式

保证的方式有一般保证和连带责任保证。

（1）一般保证。

当事人在保证合同中约定，在债务人不能履行债务时，由保证人承担保证责任的，为一般保证。一般保证的保证人在主合同纠纷未经审判或者仲裁，并就债务人财产依法强制执行仍不能履行债务前，对债权人可以拒绝承担担保责任。

（2）连带责任保证。

当事人在保证合同中约定保证人与债务人对债务承担连带责任的，为连带责任保证。在债务人未履行到期债务时，债权人可以要求债务人履行债务，也可以要求保证人在其保证责任范围内承担责任。

（二）抵押

1. 抵押的概念

抵押是指债务人或者第三人不转移某些财产的占有，将该财产作为债权的担保。债务人不履行债务时，债权人有权依法以该财产折价或者以拍卖、变卖该财产的价款优先受偿。抵押是建立在某些特定的物之上的，是一种债的担保形式。

2. 范围

（1）抵押的范围。

为了保证债务人如期还债，往往以一些财产进行担保抵押。我国《民法典》第三百九十五条规定，下列财产可以抵押：

建筑物和其他土地附着物；建设用地使用权；海域使用权；生产设备、原材料、半成品、产品；正在建造的建筑物、船舶、航空器；交通运输工具；法律、行政法规未禁止抵押的其他财产。

（2）不得抵押的范围。

《民法典》第三百九十九条规定下列财产不得抵押：

土地所有权；宅基地、自留地、自留山等集体所有土地的使用权，但是法律规定可以抵押的除外；学校、幼儿园、医疗机构等为公益目的成立的非营利法人的教育设施、医疗卫生设施和其他公益设施；所有权、使用权不明或者有争议的财产；依法被查封、扣押、监管的财产；法律、行政法规规定不得抵押的其他财产。

（三）质押

质押也称质权，就是债务人或第三人将其动产移交债权人占有，将该动产作为债权的担保，当债务人不履行债务时，债权人有权依法就该动产卖得价金优先受偿。

质押财产称为质物，提供财产的人称为出质人，享有质权的人称为质权人。质押担保应当签订书面合同，质押合同自成立时生效，质押合同的内容与抵押合同的内容基本相同。

质押分为动产质押和权利质押两种。

动产质押是指可移动并因此不损害其效用的物的质押；权利质押是指以可转让的权利为标的物的质押。

权利质押，可以出质的权利类型：

（1）汇票、本票、支票、债券、存款单、仓单、提单。

（2）可以转让的基金份额、股权。

（3）可以转让的注册商标专用权、专利权、著作权等知识产权中的财产权。

（4）现有的以及将有的应收账款。

（5）法律、行政法规规定可以出质的其他财产权利。

重点知识记录：

_____
_____
_____
_____
_____
_____
_____
_____

案例分析

一、合同的履行

【案情】

2018年10月，何某和李某与虹桥种植专业合作社签订了"小麦繁种合同"，合同约定：乙方何某和李某受甲方虹桥种植专业合作社委托，繁育旺达二号小麦种100亩，种子收获后，甲方在 2019 年 7 月 5 日前按小麦当日市场价每斤加价 8% 进行回收。

可是，约定时间已过去半月，虹桥种植专业合作社仍然迟迟没来回收小麦种。后来，虹桥合作社的负责人张某提出，何某和李某两户的 10 万斤小麦种可以按每斤加价一分钱进行收购，另外每亩再给他们补偿 40 元钱，按照这个方案两家的实际损失十分惨重，但为了避免更大的损失，他们只好答应了。

【问题】

通过这件事情，李某和何某应该吸取哪些教训？今后应当如何避免合同履行中的风险，保护自己的合法权益？

【分析】

案例中何某和李某遇到的麻烦，关键就在他们签订的合同不规范，条约约定不明确，该合同在履行地点和方式、违约责任、解决争议的方法这三个方面都有欠缺，且市价有时是无法确定的，正是因为合同中存在这些缺陷，事后合作社一直在拖延时间，不回收小麦种也不付钱，最后何某和李某为了减少损失，不得不向合作社妥协。

所以为避免合同履行中的风险，当事人在订立合同时应将合同内容规定清楚，如果发生纠纷有合同作为依据进行维权。

二、合同履行抗辩权的适用

【案情】

甲乙签订合同，甲向乙购买钢材，价款 500 万元，合同约定：甲预支付价款 200 万元。在支付价款的期限届满前，甲有确切的证据证明乙的经营状况严重恶化，极具无法给付对价的现实危险，便中止履行。为此，双方发生纠纷并诉诸至法院。人民法院会支持甲的主张吗？

【问题】人民法院会支持甲的主张吗？

【分析】

本案合同约定甲预先支付价款给卖方乙，甲作为先为给付的一方当事人，在对方于缔约后财产状况明显恶化，且未提供适当担保，可能危及其债权实现时，可以主张不安抗辩权，中止合同履行。因此在发生纠纷时，人民法院应支持甲的主张。

> **知识扩展**
>
> ### 不安抗辩权的行使条件
>
> 不安抗辩权是指当事人互负债务，有先后履行顺序的，先履行的一方有确切证据表明另一方丧失履行债务能力时，在对方没有恢复履行能力或者没有提供担保之前，有权中止合同履行的权利。
>
> 应先履行一方，有确切证据证明对方存在下列情形之一的，可以中止履行：
> (1) 经营状况严重恶化。
> (2) 转移财产、抽逃资金以逃避债务。
> (3) 丧失商业信誉。
> (4) 有丧失和可能丧失履行债务能力的其他情形。

三、合同的保全

【案情】

甲欠乙50万元,丙欠甲50万元,两债务已到期。乙多次向甲催要欠款,甲无力偿还,但甲表示丙欠他50万元,待偿还时,其便立即向乙还款。后乙发现,甲并未采取措施向丙催要欠款,以致无力清偿对乙的债务。

【问题】

请问,此种情况下,乙应该如何主张自己的权利,确保自己的权益不受侵害?

【分析】

本案中乙可以依据《民法典》合同编的合同保全制度行使代位权,即乙可以请求人民法院以自己的名义代位行使甲对丙的债权。因为本案符合代位行使的几个条件:

(1) 债权人与债务人之间存在着合法的债权债务关系。
(2) 债务人享有对于第三人的债权,但其怠于行使其权利。
(3) 债务人在债务到期后,没有履行债务。
(4) 有保全债权的必要。

> **知识扩展**
>
> ## 代位权与撤销权的区别
>
> **1. 目的不同**
>
> 代位权的行使是为了防止债务人的财产不当减产;而撤销权的行使是为了恢复债务人的财产。
>
> **2. 主观过错不同**
>
> 代位权中的"怠于行使"是从客观上予以判断,债务人主观上有无过错在所不问。
>
> 撤销权的主观要件要求债务人与他人行为时具有恶意,明知自己的行为有害于债权人的债权而仍为之。在债务人低价转让财产时,债权人要行使撤销权,要求受益人受益时知道债务人的行为将有害于债权,即受害人也要有恶意。
>
> **3. 行使权利的期限不同**
>
> 代位权的行使期限适用《民法典》中关于诉讼时效的规定。
>
> 撤销权应自债权人知道或者应当知道撤销事由之日起1年内行使,自债务人的行为发生之日起5年内没有行使撤销权的,该撤销权消灭。

四、保证人的连带责任

【案情】

2018年5月,张某与李某签订"房屋抵押借款合同",约定张某向被告李某借款20万元,借款期限为一年,赵某用其自有的房产为李某此次借款提供抵押担保,并在房产部门办理了抵押登记。

张某履行了借款义务后,在约定的还款期限内李某不予还款,且在法院受理该案后去向不明。法院最后以公告送达的形式进行送达，并缺席审理。

【问题】

担保人赵某在此案件中应承担什么责任？

【分析】

法院审理认为，张某与李某签订的"房屋抵押借款合同"是合同当事人的真实意见表示，张某要求李某履行合同条款没有违反法律和行政法规的强制性规定，同时"房屋抵押借款合同"的抵押物已依法办理了抵押登记手续，抵押权已成立并发生效力，合同合法有效。

李某没有按约还款已构成违约，应当承担偿还债务的违约责任。赵某在李某没有按时偿还债务的情况下，没有履行抵押物的担保责任代其偿还债务，致使债权没有按时得到实现，对此赵某负有清偿债务的连带责任。

法院最后判决李某偿还张某20万元，并支付利息，赵某对本息承担连带清偿责任。张某有权对赵某用于借款抵押担保的房屋在拍卖、变卖所得款中优先受偿。

五、合同的变更与解除

【案情】

原甲公司业务员张某在火车上偶遇甲公司长期业务关系客户乙厂经理李某，闲聊中张某得知乙厂正准备进行技术改造，需要购置一台精密仪表。张某表示甲公司有这方面的业务关系，可以代为采购。双方达成协议。乙方按规定时间向甲公司寄去预付款10万元人民币。但到合同约定的交货日期，甲公司却以张某在与乙厂签订合同时已是该公司的下岗人员，没有该公司业务代理权为由，拒绝履行合同；乙厂却认为甲公司并没有把解除张某业务代理权的情况通知自己，且张某仍持有盖有甲公司合同专用章的空白合同书，自己没有过错。双方为此发生纠纷。

经协调，甲公司同意在15日内履行合同，乙方同意追加1%的代理费。但15日后，甲公司仍未能购到乙厂需要的仪表。乙方催告甲公司因时间紧迫，只能再给10日的宽限期，届时若仍不履行合同，将解除合同并追究责任。但期限过后，甲公司仍未购到乙厂急需的精密仪表。乙厂为此损失15万元人民币。于是乙方提出解除该合同，要求甲公司退还预付款，并赔偿损失。

【问题】

1. 张某代表甲公司与乙厂签订的合同是否有效，为什么？

2. 甲公司与乙厂就履行时间和代理费用所达成的协议属于订立的新合同，还是原合同的补充，是否有效？为什么？

3. 乙厂向甲公司提出解除合同，退还预付款并赔偿自己损失的要求，是否有法律依据，为什么？

【分析】

1. 张某代表甲公司与乙厂签订的合同有效。因张某的代理权虽已终止，但由于乙厂与甲公司有长期业务关系，对甲公司的业务员张某很熟悉，而且甲公司并未将业务员变更的情况通知乙厂，张某仍持有盖有甲公司合同专用章的空白合同书，乙厂有理由相信张某是有代理权的，故该代理行为有效，合同有效。

2. 甲公司与乙厂就履行时间和代理费问题达成协议并非新的合同，而是对原合同的变更，是有效的。依法订立的合同，即具有法律约束力，当事人必须全面履行合同规定的义务，任何一方都不得擅自变更或者解除合同。但是，在合同没有履行或者没有完全履行时，法律赋予当事人可以根据客观情况的变化，依照法律规定的条件和程序，对原合同进行修改和补充。

3. 乙厂向甲公司提出解除合同、退还预付款并赔偿自己损失的要求是有法律依据的。《民法典》第五百六十三条规定，当事人一方迟延履行主要债务，经催告后在合理期限内仍未履行的，当事人可以解除合同。合同解除后，尚未履行的，终止履行；已经履行的，根据履行情况和合同性质，当事人可以要求恢复原状，采取其他补救措施，并有权要求赔偿损失。据此，乙厂鉴于甲公司一再违约，可以提出解除合同，退还预付款并要求赔偿损失。

知识扩展

合同的法定解除

合同的法定解除是指在发生了法律规定的情形时，当事人一方依法行使解除权解除合同、终止合同的权利义务。

（1）当事人因不可抗力致使不能实现合同目的时可以解除合同。

（2）在履行期限届满以前，一方当事人向另一方明确表示或者以自己的行为表明不履行主要债务时另一方可以解除合同。

（3）当事人在迟延履行主要债务，经催告后在合理期间内仍未履行时可以解除合同。

（4）当事人一方迟延履行债务或者有其他违约行为致使不能实现合同目的的可以解除合同。

（5）法律规定的其他情形。

知识应用

一、合同的解除

【案情】

徐某租赁项某门市房一套，合同约定该房屋用于餐饮店，并约定了租金和付款期限等条款。合同签订后，承租人徐某开始装修，遭到小区多名业主和物业公司的阻拦，说市政府有明确规定，小区的底商不可以经营餐饮店，会污染环境。徐某随即向市政府有关部门进行咨询。市环保局告知，市政府确实有规定，说城镇建成区内按规划属于居民住宅的房屋不得改作或者租赁给他人用作能够产生噪声、振动、油烟、粉尘、异味的饮食、娱乐行业的经营活动用房。否则，办不了环评，也领不了营业执照。眼看经营无望，徐某多次找到出租人项某要求解除合同，返还合同款项，项某拒绝。于是徐某将项某告上了法庭。

（来源：华律网）

【问题】徐某解除合同的要求是否合理？是否应返还合同款项？
【分析】

二、合同的保全

【案情】
2018年11月，即墨某轴承有限公司（以下简称即墨公司）与莱阳某磨料磨具公司（以下简称莱阳公司）签订了一份购销合同，从莱阳公司购买一批砂轮，货款总额为45 000元。合同约定，即墨公司收到货物后三个月内付款。同年12月5日，即墨公司收到货物并验收合格。

三个月后，莱阳公司多次催要该笔货款，即墨公司均以经营困难、无力清偿为由拒绝支付。但莱阳公司在催讨欠款过程中得知，胶州某汽车修理厂（以下简称胶州汽修厂）欠即墨公司52 000元货款尚未清偿，且履行期限已于2018年3月届满。于是，莱阳公司在2019年12月向胶州基层人民法院提起诉讼，要求胶州汽修厂支付欠款45 000元及诉讼费、律师代理费、差旅费等。

【问题】
法院会支持胶州公司的诉讼请求吗？
【分析】

> **延伸阅读**

上陵牧业对外担保纠纷二审败诉超3 000万元资产被冻结

8月20日,身陷3.292亿元违规对外担保风波的上陵牧业,公布了与宁夏中卫金超助贷基金合伙企业的担保纠纷二审判决结果。上陵牧业及4名关联人的上诉请求被驳回,需继续承担控股股东上陵集团3 000万元借款及利息的连带清偿责任,并被冻结、划扣银行存款共计3 727.64万元。上陵牧业表示该笔对外担保未经公司董事会审议,拟向最高人民法院申请再审。

撤销"连带清偿"上诉被驳回。

根据上陵牧业此前公告,2018年1月,公司控股股东上陵集团与宁夏中卫金超助贷基金合伙企业签订"保证担保借款合同",约定向上陵集团提供最高额1亿元的循环借款。宁夏赐鑫建筑工程有限公司、上陵国际贸易有限公司、上陵房地产开发有限公司、上陵牧业、史信、史俭、史俨、王玉梅承担保证责任。天眼查信息显示,承担连带担保责任的4家公司均为上陵集团及4位自然人的关联公司。

合同签订后,金超助贷基金向上陵集团循环发放借款本金共计6.6亿元,至2018年8月20日借款到期,上陵集团共偿还本金6.3亿元,仍欠3 000万元,遂引发之后的系列诉讼。

2018年12月,金超助贷基金向银川市中级人民法院提起诉讼。根据法院一审判决结果,上陵牧业及4名自然人应于判决生效15日内对上陵集团上述3 000万元借款及利息,承担连带清偿责任。对此,上陵牧业及4位自然人不服,遂提起上诉。

不过根据上陵牧业2019年8月20日公告,其上诉请求日前已被宁夏回族自治区高级人民法院驳回。上陵牧业及4位自然人的3 727.64万元银行存款也被冻结、划扣,存款不足部分将被依法查封相应价值的财产。

上陵牧业表示,拟向最高人民法院申请再审。由于在一审过程中金超助贷基金已将上陵牧业募集资金专项账户中的3 000万元进行了诉前保全,因此将对公司经营产生一定影响。

违规对外担保超3亿元。

公开资料显示,上陵牧业要从事牛场运营、奶牛养殖、生鲜乳供应,2014年1月挂牌新三板。其控股股东上陵集团拥有15家子公司,经营领域涉及牧业、房地产开发、品牌汽车经销、工程建筑、酒店管理、商业贸易等。

2018年2月8日,上陵集团实际控制的上陵国际贸易从金超助贷基金合伙企业借款5 000万元,上陵牧业为该笔借款提供担保。但上陵牧业称,虽然担保协议上出现了上陵牧业公章,但公司包括该笔数额在内的共计3.292亿元违规对外担保未经上陵牧业董事会和股东大会审议,亦未公告披露。除上陵牧业董事长史仁、副董事长兼总经理史俭外,上陵牧业所有有关人员在2018年9月30日前均不知情。

截至2018年10月8日,上陵牧业已披露对外担保及违规担保累计金额达4.942亿元,占公司最近一期审计净资产的比例为33.5%。

与此同时,上陵牧业控股股东上陵集团发行的"2012年宁夏上陵实业(集团)有限公司债券"由于受多重因素影响,偿债资金安排未能如期到账,构成5亿元公司债券违约。2018年10月24日,上陵集团已向法院申请破产重组,但上陵牧业不在此次重组范围内。

(来源:新京报 2019年08月20日)

实训任务

一、任务名称

请根据合同履行中可能出现的一般情况,拟制一份预防买卖合同的"履行风险防范要点"。

二、任务目的

合同法律风险有时是在合同签订时留下的隐患,但绝大多数合同法律风险都在合同履行过程中发生的,通过实训任务,使学生掌握在合同履行中风险防范和风险处理的要领。

三、任务要求

(一)内容

运用所学《民法典》合同编知识并结合课外阅读或资料查询,列出防范合同风险有什么要点,从哪些方面防范合同的潜在风险,并形成"履行风险防范要点"文本。实训任务的开展由队长负责,队员要进行合理分工。

(二)完成任务需要最终提交的材料

合同"履行风险防范要点"文本。

(三)汇报与展示

各学习团队展示合同"履行风险防范要点"文本,介绍团队分工与合作情况,并由队长公布队员参与度。

(四)评价

1. 实训任务纳入过程性考核成绩,学习团队得分将根据以上各项的完成情况由教师给出。
2. 团队队长对队员的参与度进行评价。
3. 队员得分将根据团队得分与参与度比例相乘计算得出。

项目三 违约责任的追究

导入案例

在2019年7月,青岛的张女士与王某就位于青岛市南区某小区的房屋,共同签订了房地产买卖合同。合同中明确约定,王某以275万元的价格出售房屋给张女士,双方应于2019年7月31日前,共同向房地产交易中心申请办理转让过户手续;同时明确,在签订合同以后,如果卖方不出售该房屋,除将已收的房款全部退还给买方张女士以外,还应按总房款的20%支付违约金给买方。此外,双方也在合同中对合同的解除做了约定。

合同签订后,张女士当即交付了购房定金,随后按合同约定数次向卖房人交付了房款150万元,但卖方突然提出不愿意再出售房屋。迫于卖方的坚决态度,张女士无奈与对方签订了解除合同的书面约定。

2019年8月16日，卖房方退还了张女士交付的150万元房款。张女士认为，由于卖方的无故毁约行为，导致自己的合同目的无法实现，虽然合同解除了，但作为卖方应就其违约行为向自己承担违约责任。经协商无果，张女士决定通过诉讼程序维护自己的权益，法院支持了张女士的诉讼请求。

(来源：豆丁网)

知识简介

一、违约责任的概念和构成要件

(一) 概念

违约责任，是指合同当事人因违反合同所应承担的民事责任。

当事人一方不履行合同义务或者履行合同义务不符合约定的，应当承担继续履行、采取补救措施或者赔偿损失等违约责任。

(二) 构成要件

1. 有违约行为

违约行为主要表现为：不履行合同义务（包括不能履行或拒绝履行）、履行义务不符合约定（包括瑕疵给付或加害给付）。

2. 有损害后果

3. 违约行为和损害后果之间有因果关系

二、承担违约责任的方式

1. 继续履行

继续履行是指违反合同的当事人不论是否已经承担赔偿金或者违约金责任，都必须根据对方的要求，在自己能够履行的条件下，对原合同未履行的部分进行履行。

2. 采取补救措施

质量不符合约定的，应当按照当事人的约定承担违约责任。对违约责任没有约定或者约定不明确的，如果不能达成补充协议的，受损害方根据标的性质以及损失的大小，可以合理选择要求对方承担修理、更换、重作、退货、减少价款或者报酬等违约责任。

3. 赔偿损失

当事人一方不履行合同义务或者履行合同义务不符合约定，给对方造成损失的，损失赔偿额应当相当于因违约所造成的损失，包括合同履行后可以获得的利益，但不得超过违反合同一方订立合同时预见到或者应当预见到的因违反合同可能造成的损失。当事人可以在合同中约定因违约产生的损失赔偿额的计算方法。

4. 支付违约金

违约金是指由合同约定，在发生违约事实时，违约方支付的一定数额的货币。约定的违约金低于造成的损失的，当事人可以请求人民法院或者仲裁机构予以增加；约定的违约金过分高于造成的损失的，当事人可以请求人民法院或者仲裁机构予以适当减少。

5. 定金罚则的适用

给付定金的一方不履行债务或者履行债务不符合约定，致使不能实现合同目的的，无权请求返还定金；收受定金的一方不履行债务或者履行债务不符合约定，致使不能实现合同目的的，应当双倍返还定金。

当事人既约定违约金，又约定定金的，一方违约时，对方可以选择适用违约金或者定金条款。选择违约金，则不能再主张赔偿损失，其违约金与实际损失之间的差额只能通过违约金的调整来实现。定金不足以弥补一方违约造成的损失的，对方可以请求赔偿超过定金数额的损失。

重点知识记录：

_____
_____
_____
_____
_____
_____
_____
_____
_____
_____
_____
_____

案例分析

一、合同的提前履行

【案情】

今年 4 月 27 日，北京的马先生委托某快递公司托运家具共计 27 包，运送至山东省乳山市的家中，合同确定按照零担运输方式由快递公司送货上门，送达时间特别约定为 5 月 1 日（并另注 12:00 前送达），运费 1 000 元。

4 月 28 日，一个陌生人通知马先生家具已送到请速接货。因他未在接货地点，也没有其他人员可以代为接货，便与快递公司联系，要求按合同约定执行。直到 4 月 30 日，快递公司给马先生的解决办法是让他按合同约定的时间到接货地址接货，同时直接与管理货物人协商解决。

5 月 1 日，马先生到达接货地点，并于早 8 点多钟通知保管人要求对方按合同约定时间送货，可对方告之不负责送货，并要他支付剩余运费 700 元和 3 天的保管费。

5 月 2 日，无奈的马先生在交齐剩余运费 700 元、保管费 300 元、雇车费用 140 元后，才得以将家具运回家，却发现一部分被雨淋和损坏。为此，马先生诉至法院，要求快递公司退赔合同约定之外收取的 440 元，赔偿连带损失费 60 元、精神损失费 100 元。

（来源：中国质量新闻网）

【问题】本案应如何处理？

【分析】

法院经审理认为，原被告双方签订的"货物运单"系双方真实意思表示，且未违反相关法律法规，应为合法有效，双方均应按合同履行。依据《民法典》第五百三十条规定，债权人可以拒绝债务人提前履行债务，但提前履行不损害债权人利益的除外。债务人提前履行债务给债权人增加的费用，由债务人负担。

原被告双方在运单中明确约定家具在 5 月 1 日送到，故此被告应在约定的时间送到，被告提前将家具送到，虽未损害原告的利益，但给原告增加了额外的费用，该费用应由被告负担。

因原告迟延接收货物，故超出 5 月 1 日的保管费用，应由原告自行负担。原告未提供证据证明其家具存在雨淋损坏，对该项诉讼请求法院不予支持。关于原告主张通信费、交通费，因该费用确已支出，法院酌情考虑相关数额为 20 元。原告要求被告赔偿精神损失费，没有法律依据，法院不予支持。

综上所述，法院判决快递公司赔偿马先生保管费 240 元、运输费 140 元、通信费及交通费 20 元。

二、违约金的数额

【案情】

中国甲公司与外国乙公司签订了一份货物买卖合同，甲方向乙方购买机器设备，价款 500 万元，合同约定违约金 100 万元。

【问题】

根据《民法典》合同编的规定，思考以下问题：

1. 甲方尚未付款前，发现乙方的供货不符合合同约定，应如何处理？

2. 如果乙方违约未能供货，给甲方造成损失 5 万元，乙方要求减少违约金数额，法律是否允许？

3. 如乙方违约给甲方造成 800 万元损失，乙方能否提出减少赔偿金额的要求？

【分析】

1. 根据《民法典》合同编规定，一方在对方履行债务不符合合同约定时，有权拒绝其相应的履行要求。所以甲方发现乙方的供货不符合合同约定，可以不支付货款。

2.《民法典》合同编规定，约定的违约金过分高于造成的损失的，当事人可以请求人民法院或者仲裁机构予以适当减少。本合同约定的违约金为 100 万元，如果实际损失 5 万元，应属于约定的违约金过分高于造成的损失，乙方可以请求法院或仲裁机关裁决减少。

3.《民法典》合同编规定，当事人一方不履行合同义务或履行合同义务不符合约定给对方造成损失的，损失赔偿额应当相当于因违约所造成的损失，包括合同履行后可以获得的利润，但不得超过违反合同一方订立合同时预见到或者应当预见到的因违反合同可能造成的损失。本合同标的为 500 万元，违约损失 800 万元，二者相差悬殊，有可能超过违约方订立合同时应预见的违约损失，所以乙方可以提出减少赔偿的请求，由法院或仲裁机关裁决确定。

三、合同的转让

【案情】

2018年10月15日,甲公司与乙公司签订合同,合同约定由乙公司于2019年1月15日向甲公司提供一批价款为50万元电脑配件,2018年12月1日甲公司因销售原因,需要乙公司提前提供电脑配件,甲公司要求提前履行的请求被乙公司拒绝,甲公司为了不影响销售,只好从外地进货,随后将乙公司的电脑配件转让给了丙公司,但未通知乙公司。2019年1月15日,丙公司去乙公司提货时遭拒绝。

【问题】

1. 乙公司拒绝丙公司提货有无法律依据?为什么?
2. 甲公司与丙公司的转让合同是否有效?如何处理?
3. 如果是乙公司因故不能提供电脑配件,而改由丁公司向甲公司提供,按照法律规定,乙公司应该怎样做呢?
4. 假如甲公司在接收了该批电脑配件后,尚未付款之前,与他人合并,该笔款项由谁来支付呢?

【分析】

1. 乙公司拒绝丙公司的提货有法律依据。

我国《民法典》第五百四十六条规定,债权人转让债权,未通知债务人的,该转让对债务人不发生效力。本案中,甲公司将债权转让给丙公司,但未通知乙公司,因而对乙公司不发生效力。

2. 按照《民法典》第五百四十五条的规定,甲公司与丙公司之间的债权转让不属于禁止转让的情形,所以甲公司与丙公司的债权转让合同有效。

3. 乙公司应该征得对方同意,并签订变更协议。

4. 主体变更不破除权利义务,这笔款项由合并后的公司来承担。

四、违约责任的免除

【案情】

某施工单位(乙方)与某建设单位(甲方)签订了某项工业建筑的地基强夯处理与基础工程施工合同。由于工程量无法准确确定,根据施工合同专用条款的规定,按施工图预算方式计价,乙方必须严格按照施工图及施工合同规定的内容及技术要求施工。工程开工前,乙方提交了施工组织设计并得到批准。

在开挖土方过程中,有两项重大事件使工期发生较大的拖延:

一是土方开挖时遇到了一些工程地质勘探没有探明的孤石,排除孤石拖延了一定的时间;二是施工过程中遇到数天季节性大雨后又转为特大暴雨引起山洪暴发,造成现场临时道路、管网和施工用房等实施以及已施工的部分基础被冲坏,施工设备损坏,运抵现场的部分材料被冲走,乙方数名施工人员受伤,雨后乙方用了很多时间清理现场和恢复施工条件。为此乙方按照索赔程序提出了延长工期和费用补偿要求。

【问题】 试问该纠纷应如何审理?

【分析】 两项索赔事件做出处理如下:

1. 对于处理孤石引起的索赔,这是预先无法估计的地质条件变化,属于甲方应承担的风险，应给予乙方工期顺延和费用补偿。

2. 对于天气条件变化引起的索赔应分两种情况处理：

（1）对于前期的季节性大雨，这是一个有经验的承包商预先能够合理估计的因素，应在合同工期内考虑，由此造成的时间和费用损失不能给予赔偿。

（2）对于后期特大暴雨引起的山洪暴发不能视为一个有经验的承包商预先能够合理估计的因素，应按不可抗力处理由此引起的索赔问题。损坏的施工设备、受伤的施工人员以及由此造成的人员窝工和设备闲置等经济损失应由乙方承担。

知识扩展

违约责任的免除

违约责任的免除，是指没有履行或者没有完全履行合同义务的当事人，依法可以免除承担违约责任。因不可抗力不能履行合同的，根据不可抗力的影响，部分或全部免除责任，但法律另有规定的除外、当事人迟延履行后发生不可抗力的，不能免除责任。当事人一方因不可抗力不履行合同的，应当及时通知对方，以减轻可能给对方造成的损失，并应当在合理期限内提供证明。

按照《民法典》第一百八十条的规定，不可抗力是指不能预见、不能避免并不能克服的客观情况。相关解释并未对不可抗力做出具体规定，一般情形下，下列行为会被认定为不可抗力：①重大自然灾害，比如海啸、泥石流；②重大社会非正常事件，比如暴动、示威、罢工、骚乱、战争等；③政府行为，比如突然的征收决定等。

五、订金

【案情】

家住某市的李女士在某小区购买了住房，今年9月开始进行装修，近段时间便忙于采购装修房屋所需的各种材料。当房屋装修到一定进度时，李女士便跟家人一起前往该市某家具店挑选、定制家具。

"这家店也是朋友推荐的，感觉他们的质量和做工都挺好。"李女士说，与多家类似的商家做比较后，她基本确定在这家店订做家具，"10月14日，我再次到这家店选木料并谈妥了单价，虽然当时有所犹豫，但店员承诺说以后不喜欢可以退，我便交了1 000元订金。"

10月22日，李女士一家再次前往该店对接此前看上的家具，经店方工作人员计算，价格远远超出了家装预算，"我觉得总价贵了想退，对方却说不能退了。当时她（店员）说了可以退，现在却食言了。"随后李女士仔细查看了当时店家开具的收据，上面将她所交的1 000元写作"定金"，而非她所以为的"订金"，"我本以为这1 000元就是预付款嘛，不满意反悔后是可以退的，但是他们把这钱写成'定金'，如果我不在这里做家具，钱就不给退了。"

为了不让1 000元打水漂，李女士只得选择其中一样家具在该店订做。李女士认为，店家有"钻空子"的嫌疑，"他们只口头承诺可以退，但真正收钱的时候却给你开成定金，逼得你不得不在这里购买。"

（来源：新华网）

【问题】

李女士要求返还1 000元,在法律上是否能得到支持?为什么?

【分析】

如果店员在销售时曾承诺可以退,后又予以拒绝,便涉嫌消费欺诈。如果商家和消费者双方在买卖中订立的合同对"可以退"没有约定,单从字面上讲,便对消费者不利。对于消费者想要退订金的诉求,该消费者可以携带相关证据,以及证人、证言或录音等旁证前往消费者协会投诉,但被支持的可能性较低。

网店交易会有一个后悔期,后悔期内消费者可以随时要求退货退钱,但实体店交易却与此不同,"消费者在消费时要更加理性、细致,双方在订立合同时应该把各类事项写明写全,不能轻信口头承诺,消费者也有权要求商家将交纳的钱写作预付款性质的'订金',即随时可以退,而不是写作'定金'。"

延伸阅读

"订金"和"定金"学问大

房屋买卖协议因故生变,"订金"还是"定金",竟成了双方争论的焦点。一方要求退还,另一方拒绝退还,双方甚至打起了官司。

收定金后另卖他人

2019年3月,市民赵某,准备将自己位于高新区的一套楼房出售。当月26日,市民孙某看房后,双方经过协商,达成了口头房屋买卖协议。孙某当即交给赵某现金1万元,赵某给她开具了一份收据,内容为:"收到孙某购房订金壹万元整,房款结算时扣除。"

同年6月10日,赵某将房屋出售给了另外一个人,同时办理了房屋产权过户手续。孙某找到赵某,要求退还自己的1万元钱,可赵某咬定孙某违约在前,拒绝退还钱款。

孙某气愤之下,将赵某告上法庭。孙某称:"赵某收了我的预付款后,迟迟不履行合同,还把房子卖给别人,请求法院解除我们之间的口头房屋买卖合同,赵某退还我的购房款。"

赵某辩称:"口头房屋买卖合同成立后,孙某反悔了,她提出不要房子了,我才将房屋卖给了其他人。因为孙某交给我的是购房定金,而不是预付款,收条中的订字属错别字,孙某违约了,我有权不还钱。"

通过法院要回钱款

高新区人民法院审理后认为,赵某收取孙某的购房订金后,又将房屋出售给他人,已违约。

赵某售房给他人并办理了过户手续,致使赵某和孙某双方的房屋买卖合同,事实上无法履行,孙某要求解除房屋买卖合同及归还购房款,法院给予支持。

关于1万元是否为定金的问题,法院认为,从收据的字面上看,上面书写的是"订金",而非"定金",从收据内容上看,不能反映出该笔款项具有定金性质。

法院判决,解除孙某与赵某订立的口头房屋买卖协议;赵某在判决生效之日起三日内,返还孙某购房预付款1万元。

赵某不服一审判决,向市中级人民法院提起上诉。

中院二审后认为,一审事实清楚,证据确凿,遂做出驳回上诉、维持原判的判决。

> **说法：一字之差大相径庭**
>
> 那么"定金"和"订金"到底有什么区别？
>
> "定金"是指当事人为了保证合同的履行，向对方当事人给付的一定数量的款项，定金具有担保作用和证明合同成立的作用，目的在于促使债务人履行债务，保障债权人的债权得以实现。
>
> 订金，指的是预付款。签合同时，对定金必须以书面形式进行约定，同时还应约定定金的数额和交付期限。
>
> 相比之下，"订金"虽不是法律上的"定金"，但在签合同时，却经常使用。一字之差，意思大相径庭。
>
> 合同中，如果写的是"订金"，一方违约，另一方无权要求其双倍返还，只能得到原额。
>
> 《最高人民法院关于适用〈中华人民共和国担保法〉若干问题的解释》第一百一十八条规定："当事人交付留置金、担保金、保证金、订约金、押金等，但没有约定定金性质的，当事人主张定金权利的，人民法院不予支持。"
>
> 本案中，赵某虽然在收条中写明收到1万元订金，但对定金合同的内容，双方未作明确具体的约定，也就是说，没有约定定金的性质。
>
> 因此，赵某关于该"订金"应为"定金"的主张，缺乏事实和法律依据，法院没有支持被告。
>
> （来源：东北网）

知识应用

一、违约责任的承担

【案情】

某市生鲜超市与某市肉联厂签订了一份合同，合同规定：肉联厂分批供给生鲜超市冷鲜肉15吨，每吨25 000元，该合同从签订之日起履行。在该合同中，双方没有规定违约金以及支付定金。合同签订后，猪肉就大幅度涨价，从每吨25 000元涨到每吨50 000元。见猪肉涨价，肉联厂就没有按照合同约定给生鲜超市供货。三个月后，生鲜超市要求肉联厂赔偿经济损失37.5万元，肉联厂却认为，在合同中既没有签订违约金或给付定金的情况下，生鲜超市要求索赔，纯属无中生有。

【问题】在该案中，肉联厂违约该不该赔偿生鲜超市，应该怎样计算赔偿？试问该纠纷应如何审理？

【分析】

二、合同责任

【案情】

2018年10月,甲公司与乙公司签订了一份钢材购销合同。合同约定甲方为乙方提供钢材1 000吨,履行期限为2019年8月。在价格条款上,合同暂定为每吨价格2 500元。同时合同约定,如果在2019年7月市场价格涨幅或者跌幅不超过100元,将按每吨2 500元履行。合同还约定,在2019年7月双方就合同中钢材价格达成一致意见时,乙方应预付定金80万元。

乙与甲签约后,于2018年11月又分别与丙公司、丁公司签约,乙分别向丙、丁提供钢材各500吨,每吨价格为3 000元,履行期限为2019年9月。合同还规定,如乙公司不能供货或者丙、丁中途退货均支付货款30%的违约金。

2019年7月,钢材价格涨至每吨3 500元,乙急速向甲汇去定金80万元,甲收到定金后如数退还。时至2019年10月,乙因无法履行合同而被丙和丁追索。

【问题】

根据以上事实,请回答以下问题:

1. 乙可否追究甲的违约责任?为什么?
2. 丙与丁可否追求乙的违约责任?为什么?

【分析】

知识扩展

违约金与定金的区别与选择

违约金,是由当事人一方约定的或法律直接规定的,在一方当事人违约时向另一方当事人支付的一定数额的金钱或其他给付。定金是签订合同时或之前预先支付的,作为签订合同或履行合同的担保,具有双倍返还的惩罚性,此点与违约金相同,但两者仍有较大区别:

首先，二者性质不同，违约金是承担民事责任的一种方式，而定金是担保合同履行的一种方式。

其次，定金有所谓"定金罚则"，而违约金的计算直接基于当事人的事先约定或法律规定。

再次，二者支付的时间不同，违约金在违约行为发生之后支付，而定金在合同订立之时即支付。

最后，当事人约定的违约金过高或过低时，一方可以请求法院或者仲裁机构予以适当减少或增加，而定金无此调整规则。

根据《民法典》第五百八十八条的规定，违约金与定金罚则不能同时适用，未违约的一方只能向违约一方主张其中一种违约责任。此时，未违约一方可以选择向对方其中对自己最有利的一种违约责任。在选择违约金责任时，如果未违约一方是交付定金的一方，还可以要求返还定金。

实训任务

一、任务名称

请你运用所学知识，编制一份"合同争议解决方案"。

二、任务目的

通过实训，使学生能够运用所学知识解决合同纠纷。

三、任务要求

（一）内容

运用所学《民法典》合同编知识并结合课外阅读或资料查询，列出解决纠纷的几种方式，并结合本文案例，制定具体的纠纷解决方案，形成文本。实训任务的开展由队长负责，队员要进行合理分工。

（二）完成任务需要最终提交的材料

合同争议解决方案文本。

（三）汇报与展示

各学习团队展示合同"合同争议解决方案"文本，介绍团队分工与合作情况，并由队长公布队员参与度。

（四）评价

1. 实训任务纳入过程性考核成绩中，学习团队得分将根据以上各项的完成情况由教师给出。
2. 团队队长对队员的参与度进行评价。
3. 队员得分将根据团队得分与参与度比例相乘计算得出。

模块三

如何保护商事主体的工业产权

最近，小张正在思考一个问题，他在淘宝网站上看到许多商家在经营自己的自有品牌的商品，而且销量都很不错。小张认为自己经营的商品非常具有竞争力，也策划打造属于自己的品牌，如何去注册商标、商标侵权等问题；如何去申请专利、国家对专利的保护有哪些规定等，小张开始了新一轮的学习……

知识目标

1. 了解知识产权的类型和特征。
2. 了解商标注册的条件和程序。
3. 了解专利申请的条件和程序。

能力目标

能够按照我国的知识产权法律制度进行商标注册和专利申请，并能够运用法律知识解决工业产权纠纷。

态度目标

合法经营、诚实守信。

时代背景

一、商标法修订、《规范商标申请注册行为若干规定》将于 2019 年 12 月 1 日起施行

2019 年 4 月 23 日，全国人大常委会审议通过了对商标法的修改决定，将于 2019 年 11 月 1 日起正式施行。

2019 年 10 月 17 日，国家市场监督管理总局围绕"放宽市场准入、优化营商环境"的主题，召开新闻发布会。记者在会上了解到，《规范商标申请注册行为若干规定》（以下简称《若干规定》）已经以国家市场监督管理总局第 17 号令形式发布，将于 2019 年 12 月 1 日起施行。

国家市场监督管理总局副局长秦宜智表示，国家市场监督管理总局和国家知识产权局将结合实施商标法和《若干规定》，持续推进商标注册便利化改革，严厉打击各种破坏商标管理秩序的违法行为，努力为各类市场主体营造公平竞争、诚实信用的市场环境。

为落实好上位法规定，此次出台的《若干规定》共有 19 条，从 4 个方面对商标申请注册行为着力进行规范。一是将散见于商标法多个条款，以及在工作实践中梳理总结的对违背诚实信用原则的商标申请注册行为作了集中规定，对商标代理机构提供代理服务予以明确规范。坚持全流程监管，明确在商标审查审理的各个流程、各个环节中依法打击恶意商标申请注册行为。二是列举对恶意申请商标注册进行审查时的考虑因素，增强审查商标注册行为的操作性和透明度。三是严厉惩治恶意商标申请注册行为和违法代理行为，对恶意商标申请人设置了处以违法所得三倍、最高不超过三万元的罚款，对帮助从事恶意申请的商标代理机构处以最高十万元的罚款，情节严重的停止其受理业务。四是进一步优化商标申请注册渠道和流程，为申请人提供更多便利，提升服务水平。

国家知识产权局条法司有关负责人表示，近年来，国家知识产权局一直高度重视商标恶意注册问题，在商标注册审查和审理阶段采取有效措施，将打击恶意注册工作关口前移，依法对商标恶意抢注行为进行规制。2018 年，国家知识产权局在商标注册审查和异议环节，累计驳回非正常商标申请约 10 万件，有效维护了正常的商标注册秩序。

二、新修改专利法通过

2020 年 10 月 17 日，十三届全国人大常委会第二十二次会议表决通过了关于修改专利法的决定。新修改专利法将于 2021 年 6 月 1 日起正式实施。此次修改专利法，主要包括加强对专利权人合法权益的保护、促进专利实施和运用、完善专利授权制度等三方面的内容。

加强对专利权人合法权益的保护主要体现在：①新增惩罚性赔偿制度。即对故意侵犯专利权，情节严重的，人民法院可以在按照权利人受到的损失、侵权人获得的利益或者专利许可使用费倍数计算的数额一到五倍内确定赔偿数额。②提高法定赔偿额。将法定赔偿额上限提高至五百万元、下限提高至三万元。③完善举证责任。④新增专利权期限补偿制度等。

促进专利实施和运用方面主要表现在：①完善职务发明制度。②新增专利开放许可制

度。其核心在于鼓励专利权人向社会开放专利权,促进供需对接和专利实施,真正实现专利价值。③加强专利信息公共服务。及时发布、传播和有效利用专利信息,对提高创新起点、减少重复研发、避免侵犯他人专利权、促进创新具有重要意义。

完善专利授权制度方面主要体现在:①增加新颖性宽限期的适用情形,"在国家出现紧急状态或者非常情况时,为公共利益目的首次公开",既能满足当前抗击疫情的实践需要,还能为今后在其他紧急状态或者非常情况下的适用留有空间。②进一步完善外观设计保护的相关制度。明确给予局部外观设计的专利保护,并延长外观设计专利的保护期限。

案例资讯

一、法国迪奥尔公司商标驳回复审行政纠纷案

涉案申请商标为国际注册第1221382号商标,申请人为克里斯蒂昂迪奥尔香料公司(以下简称迪奥尔公司)。申请商标的原属国为法国,核准注册时间为2014年4月16日,国际注册日期为2014年8月8日,国际注册所有人为迪奥尔公司,指定使用商品为香水、浓香水等。

申请商标经国际注册后,根据《商标国际注册马德里协定》《商标国际注册马德里协定有关议定书》的相关规定,迪奥尔公司通过世界知识产权组织国际局,向澳大利亚、丹麦、芬兰、英国、中国等提出领土延伸保护申请。

2015年7月13日,国家工商行政管理总局商标局向国际局发出申请商标的驳回通知书,以申请商标缺乏显著性为由,驳回全部指定商品在中国的领土延伸保护申请。在法定期限内,迪奥尔公司向国家工商行政管理总局商标评审委员提出复审申请。商标评审委员会认为,申请商标难以起到区别商品来源的作用,缺乏商标应有的显著性,遂驳回申请商标在中国的领土延伸保护申请。迪奥尔公司不服,提起行政诉讼。

北京知识产权法院及北京市高级人民法院均未支持迪奥尔公司的诉讼主张。迪奥尔公司不服二审判决,向最高人民法院申请再审。最高人民法院裁定提审,并再审判决撤销一审、二审判决及被诉决定,判令商标评审委员会重新作出复审决定。

2018年4月26日,最高人民法院公开开庭审理并当庭宣判了克里斯蒂昂迪奥尔香料公司与国家工商行政管理总局商标评审委员会商标申请驳回复审行政纠纷案。

(来源:澎湃新闻)

二、专利纠纷再升级,美法院判定苹果侵权高通需赔付3 160万美元

2019年3月18日消息,高通公司和苹果公司之间因为专利纠纷多次诉诸法院,高通公司在中国福州、德国慕尼黑法院都赢得官司,判定在该地区对苹果公司多款智能产品禁售。如今苹果公司和高通公司之间专利纠纷再次升级,美国加州法院判定苹果侵权高通公司专利,需赔付3 160万美元。

据外媒消息,15日美国加州南区联邦地方法院判定:苹果公司iPhone 7、iPhone 7 Plus、iPhone 8/8 Plus、iPhone X机型侵犯高通公司两项美国专利,iPhone 8/8 Plus、iPhone X侵犯高通公司另一项8,633,936号码的美国专利。

这并不是高通公司和苹果公司的第一次专利纠纷,有消息称在过去两年时间内双方在6个国家总计进行了50项的司法诉讼,专利纠纷内容包含蜂窝数据专利、手机电池更长寿命等多方面。

在2017年4月,苹果及其供应商停止向高通公司支付每年数十亿美元的专利费,导致高通公司营收利润下滑。而苹果公司认为高通公司向厂商售卖芯片同时授予专利商业模式应该被废除,而高通公司则以苹果公司使用自家专利技术不支付专利费用而不断进行起诉。

就手机行业而言,从事无线电通信技术研发的高通公司称得上霸主。除苹果之外各大安卓机型厂商就手机芯片和5G网络通信技术专利等都要向其缴纳不菲的费用,拥有多项5G网络专利的高通公司也让诸多厂商无法避开。尽管有不少关于高通公司垄断事件纠纷,但并没有明确的答案。

高通和苹果公司之间的专利纠纷并未结束,就目前两者之间的纠纷诉讼结果来看,高通公司赢面稍大一些,中国福州、德国慕尼黑法院已判定禁售多款iPhone产品。专利纠纷对苹果公司带来的影响不可谓不大,专用英特尔芯片的苹果iPhone新品因为信号稳定问题让用户颇为不满,iPhone机型也遭遇多次降价,苹果股价一度大跌。

与一众安卓机型不同的是苹果因为自家A12系列智能芯片对高通公司依赖性并没那么大,如果真让高通公司形成垄断势头,对厂商、用户而言算不得好事,而双方专利纠纷会以什么结局收尾仍是未知。

(来源:新浪网)

三、美国市场屡次禁止华为,却擅自使用华为专利技术,华为怒起反击

众所周知,华为在美国市场一直都受到美国政府的掣肘,频频遭到不公平待遇,进美之路举步维艰。

2019年年初,美国第一大运营商Verizon和美国第二大运营商AT&T,宣布撤回销售华为Mate10 Pro的计划。这两家企业相当于中国的移动和联通。华为手机只有通过这两家公司才可以更加顺利地打入美国市场。但是遗憾的是,美国的"移动""联通"最终决定全面放弃所有销售华为手机的计划,这无疑给华为增加了一层巨大的阻碍,为华为进军美国市场蒙上了一层巨大的阴影。此外,美国单方面禁止华为参与当地5G网络建设,对外宣称是出于安全考虑。

科技企业之所以能够快速发展,主要还是因为他们掌握了核心专利。长久以来每个企业都对自家的专利保护意识非常强烈,特别是美国的一些企业,经常发生专利侵权而互打官司的事件。

就在前段时间,华为起诉美国擅自使用其专利技术——起诉的原因就是T-Mobile公司在没有和华为签订专利协议的情况下,继续使用华为的4GLTE相关的通信专利。华为这种做法无疑在表明,你可以不允许我们的产品进入你们的市场,但是我们也可以拥有捍卫自身利益的权利。

华为早在2014年6月联系T-Mobile,要求后者签署保密协议开始专利授权谈判,但T-Mobile拒绝签署保密协议与授权谈判。而T-Mobile的理由是,认为对方的专利授权要求违反了公平、合理和非歧视原则,从而拒绝达成专利授权协议,直到今天,才正式签署相关

协议。看来，在专利技术面前，只有不妥协退让，才能让对方重视自己，从而正视自己在市场中的地位。

（来源：快资讯）

四、小米 MIX 商标被抢注，上诉仍被驳回

小米"MIX"商标陷入法律纠纷。外界有消息称，小米或将弃用这一商标，而根据最新爆料消息，小米"MIX"商标纠纷不影响 MIX 新品的推出，也就是说小米 MIX 4 可能不需要更换名称。

据了解，小米在 2016 年 11 月 14 日申请注册"MIX"商标，但是在 2016 年 3 月 11 日，浙江上界装饰设计有限公司已经申请注册"MIX 术家"商标，并且这一商标的注册分类是35——广告销售。

因此，国家知识产权局驳回了小米的注册商标申请，理由是小米申请的商标与"浙江上界装饰设计有限公司"的商标近似。随后小米又经过两次上诉，小米不服北京知识产权法院对此的行政决议，后上诉至北京市高级人民法院。小米申诉理由是：申请商标与引证商标和"浙江上界装饰设计有限公司"申请的商标并不近似，请求撤销原审判决及被诉决定，判令国家知识产权局重新作出决定。

2019 年 6 月 14 日，北京市高级人民法院进行了二审行政判决，驳回小米上诉，维持原判。

（来源：今日头条）

五、"营销奇葩说"侵害爱奇艺"奇葩说"商标权，后者获赔 60 余万元

2019 年 9 月 26 日消息：据北京知识产权法院报道，近日，北京知识产权法院审结上诉人北京雪领网络科技有限公司与被上诉人北京爱奇艺科技有限公司侵害商标权纠纷二审案件。

北京知识产权法院认为，雪领公司将"营销奇葩说"使用在与涉案"奇葩说"商标核定使用服务同一种或类似的服务上，容易导致相关公众混淆、误认，构成侵权，故判决驳回上诉，维持原判。

数据显示，爱奇艺公司在第 41 类的培训、提供在线电子出版物（非下载）、提供在线录像（非下载）、电视文娱节目、娱乐等服务上享有"奇葩说"商标的注册商标专用权。

爱奇艺公司一审诉称：雪领公司在官网、微博、微信公众号中使用"营销奇葩说"等六项行为，侵害了其"奇葩说"商标的注册商标专用权，请求法院判令雪领公司停止侵权行为、消除影响并赔偿经济损失 200 万元及合理支出 66 500 元。

一审法院经审理认定雪领公司构成侵权，并判决其停止侵权、消除影响、赔偿爱奇艺公司经济损失 60 万元及合理支出 66 500 元。

（来源：快资讯）

研讨与交流（结合案例资讯，谈谈你对工业产权重要性的认识，并重视工业产权的申请和实施等问题和案例的关注、了解和研究）：

_____
_____
_____
_____
_____
_____
_____
_____
_____
_____
_____
_____

知识链接

工业产权，是指人们依法对应用于商品生产和流通中的创造发明和显著标记等智力成果，在一定地区和期限内享有的专有权，是发明专利、实用新型、外观设计、商标的所有权的统称。工业产权与版权统称为知识产权。

工业产权属于无形财产权，与有形财产权相比具有以下特征：

（1）权利的专有性。

工业产权是国家赋予专利权人和商标专用权人，在有效期内对其专利和商标享有的独占、使用、收益和处分的权利。未经权利人许可，任何第三人皆不得使用，否则，即构成侵权。

（2）权利的地域性。

所谓工业产权的地域性是指工业产权的地域限制，即一个国家法律所确认和保护的工业产权，只在该国范围内有效，对其他国家不发生效力，即不具有域外效力。如想获得该国的保护，必须依照该国的法律取得相应的知识产权或根据共同签订的国际条约取得保护。

（3）权利的时间性。

所谓工业产权的时间性是指工业产权的时间限制，即工业产权的保护是有一定期限的，这也就是工业产权的有效期。法律规定的期限届满，工业产权的专有权即告终止，权利人即丧失其专有权，这些智力成果即成为社会财富。

在以创新带动发展的市场环境下，越来越多的企业投入巨大的人力、物力进行产品创新和技术更新，当然也都非常重视知识产权的保护问题。

项目一　保护商事主体的商标权

导入案例

甲某经营一家名为"意难忘"的酒店,并于2019年4月拿到了"意难忘"的商标注册证,核定使用商品第30类、服务项目第42类、第43类,包括酒吧、餐馆、饭店等。后甲某发现乙某在同城成立了"意难忘酒吧",甲某认为乙某的行为构成侵权,随即于2019年5月将乙某起诉至法院。

甲某诉称,根据《商标法》的规定,乙某的行为属于"未经商标注册人的许可在同一种商品或者类似商品上使用与其注册商标相同或者近似的商标",足以引起普通消费者或者相关公众对其商品的来源产生混淆,侵犯了其注册商标专用权,损害了消费者利益,要求乙某停止侵权行为并赔偿经济损失3 000元及委托律师对侵权行为进行调查取证的费用2 000元,最终法院支持了甲某的诉讼请求。

知识简介

商标法是确认商标专用权,规定商标注册、使用、转让、保护和管理的法律规范的总称。它的作用主要是加强商标管理,保护商标专用权,促进商品的生产者和经营者保证商品和服务的质量,维护商标的信誉,以保证消费者的利益,促进社会主义市场经济的发展。

一、商标权法律制度

(一) 商标的概念

商标是商品和服务项目的特定标志,由文字、图形、字母、数字、三维标志、颜色组合和声音等构成,或上述要素的组合,具有显著特征的标志,是现代经济的产物。

(二) 注册商标

我国对大部分商品或服务项目使用的商标,采取自愿注册的原则,由商标使用人自主决定是否进行商标注册;与此同时,对部分商品实行商标强制注册原则。

(三) 商标的基本规定

1. 商标申请人

商标申请人是指法律允许申请商标注册的主体,包括国内及外国相关主体。

2. 不得作为商标使用的标志

(1) 同中华人民共和国的国家名称、国旗、国徽、国歌、军旗、军徽、军歌、勋章相同或者近似的,以及同中央国家机关的名称、标志、所在地特定地点的名称或者标志性建筑物的名称、图形相同的。

(2) 同外国的国家名称、国旗、国徽、军旗相同或者近似的,但该国政府同意的除外。

(3) 同政府间国际组织的名称、旗帜、徽记相同或者近似的,但经该组织同意或者不易误导公众的除外。

(4) 与表明实施控制、予以保证的官方标志、检验印记相同或者近似的,但经授权的除外。

(5) 同"红十字""红新月"的名称、标志相同或者近似的。

(6) 带有民族歧视性的。

(7) 带有欺骗性的;容易使公众对商品的质量等特点或者产地产生误认的。

(8) 有害于社会主义道德风尚或者有其他不良影响的。

县级以上行政区划的地名或者公众知晓的外国地名,不得作为商标。但是,地名具有其他含义或者作为集体商标、证明商标组成部分的除外;已经注册的使用地名的商标继续有效。

3. 下列标志不得作为商标注册

(1) 仅有本商品的通用名称、图形、型号的。

(2) 仅直接表示商品的质量、主要原料、功能、用途、重量、数量及其他特点的。

(3) 其他缺乏显著特征的。

4. 不予注册并禁止使用的情形

(1) 对于驰名商标的保护。

(2) 对于被代理人或者被代表人的保护。

(3) 对于地理标志的特殊规定。

知识扩展

商标的分类

商标是区别商品与服务来源的标志。

根据《商标法》第三条的规定,经商标局核准注册的商标为注册商标,包括商品商标、服务商标、集体商标、证明商标四个基本类型。

1. 商品商标,顾名思义就是使用在商品上的商标,是相对于服务商标而言的。

2. 服务商标是指自然人、法人或者其他组织在提供服务时或在广告中用以区别其服务与他人服务的标志,习惯上,我们把商品商标、服务商标称为一般商标。

3. 集体商标是指以团体、协会或者其他组织名义注册,供该组织成员在商事活动中使用,以表明使用者在该组织中的成员资格的标志。

4. 证明商标是指由对某种商品或者服务具有监督能力的组织所控制,而由该组织以外的单位或者个人使用于其商品或者服务,用以证明该商品或者服务的原产地、原料、制造方法、质量或者其他特定品质的标志。

(四) 商标的注册

商标注册是指使用人依照法律规定的条件和程序,将其使用的商标向商标局提出注册申请,经商标局核准注册,授予注册申请人商标专用权的活动。

商标的注册流程如下:

(1) 准备资料,包括商标图样、申请人身份证、企业《营业执照》副本并递交复印件;盖有单位公章的商标注册申请书。

(2) 按商品与服务分类提出申请。

(3) 申请日期的确定，申请日以商标局收到申请书的日期为准。接下来就是商标审查、初审公告、注册公告三个程序。

(4) 领取商标注册证。

（五）商标权的内容

商标权指商标注册人在法定期限内对其注册商标所享有的受国家法律保护的各种权利。

1. 专用权

商标权主体对其注册商标依法享有的自己在指定商品或服务项目上独占使用的权利，以核准注册的商标和核定使用的商品为限。

2. 许可权

商标注册人可以通过签订商标使用许可合同，许可他人使用其注册商标。经许可使用他人注册商标的，必须在使用该注册商标的商品上标明被许可人的名称和商品产地。商标使用许可合同应当报商标局备案。

3. 转让权

商标权人依法享有将其注册商标依法定程序和条件，转让给他人的权利。转让注册商标的，转让人和受让人应当签订转让协议，并共同向商标局提出申请。

4. 续展权

商标权人在其注册商标有效期限届满时，依法享有申请续展注册，从而延长其注册商标保护期的权利。

5. 标示权

商标注册人使用注册商标，有权标明"注册商标"字样或注册标记。在商品上不便标明的，可以在商品包装或者说明书以及其他附着物上标明。

（六）侵犯注册商标专用权的行为

1. 侵犯注册商标侵权行为的类型

(1) 未经商标注册人的许可，在同一种商品上使用与其注册商标相同的商标的。

(2) 未经商标注册人的许可，在同一种商品上使用与其注册商标近似的商标，或者在类似商品上使用与其注册商标相同或者近似的商标，容易导致混淆的。

(3) 销售侵犯注册商标专用权的商品的。

(4) 伪造、擅自制造他人注册商标标识或者销售伪造、擅自制造的注册商标标识的。

(5) 未经商标注册人同意，更换其注册商标并将该更换商标的商品又投入市场的。

(6) 故意为侵犯他人商标专用权行为提供便利条件，帮助他人实施侵犯商标专用权行为的。

(7) 给他人的注册商标专用权造成其他损害的。

2. 侵犯注册商标专用权行为的处理

有上述侵犯注册商标专用权行为之一，引起纠纷的，由当事人协商解决；不愿协商或者协商不成的，商标注册人或者利害关系人可以向人民法院起诉，也可以请求工商行政管理部门处理。

重点知识记录：

知识扩展

工商行政管理部门对商标侵权行为的处理

工商行政管理部门处理时，认定侵权行为成立的，责令立即停止侵权行为，没收、销毁侵权商品和主要用于制造侵权商品、伪造注册商标标识的工具，违法经营额五万元以上的，可以处违法经营额五倍以下的罚款，没有违法经营额或者违法经营额不足五万元的，可以处二十五万元以下的罚款。对五年内实施两次以上商标侵权行为或者有其他严重情节的，应当从重处罚。销售不知道是侵犯注册商标专用权的商品，能证明该商品是自己合法取得并说明提供者的，由工商行政管理部门责令停止销售。

延伸阅读

商标电子申请常见问题解答

详情请扫描二维码

（来源：国家知识产权局）

案例分析

一、商标权的权能

【案情】

高某是注册商标第6017759号"叶波大润发"商标的所有人。2014年9月，大上公司（被许可方）与高某（许可方）签订"商标使用许可合同"，约定高某将"叶波大润发"商标许可给大上公司使用，许可方式为排他许可，使用期限自2014年10月1日至2020年5月6日，许可费总额为112.5万元，分六期支付，并约定若许可方违反约定将商标许可第三方使用,则应支付罚金 200 万元。

但在"商标使用许可合同"签订后,高某未遵守合同约定,大量授权他人使用"叶波大润发"商标。2016 年 1 月,因与高某约定支付的银行卡注销,大上公司无法支付许可费,大上公司向高某寄送告知函,要求高某提供收款账号以便支付商标许可使用费未果后,委托某律师团队代为保管商标许可使用费,并通知高某及时领受,但高某未与律师联系。

2017 年,大上公司曾起诉高某继续履行"商标使用许可合同",高某仍未履行合同义务。

2018 年,大上公司起诉高某至法院,要求高某依据合同约定支付违约金。

【问题】

1. 高某将"叶波大润发"商标许可给大上公司使用后,是否还有权利将其许可给他人来使用?

2. 商标的许可类型有哪些?

(来源:新浪网新闻中心)

【分析】

1. 本案属于商标使用许可合同纠纷,本案双方当事人约定商标使用许可方式为排他许可,即许可人除给予被许可人使用其注册商标的权利外,被许可人还可享有排除第三人使用的权利。即商标持有人将商标排他许可给被许可人后,无权再将商标许可给他人使用。而原告在支付商标许可使用费不成后,及时通知被告并委托律师保管使用费,从而证明其按约履行了支付许可费的义务。但被告在合同签订后,依然将涉案商标许可第三方使用,该行为已经构成了违约。

2. 商标许可的类型一般分为三类:

(1) 独占使用许可。

商标权的独占使用许可,是指商标注册人将该注册商标仅许可一个被许可人使用,商标注册人依约定不得使用该注册商标。

(2) 排他使用许可。

商标权的排他使用许可,是指商标注册人将该注册商标仅许可一个被许可人使用,商标注册人依约定可以使用该注册商标但不得另行许可他人使用该注册商标。

(3) 普通使用许可。

商标权的普通使用许可,是指商标注册人许可他人使用其注册商标,并可自行使用该注册商标和许可他人使用其注册商标。商标的普通使用许可在合同授权范围内可能存在多个被许可人,普通使用许可的被许可人,不能排斥商标权人以及其他被许可人使用该注册商标。

延伸阅读

拼多多上"三只松鼠"是假货?三只松鼠正式发声,网友:坐等后续

详情请扫描二维码

(来源:小百科讯)

二、商标的设计与注册

【案情】

近日,最高人民法院再审判决宜宾五粮液股份有限公司(以下简称"五粮液公司")诉甘肃滨河食品工业(集团)有限责任公司(以下简称"滨河公司")商标侵权案。滨河公司生产、销售"九粮液""九粮春"等产品的行为被认定侵犯了五粮液公司对"五粮液""五粮春"所享有的商标专用权,滨河公司须向五粮液集团赔偿经济损失900万元。

该案件从2013年起经历一审、二审到再审宣判已经过了6年。在此前一审和二审中,五粮液公司均败诉。五粮液公司申请再审时称向滨河公司提出了1亿3千万元的索赔要求。

五粮液公司称,滨河公司在生产和销售的酒类商品上使用标识"九粮液"和"滨河九粮液"的行为,侵害了五粮液公司主张保护的"五粮液"的注册商标专用权。在同一种或者类似商品上使用与"五粮液"近似的商标,足以让消费者误认为"九粮液"与"五粮液"存在特殊关系,而且滨河公司有意在宣传中让公众误认为"九粮液"比"五粮液"酒的原材料还多了四种粮食,贬损了驰名商标"五粮液"的市场声誉。

五粮液公司还提到,"数字+粮液"是五粮液公司独创的产品命名方式,已经沿用了百余年。另外,滨河公司在2006年1月向国家商标局申请注册"九粮液"被驳回,此后多次申请均被驳回。

滨河公司辩称,首先"滨河九粮液"是该公司合法注册的商标,自1996年开始使用,该商标与"五粮液"并不构成近似。其次,从使用效果看,被诉侵权标识的使用并未造成相关公众的混淆误认,也不存在混淆的可能。同时,"九粮"是对白酒原料、香型和酿造工艺的描述,使用具有合理性。

(来源:快资讯)

【问题】 请根据所学的商标法知识分析案件中"滨河九粮液"为什么对"五粮液"构成了商标侵权。

【分析】

案件再审期间,法院认为该案的争议焦点包括:一、二审判决对五粮液公司的诉讼请求及相应的法律依据是否存在遗漏;滨河公司生产、销售被诉侵权商品的行为是否侵害了五粮液公司的注册商标专用权。

经审理,最高人民法院认为滨河公司在产品瓶体及外包装上突出使用"九粮液""九粮春"等商标字样,特别是"液""春"等字的书写方式与五粮液公司的产品较为相似,上述事实反映了滨河公司比较明显借用他人商标商誉的主观意图。因此,滨河公司生产、销售被诉侵权商品的行为构成对五粮液公司注册商标专用权的侵害。

最终,最高人民法院再审判决滨河公司向五粮液公司赔偿900万元。

知识扩展

驰名商标

为相关公众所熟知的商标,持有人认为其权利受到侵害时,可以依照《商标法》规定请求驰名商标保护。

就相同或者类似商品申请注册的商标是复制、摹仿或者翻译他人未在中国注册的驰名商标，容易导致混淆的，不予注册并禁止使用。

就不相同或者不相类似商品申请注册的商标是复制、摹仿或者翻译他人已经在中国注册的驰名商标，误导公众，致使该驰名商标注册人的利益可能受到损害的，不予注册并禁止使用。

驰名商标应当根据当事人的请求，作为处理涉及商标案件需要认定的事实进行认定。认定驰名商标应当考虑下列因素：

（一）相关公众对该商标的知晓程度。
（二）该商标使用的持续时间。
（三）该商标的任何宣传工作的持续时间、程度和地理范围。
（四）该商标作为驰名商标受保护的记录。
（五）该商标驰名的其他因素。

在商标注册审查、工商行政管理部门查处商标违法案件过程中，当事人依照《商标法》第十三条规定主张权利的，商标局根据审查、处理案件的需要，可以对商标驰名情况作出认定。

在商标争议处理过程中，当事人依照《商标法》第十三条规定主张权利的，商标评审委员会根据处理案件的需要，可以对商标驰名情况作出认定。

在商标民事、行政案件审理过程中，当事人依照《商标法》第十三条规定主张权利的，最高人民法院指定的人民法院根据审理案件的需要，可以对商标驰名情况作出认定。

生产、经营者不得将"驰名商标"字样用于商品、商品包装或者容器上，或者用于广告宣传、展览以及其他商业活动中。

三、商标侵权

【案情】

广东某工业贸易进出口公司从2014年开始出口"牡丹"牌电风扇，并于2018年1月注册，取得了牡丹商标的专用权。其后，其在国内及香港特区几家较有影响的报纸上刊登广告，产品随之销往欧洲、非洲、中东等地。

2019年香港某贸易公司与国内某机械公司签订了生产5万台吊扇的合同，合同价值约1 500万元人民币，合同约定由机械公司负责生产，由香港公司提供"白牡丹"牌商标。2019年起，香港某贸易公司向中东出口"白牡丹"牌吊扇，因其价格较低，产品十分畅销，严重影响了广东公司产品销路。

为此，广东公司要求机械公司停止侵权行为，但机械公司不予理睬，广东某工业贸易进出口公司向法院起诉，要求责令机械公司停止侵权行为，赔偿经济损失。

（来源：豆丁网）

【问题】

1. 广东某工业贸易进出口公司是否有理由诉机械公司侵权？
2. 香港某贸易公司应承担何种责任？
3. 本案应如何处理？

【分析】

1. 本案中，广东某工业贸易进出口公司经营的产品是电风扇，使用的是"牡丹"牌的注册商标，机械公司生产的产品是吊扇，使用的是"白牡丹"牌商标，是否构成商标侵权，不仅要看商标是否相同或近似，还要看其商品是否相同或类似。此纠纷中，电风扇和吊扇应该是同类产品，使用的"牡丹"和"白牡丹"商标也应该是近似的商标。《商标法》第五十七条规定，未经注册商标所有人的许可，在同一商品或者类似商品上使用与其注册商标相同或者近似的商标的，属侵犯注册商标专用权的行为。因此，机械公司已构成商标侵权。

2. 香港某贸易公司提供与他人注册商标标识相似的商标，并加以使用，也构成商标侵权。另外，《商标法》第五十七条还规定，销售明知是假冒注册商标的商品的，也属于侵犯注册商标专用权。本案中，香港某贸易公司明知"牡丹"牌电风扇在中东市场销售很好，使用"白牡丹"商标意在与"牡丹"商标相混同。机械公司与香港某贸易公司应属于共同侵权人，对广东某工业贸易进出口公司承担连带责任。

3. 根据《商标法》第六十条规定，对此案应做如下处理：一是责令机械公司停止生产"白牡丹"吊扇，并对其库存的产品责令停止发运。二是如有未使用的"白牡丹"商标标识，予以全部封存。三是对库存的商品去掉"白牡丹"商标，销毁所查封的"白牡丹"商标标识。四是对于侵权行为对受害人所造成的经济损失，由机械公司和香港某贸易公司赔偿并承担连带责任。如果构成犯罪，还必须依法承担刑事责任。

知识扩展

侵犯商标专用权赔偿数额的计算

侵犯商标专用权的赔偿数额，按照权利人因被侵权所受到的实际损失确定；实际损失难以确定的，可以按照侵权人因侵权所获得的利益确定；权利人的损失或者侵权人获得的利益难以确定的，参照该商标许可使用费的倍数合理确定。对恶意侵犯商标专用权，情节严重的，可以在按照上述方法确定数额的一倍以上五倍以下确定赔偿数额。赔偿数额应当包括权利人为制止侵权行为所支付的合理开支。

人民法院为确定赔偿数额，在权利人已经尽力举证，而与侵权行为相关的账簿、资料主要由侵权人掌握的情况下，可以责令侵权人提供与侵权行为相关的账簿、资料；侵权人不提供或者提供虚假的账簿、资料的，人民法院可以参考权利人的主张和提供的证据判定赔偿数额。

权利人因被侵权所受到的实际损失、侵权人因侵权所获得的利益、注册商标许可使用费难以确定的，由人民法院根据侵权行为的情节判决给予五百万元以下的赔偿。

知识应用

一、商标侵权

【案情】

上海某厂生产的油漆质量优良，性能稳定，深受消费者的欢迎。该厂于2018年10月20

日，将其 50 年来一直使用的"红灯"牌商标向商标局提出了注册申请。湖北省的某企业 2016 年开始生产油墨，也于 2018 年 10 月 20 日向商标局提出"红灯"牌的注册申请。同时查到北京某厂一直使用"红灯"牌商标生产新闻用纸，江苏某厂生产的釉料也使用的是"红灯"牌商标。

（来源：中顾法律网）

【问题】

1. 商标局在接到上海某厂和湖北某厂的商标注册申请后应如何处理？商标的专用权应授予谁？

2. 如果上述两个厂或其中的一个厂取得了商标专用权，北京某厂能否继续使用"红灯"牌商标生产新闻用纸？说明理由。

3. 江苏某厂能否继续使用"红灯"牌商标生产釉料？说明理由。

【分析】

二、商标权保护

【案情】

株式会社不二家是"不二家""POKO""Peko"等商标的权利人。该公司许可不二家（杭州）食品有限公司（以下简称不二家公司）使用上述注册商标，并授权其以自己的名义进行维权。不二家公司认为钱某某未经许可将其公司生产的糖果擅自分装到带有涉案商标的三种规格包装盒，并在实体店以及浙江淘宝网络有限公司（以下简称淘宝公司）开设的网店销售的行为，侵害了其商标权，遂诉至法院，请求判令：钱某某赔偿经济损失 150 000 元及合理开支 15 000 元；淘宝公司对上述赔偿承担连带赔偿责任。

（来源：新浪法院频道）

【问题】钱某某是否构成侵权？淘宝公司是否应当承担连带赔偿责任？

【分析】

延伸阅读

未注册的商标受法律保护吗？

《商标法》第三条规定：经国家商标局核准注册的商标为注册商标，商标注册人享有商标专用权，受法律保护。由此看到我国的商标法律制度所保护的重点是注册商标，未注册商标是不易受到商标法律保护的。当然，《商标法》对已经使用但是未注册商标的保护也做了规定。如《商标法》第十三条规定：就相同或者类似商品申请注册的商标是复制、摹仿或者翻译他人的未在中国注册的驰名商标，容易导致混淆的，不予注册并禁止使用；《商标法》第三十一条还规定：申请商标注册不得损害他人的现有的在先权利，也不得以不正当手段抢先注册他人已经使用并有一定影响的商标。这些都是对未注册商标的保护规定。

未注册商标不易受到法律保护，也并不等于未注册商标就可以不受商标法规的约束随心所欲地使用。如《商标法》第十条所述的禁止作为商标使用的规定，未注册商标在使用中同样应当遵守。

因为未注册商标不易受到法律保护，所以，未注册商标使用人始终处于一种权利无保障的不稳定、不完全状态，其所使用的商标随时可能因为与他人在同一种商品或类似商品上所使用的商标相同或者近似而受到他人的投诉。由于使用未注册商标的弊大于利，所以提倡企业尽可能不要使用未注册商标。

实训任务

一、任务名称

请你结合《商标法》的有关知识，探讨规避商标侵权风险的途径并形成报告书。

二、任务目的

通过实训，使学生能够掌握商标侵权的基本内容，以及如何在商标注册、商标使用过程中避免侵权情况的出现。

三、任务要求

（一）内容

运用所学商标法律制度知识，并结合课外阅读或资料查阅，总结出"规避商标侵权风险的途径"并形成文本。实训任务的开展由队长负责，队员要进行合理分工。

（二）完成任务需要最终提交的材料

"规避商标侵权风险的途径"并形成报告书。

（三）汇报与展示

各学习团队展示合同"规避商标侵权风险的途径"报告书文本，介绍团队分工与合作情况，并由队长公布队员参与度。

（四）评价

1. 实训任务纳入过程性考核成绩，学习团队得分将根据以上各项的完成情况由教师给出。
2. 团队队长对队员的参与度进行评价。
3. 队员得分将根据团队得分与参与度比例相乘计算得出。

表3-1为商标注册申请书。

表3-1　商标注册申请书

申请人名称（中文）：	
（英文）：	
申请人国籍/地区：	
申请人地址（中文）：	
（英文）：	
邮政编码：	
联系人：	
电话：	
代理机构名称：	
外国申请人的国内接收人：	
国内接收人地址：	
邮政编码：	
商标申请声明：	□集体商标　　　　　　□证明商标
	□以三维标志申请商标注册
	□以颜色组合申请商标注册
	□以声音标志申请商标注册
	□两个以上申请人共同申请注册同一商标
要求优先权声明：	□基于第一次申请的优先权　□基于展会的优先权　□优先权证明文件后补
申请/展出国家/地区：	
申请/展出日期：	
申请号：	

申请人章戳（签字）：　　　　　　　　　　　　　　　代理机构章戳：

代理人签字：

下框为商标图样粘贴处。图样应当不大于 10×10cm，不小于 5×5cm。以颜色组合或者着色图样申请商标注册的，应当提交着色图样并提交黑白稿 1 份；不指定颜色的，应当提交黑白图样。以三维标志申请商标注册的，应当提交能够确定三维形状的图样，提交的商标图样应当至少包含三面视图。以声音标志申请商标注册的，应当以五线谱或者简谱对申请用作商标的声音加以描述并附加文字说明；无法以五线谱或者简谱描述的，应当使用文字进行描述；商标描述与声音样本应当一致。

商标说明：	
类别：	
商品/服务项目：	
类别：	
商品/服务项目：	

项目二　保护商事主体的专利权

导入案例

小王喜欢发明创造，经过研究，他发明了"一次性冷挤压成形加工摩托车方向轴锥形立管工艺"，并申请了国家发明专利，该发明专利技术涉及一种锥形立管的冷挤压加工方法，是二次或三次冷挤压摩托车方向轴锥形立管工艺的改进，提高了产品的质量和生产效率。同城的成都某机电技术有限公司未经许可，使用该工艺生产、销售了相应的产品。为此，小王以成都某机电技术有限公司侵害其发明专利为由诉至法院。

经法院审理查明，小王是"一次性冷挤压成形加工摩托车方向轴锥形立管工艺"的发明专利权人。法院进行了取证，经过比对，法院认定成都某机电技术有限公司生产的产品，是依照小王的专利方法获取的，生产产品的方法、工艺特征与小王要求保护的发明专利技术方案的特征完全相同，已经落入了专利权利的保护范围。法院判决成都某机电技术有限公司停止侵权并赔偿原告小王20万元。

（来源：中国法院网）

知识简介

一、专利权法律制度

专利权，是指国家专利主管机关依照法律规定的条件和程序、授予申请人在一定期限内对某项发明创造享有的独占权。专利法是调整在专利申请、实施、保护过程中产生的社会关系的法律规范的总称。其立法目的在于保护专利权人的合法权益，鼓励发明创造，推动发明创造的应用，提高创新能力，促进科学技术进步和经济社会发展。

（一）专利权的取得

1. 专利权申请的原则

专利权申请应当遵循诚实信用原则、一发明一专利原则、申请在先原则、专利权授予的公益原则和优先权原则。

同样的发明创造只能授予一项专利权。但是，同一申请人同日对同样的发明创造既申请实用新型专利又申请发明专利，先获得的实用新型专利权尚未终止，且申请人声明放弃该实用新型专利权的，可以授予发明专利权。

两个以上的申请人分别就同样的发明创造申请专利的，专利权授予最先申请的人。

2. 专利权的取得条件

根据《专利法》的规定，授予专利权的发明和实用新型，应当具备新颖性、创造性和实用性；外观设计的授予条件只有新颖性。两种新颖性的内涵不完全相同。

3. 专利权的取得程序

（1）专利的申请。

申请发明或者实用新型专利的，应当提交请求书、说明书及其摘要和权利要求书等文件；申请外观设计专利的，应当提交请求书以及该外观设计的图片或者照片以及对该外观设计的简要说明等文件，并且应当写明使用该外观设计的产品及其所属的类别。

（2）审查和批准。

根据《专利法》的有关规定，国务院专利行政部门在收到发明专利申请书后，经初步审查认为符合要求的，自申请日起满18个月即行公布。国务院专利行政部门可以根据申请人的请求早日公布其申请。

（3）专利申请人的程序性救济。

专利局对发明专利申请进行实质审查后，认为不符合《专利法》规定的，应当通知申请人，要求其在指定的期限内陈述意见，或者对其申请进行修改。无正当理由逾期不答复的，该申请即被视为撤回。发明专利申请经申请人陈述意见或者进行修改后，国务院专利行政部门仍然认为不符合规定的，应当予以驳回；发明专利申请经实质审查，没有发现驳回理由的，国务院专利行政部门就应当授予发明专利权，发给发明专利证书，并予以登记和公告。

(二) 专利权人的权利和义务

专利权人的权利：独占实施权、转让权、实施许可权、标记权。

专利权人的义务：缴纳专利年费，专利权人应自被授予专利权的当年开始缴纳年费，否则将导致专利权终止。

专利权的期限：发明专利权的期限为 20 年，实用新型专利权的期限为 10 年，外观设计专利权的期限为 15 年，均自申请日起计算。

自发明专利申请日起满四年，且自实质审查请求之日起满三年后授予发明专利权的，国务院专利行政部门应专利权人的请求，就发明专利在授权过程中的不合理延迟给予专利权期限补偿，但由申请人引起的不合理延迟除外。

为补偿新药上市审评审批占用的时间，对在中国获得上市许可的新药相关发明专利，国务院专利行政部门应专利权人的请求给予专利权期限补偿。补偿期限不超过五年，新药批准上市后总有效专利权期限不超过十四年。

(三) 专利实施的强制许可

专利实施的强制许可，是指国务院专利行政部门依据法律规定的情形，不经专利权人同意而允许他人实施其发明专利或实用新型专利的行政强制措施。其目的在于防止滥用专利权，维护国家和社会利益，促进科学技术的发展。

(四) 专利权的保护

1. 专利侵权行为的认定

专利侵权行为，是指在专利有效期内，行为人未经专利权人许可，实施其专利的行为。

(1) 制造发明、实用新型、外观设计专利产品的行为。

(2) 使用发明、实用新型专利产品的行为。

(3) 许诺销售发明、实用新型专利产品的行为。

(4) 销售发明、实用新型或外观设计专利产品的行为。

(5) 进口发明、实用新型、外观设计专利产品的行为。

(6) 使用专利方法以及使用、许诺销售、销售、进口依照该专利方法直接获得的产品的行为。

(7) 假冒他人专利的行为。

2. 专利侵权行为的处理

专利权侵犯引起纠纷的由当事人协商解决；不愿协商或者协商不成的，专利权人或者利害关系人可以向人民法院起诉，也可以请求管理专利工作的部门处理。

3. 不视为侵犯专利权的情形

在专利侵权纠纷中，被控侵权人有证据证明其实施的技术或者设计属于现有技术或现有设计的，不构成侵犯专利权。不视为专利侵权行为的其他情形有：

(1) 专利产品或者依照专利方法直接获得的产品，由专利权人或者经其许可的单位、个人售出后，使用、许诺销售、销售、进口该产品的。

(2) 在专利申请日前已经制造相同产品、使用相同方法或者已经作好制造、使用的必要准备，并且仅在原有范围内继续制造、使用的。

(3) 临时通过中国领陆、领水、领空的外国运输工具，依照其所属国同中国签订的协议或者共同参加的国际条约，或者依照互惠原则，为运输工具自身需要而在其装置和设备中使用有关专利的。

（4）专为科学研究和实验而使用有关专利的。

（5）为提供行政审批所需要的信息，制造、使用、进口专利药品或者专利医疗器械的，以及专门为其制造、进口专利药品或者专利医疗器械的。

知识扩展

专利实施强制许可的类型

强制许可的情形有以下几种：

（1）不实施专利时的强制许可。

专利权人自专利权被授予之日起满三年，且自提出专利申请之日起满四年，无正当理由未实施或者未充分实施其专利的。

（2）反垄断性的强制许可。

专利权人行使专利权的行为被依法认定为垄断行为，为消除或者减少该行为对竞争产生的不利影响的。

（3）公益性强制许可。

在国家出现紧急状态或者非常情况时，或者为了公共利益的目的，国务院专利行政部门可以给予实施发明专利或者实用新型专利的强制许可。

（4）药品专利的强制许可。

为了公共健康目的，对取得专利权的药品，国务院专利行政部门可以给予制造并将其出口到符合中华人民共和国参加的有关国际条约规定的国家或者地区的强制许可。

（5）依赖专利的强制许可。

一项取得专利权的发明或者实用新型比以前已经取得专利权的发明或者实用新型具有显著经济意义的重大技术进步，其实施又有赖于前一发明或者实用新型的实施的，国务院专利行政部门根据后一专利权人的申请，可以给予实施前一发明或者实用新型的强制许可。

在依照前款规定给予实施强制许可的情形下，国务院专利行政部门根据前一专利权人的申请，也可以给予实施后一发明或者实用新型的强制许可。

重点知识记录：

案例分析

一、专利权的保护

【案情】

孙某发明了特种陶瓷刀片技术,用在特种机械的切割方面,与原来技术相比,具有耐高温、不易碎的特点。2017年10月21日,孙某取得了该项发明专利。某科技大学下属的研究所得知孙某这一发明后,对孙某的发明持怀疑态度,于2017年12月15日未经孙某许可便根据孙某的这项发明制造了若干刀片进行试验。结果表明,这项发明有一定的技术改进,但与其正在研究过程中所要达到的目标还有一定差距。该研究所决定在孙某的技术基础上做进一步研究。2018年4月该研究所研究出新成果,并于2019年10月获得专利。孙某获得专利后不久,就将这项专利技术转让给某机械厂。该研究所新的专利公布后,机械厂请求使用该专利,研究所不同意。

【问题】

1. 如果孙某取得专利技术后,知道研究所未经许可而制造其专利技术产品,可否请求其承担侵权责任?

2. 研究所是否有理由不允许机械厂使用其专利技术?

【分析】

1. 依据《专利法》第七十五条的规定,专为科学研究和实验而使用有关专利的,不视为侵权。本案中研究所为验证孙某的发明的技术性能,制造了少量专利产品,予以试验,是合理使用,不构成专利侵权,自然也谈不到承担专利侵权的责任。

2. 研究所不许机械厂使用其新专利技术的理由是不合法的。机械厂和研究所未能达成实施许可前,可以向专利局提出对该项专利的强制实施许可请求,这种做法是具有法律依据的。依照《专利法》第五十六条的规定,一项取得专利权的发明或实用新型比以前已经取得专利权的发明或实用新型在技术上先进,其实施又有赖于前一项发明或实用新型的实施的,后一专利权人可以申请强制实施前一项专利,前一专利权人也可以申请实施后一项发明或实用新型的强制许可,因此机械厂的要求是合法的。

知识扩展

专利权的客体

根据我国《专利法》第二条的规定,专利法的客体包括发明、实用新型和外观设计三种。

发明是指对产品、方法或者其改进所提出的新的技术方案。发明必须是一种技术方案,是发明人将自然规律在特定技术领域进行运用和结合的结果,而不是自然规律本身,因而科学发现不属于发明范畴。同时,发明通常是自然科学领域的智力成果,文学、艺术和社会科学领域的成果也不能构成专利法意义上的发明。

实用新型是指对产品的形状、构造或者其结合所提出的适于实用的新的技术方案。实用新型专利只保护产品。该产品应当是经过工业方法制造的、占据一定空间的实体。一切有关方法(包括产品的用途)以及未经人工制造的自然存在的物品不属于实用新型专利的保护客体。上述方法包括产品的制造方法、使用方法、通信方法、处理方法、计算机程序以及将产品用于特定用途等。

外观设计又称为工业产品外观设计,是指对产品的整体或者局部的形状、图案或者其结合以及色彩与形状、图案相结合所做的富有美感并适于工业上应用的新设计。

不能授予专利的客体:违反法律、社会公德或妨害公共利益的发明创造;科学发现;智力活动的规则和方法;疾病的诊断和治疗方法;动物和植物品种;原子核变换方法以及用原子核变换方法获得的物质。

延伸阅读

苹果与三星专利侵权纠纷

详情请扫描二维码

(来源:新浪科技)

二、专利权的归属

【案情】

一个科研所的研究员受某生产单位委托研究开发新的生产工艺,双方未就新开发所完成的发明创造归属做出约定。在研究开发中,该研究员利用生产单位按约定提供的研究设备和技术资料完成了新工艺的开发,并发明了一种新的生产方法。研究员就该项发明创造提出专利申请,生产单位提出了异议,认为该项发明创造是用了本单位的设备和资料,所以应与研究员共有专利权。研究员提出了专利是一种无形资产,新生产方法是其头脑中的构思,当然归其本人所有。

【问题】

1. 该项发明是职务发明还是非职务发明?
2. 该项发明的专利申请权应归谁?为什么?

【分析】

1. 该项发明属于非职务发明创造。根据《专利法》第六条的规定,职务发明创造是指执行本单位的任务或者主要利用本单位的物质条件所完成的发明创造。该案中,研究员并非接受本单位的任务,也没有利用单位的物质条件,是非职务发明创造。

2. 该项发明创造的专利申请权应归研究员所有。根据《专利法》第八条规定,委托研究所完成的发明创造,除另有协议的约定除外,申请专利的权利属于完成方。申请被批准后,专利权归申请人所持有或所有。

知识扩展

职务发明创造

执行本单位的任务或者主要是利用本单位的物质技术条件所完成的发明创造为职务发明创造。职务发明创造申请专利的权利属于该单位；申请被批准后，该单位为专利权人。该单位可以依法处置其职务发明创造申请专利的权利和专利权，促进相关发明创造的实施和运用。

非职务发明创造，申请专利的权利属于发明人或者设计人；申请被批准后，该发明人或者设计人为专利权人。

利用本单位的物质技术条件所完成的发明创造，单位与发明人或者设计人订有合同，对申请专利的权利和专利权的归属作出约定的，从其约定。

三、专利侵权

【案情】

原告李某拥有一项"背包"外观设计专利权，其发现市面上的一款背包产品外观与专利产品相似。经查，该产品合格证上标明的厂家信息为厦门某贸易有限公司，产品上的商标亦为该公司所有。李某遂以该公司构成专利侵权为由提起诉讼。被告辩称，被诉产品是在专利授权日前所生产的，不构成专利侵权。被告还主张，自己是一家贸易公司，并无生产资质，提交了合同证明被诉产品系其委托其他公司贴牌生产，产品的外观样式也是由加工方设计的，故其并非被诉产品的实际生产商，而是销售商，有权主张合法来源抗辩。

（来源：山东司法网）

【问题】厦门某贸易有限公司是否构成了专利侵权？为什么？

【分析】

法院经审理认为，被告为被诉侵权产品的销售商，虽然该产品落入专利保护范围，但由于是在专利授权日前所生产的，故其行为并不构成专利侵权。遂判决驳回原告的诉讼请求。案件宣判后，原告不服提起上诉。二审法院经审理后认为，被告实施了生产行为，一审认定被告为销售商不当，予以纠正，但判决结果并无不当，予以维持。

委托加工的产品涉嫌侵犯他人外观设计专利权，虽然委托方并不参与该产品的直接生产，产品的外观亦是由加工方所提供，但由于该产品上印制有委托方的商标，产品合格证上亦只载明了委托方的信息，仍应认定委托方的身份属于产品生产商。

延伸阅读

北京知识产权法院一审审结百度诉搜狗专利侵权系列案件

日前，北京知识产权法院一审审结了百度诉搜狗专利侵权系列案件。其中，涉及"一种用于表情输入的方法、装置与系统"专利的案件中，法院认定被诉侵权的搜狗输入法未落入原告主张的涉案专利权利要求的保护范围，驳回了原告的诉讼请求。

涉案专利涉及在手机或 PC 端进行表情输入的方法，当输入的文本中包括表情短语时，将会出现对应的表情，使输入更加方便、活泼。

原告百度在线网络技术（北京）有限公司是涉案专利的专利权人，原告百度时代网络技术（北京）有限公司是涉案专利的被许可人。原告以二被告北京搜狗科技发展有限公司、北京搜狗信息服务有限公司侵权系列案件的搜狗输入法落入了原告专利权的保护范围为由，诉至法院，请求判令二被告立即停止侵权并赔偿原告经济损失和合理支出共计 1 000 万元。

二被告认为搜狗输入法没有落入涉案专利权的保护范围，搜狗输入法实施的是现有技术，不构成侵权，且原告的索赔数额于法无据。

该案经过庭前质证、谈话及开庭等环节，双方当事人围绕涉案专利权利要求的解释、侵权技术比对、现有技术抗辩以及损害赔偿数额计算等方面充分发表了意见。

根据相关法律规定，人民法院判定被诉侵权技术方案是否落入专利权的保护范围，应当审查权利人主张的权利要求所记载的全部技术特征。被诉侵权技术方案包含与权利要求记载的全部技术特征相同或者等同的技术特征的，人民法院应当认定其落入专利权的保护范围；被诉侵权技术方案的技术特征与权利要求记载的全部技术特征相比，缺少权利要求记载的一个以上的技术特征，或者有一个以上技术特征不相同也不等同的，人民法院应当认定其没有落入专利权的保护范围。

经审理，两原告主张涉案专利权利要求 3 可分为 5 个技术特征，其中，关于涉案专利权利要求 3 的特征 3"其中，该方法还包括：当用户输入文本中包括所述表情短语时，将其对应表情与所述表情短语关联提供"。

PC 端的侵权比对中，在 QQ 对话框中输入"daku"拼音串后，出现的是"大哭"等候选项。手机端的侵权比对中，微信界面输入"guzhang"拼音串后，出现的是"互相""鼓掌"等候选项。法院认为，上述表情是用户输入拼音串后出现的，与涉案专利输入表情短语后关联提供表情不同。

此外，法院还对其他特征进行了比对，最终认定搜狗输入法不包含涉案专利权利要求 3 的特征 3-5 以及权利要求 5 的特征 3-5，未落入涉案专利权利要求 3 和 5 的保护范围，未落入相应从属权利要求 4、6 的保护范围，亦未落入与之对应的装置权利要求 12、14 及其从属权利要求 13、15 的保护范围，不构成侵权，驳回了原告的诉讼请求。

据悉，百度诉搜狗专利侵权系列案件除一件尚在法院审理中以外，其余案件均已审结。

其中，涉及 ZL201110304977.9 号"应用环境的设置方法、终端、服务器及系统"发明专利的案件中，法院认为搜狗输入法未落入涉案专利权利要求 1、3-5 的保护范围，不构成侵权。

涉及 ZL201310227416.2 号"用于输入修改的方法与装置"发明专利的案件中，法院认为搜狗输入法手机版九宫格输入模式的相应特征同涉案专利权利要求 1 的特征 b 及特征 c 既不相同也不等同，未落入涉案专利权利要求 1 和 8 的保护范围，不构成侵权。

上述两案法院均驳回了原告的诉讼请求。此外，其他相关案件因涉案专利权被宣告无效，法院裁定准许原告撤回起诉或裁定驳回原告的起诉。

（来源：中国法院网）

知识应用

一、专利权保护

【案情】

工程师王某工作之余，设计制作了一种新型电动手持缝纫机，并获得实用新型专利权。甲电器厂看好此产品市场，与王某签订为期 6 年的限制性普通实施许可合同，并在合同中约定，甲电器厂不得将专利技术进行转让。合同签订后，甲电器厂考虑自身技术基础较差，为保证产品质量，决定与乙电器厂联营生产。

乙电器厂表示同意，双方签订协议，协议约定乙电器厂承担一半的专利技术使用费，均分利润，因联营所带来的一切法律后果由甲电器厂承担。两厂联营后，期初产品销路较好，后由于市场需求变化，该产品在市场上滞销。

丙电器厂从联营厂购进一批专利产品零件，自行组装，并在外观上进行了更新，销路较好。王某发现后认为甲、乙、丙侵犯了其专利权，于是向法院提起诉讼，要求甲、乙、丙停止侵权行为，赔偿损失。

【问题】甲、乙、丙是否侵犯了王某的专利权？为什么？

【分析】

_____
_____
_____
_____
_____
_____
_____
_____
_____

二、专利侵权

【案情】

广东某动漫文化股份有限公司是一家动漫影视作品制作公司，投资拍摄了动画电视连续剧《铠甲勇士》，深受小朋友的喜爱。原告根据该电视剧中的动漫形象向国家知识产权局申请了"铠甲勇士系列玩具"的外观设计专利。被告施某某在其经营的渝中区朝天门市场某玩具店，销售了与原告专利"铠甲勇士系列玩具"整体视觉效果相同的"玩具公仔（炎龙侠）"。原告以被告侵害了其外观设计专利权为由诉至法院。

（来源：中国法院网）

【问题】请问法院会支持原告的诉讼请求吗？

【分析】

知识扩展

侵犯专利权的赔偿数额和诉讼时效

　　侵犯专利权的赔偿数额按照权利人因被侵权所受到的实际损失或者侵权人因侵权所获得的利益确定；权利人的损失或者侵权人获得的利益难以确定的，参照该专利许可使用费的倍数合理确定。对故意侵犯专利权，情节严重的，可以在按照上述方法确定数额的一倍以上五倍以下确定赔偿数额。

　　权利人的损失、侵权人获得的利益和专利许可使用费均难以确定的，人民法院可以根据专利权的类型、侵权行为的性质和情节等因素，确定给予三万元以上五百万元以下的赔偿。赔偿数额还应当包括权利人为制止侵权行为所支付的合理开支。

　　人民法院为确定赔偿数额，在权利人已经尽力举证，而与侵权行为相关的账簿、资料主要由侵权人掌握的情况下，可以责令侵权人提供与侵权行为相关的账簿、资料；侵权人不提供或者提供虚假的账簿、资料的，人民法院可以参考权利人的主张和提供的证据判定赔偿数额。

　　侵犯专利权的诉讼时效为三年，自专利权人或者利害关系人知道或者应当知道侵权行为以及侵权人之日起计算。发明专利申请公布后至专利权授予前使用该发明未支付适当使用费的，专利权人要求支付使用费的诉讼时效为三年，自专利权人知道或者应当知道他人使用其发明之日起计算，但是，专利权人于专利权授予之日前即已知道或者应当知道的，自专利权授予之日起计算。

延伸阅读

阿里巴巴区块链专利数连续三年蝉联冠军

　　根据国际商业服务机构科睿维安日前公布的数据显示，截至2019年4月30日，阿里巴巴以290件区块链专利案数量稳居全球第一。同时根据权威知识产权产业媒体IPRdaily前两年所发布的"全球区块链专利企业排行榜"可以推知，这已是阿里巴巴连续第三年稳居全球区块链专利排行榜第一。

> 据了解，阿里巴巴的区块链专利大多来自支付宝的蚂蚁区块链团队。支付宝数据、阿里巴巴区块链技术的实施已达到 40 多个场景，区块链已成为蚂蚁金服的另一项核心竞争力。
>
> 蚂蚁金服副总裁、技术实验室负责人蒋国飞表示，区块链将会比 AI 的影响更广泛，因为区块链可以说是解决信任和高效协同最理想的技术方案。他表示，"区块链不是妖也不是神，它的'不能'和'能'同样明显。"
>
> 蚂蚁金服总裁胡晓明也在 9 月 25 日阿里巴巴举办的云栖大会上指出，区块链技术对于未来三至五年的数字经济的影响将会非常重大。
>
> （来源：网易财经）

实训任务

一、任务名称

请你结合专利法的有关知识，探讨规避专利侵权风险的途径并形成报告书。

二、任务目的

通过实训，使学生能够掌握专利侵权的基本内容，以及如何在专利注册、专利使用过程中避免侵权情况的出现。

三、任务要求

（一）内容

运用所学专利法律制度知识，并结合课外阅读或资料查阅，总结出"规避专利侵权风险的途径"并形成文本。实训任务的开展由队长负责，队员要进行合理分工。

（二）完成任务需要最终提交的材料

"规避专利侵权风险的途径"并形成报告书。

（三）汇报与展示

各学习团队展示合同"规避专利侵权风险的途径"报告书文本，介绍团队分工与合作情况，并由队长公布队员参与度。

（四）评价

1. 实训任务纳入过程性考核成绩，学习团队得分将根据以上各项的完成情况由教师给出。
2. 团队队长对队员的参与度进行评价。
3. 队员得分将根据团队得分与参与度比例相乘计算得出。

模块四

商事主体如何进行经营

小张经过考察，设立了一家食品公司，如何才能把公司做大做强呢，这让小张犯了难，经过股东的商议后，他们决定先要提升自己的产品质量，获得消费者的认可；但食品公司的同行竞争非常激烈，如何才能提升自己公司产品的知名度，怎样才能规范地发布广告，小张开始认真学习国家对市场经济秩序进行规范的法律法规。

知识目标

1. 了解国家对市场经济秩序进行规范的法律法规。
2. 了解反不正当竞争法规定的不正当竞争行为类型。
3. 了解产品质量法和消费者权益保护法的内容。
4. 了解如何规范地发布广告。

能力目标

能够按照我国的市场规制法律制度进行正当经营，在自身权益受到侵犯时能够用法律手段进行维护。

态度目标

诚实守信、公平竞争、合法经营。

时代背景

一、重磅!《产品质量法》修订正式启动

2019年4月24日,《产品质量法》修订工作领导小组暨专家咨询委员会、评估起草组第一次联席会议在京召开。

国家市场监管总局副局长、党组成员,国家标准化管理委员会主任,《产品质量法》修订工作领导小组组长田世宏要求,要高质量推进《产品质量法》修订工作,为质量治理体系和治理能力建设提供更有力的法治保障。《产品质量法》修订工作专家咨询委员会主任委员、第十三届全国人大宪法和法律委员会副主任委员胡可明出席并讲话。

田世宏指出,《产品质量法》修订是落实党中央、国务院决策部署的需要,是落实全国人大常委会执法检查结果要求的需要,是将政府机构改革成果纳入法制化管理的需要,是促进质量治理体系和治理能力现代化建设的需要。

他强调,《产品质量法》修订工作要以习近平新时代中国特色社会主义思想为指导,坚持创新、协调、绿色、开放、共享新发展理念,贯彻中国特色社会主义法治理论,着眼建设质量强国、推动高质量发展;以满足人民群众对美好生活的向往、对高质量产品的需求为出发点,以筑牢产品安全底线、促进产品质量提升为目标,以使市场在资源配置中起决定性作用、更好发挥政府作用为方向,以落实企业质量安全主体责任为根本,以创新监管机制、优化市场环境、完善责任体系为重点,使《产品质量法》成为维护质量安全的重要保障、推动质量提升的有力支撑、创新质量管理的有效规制,推动实现我国质量治理体系和治理能力的现代化。

要做到四个坚持——

  坚持政治引领,提高政治站位;

  坚持问题导向,强化制度创新;

  坚持科学立法,完善治理体系;

  坚持民主立法,提高修法质量;

兼顾好五个关系——

  政府与市场之间的关系

  继承与创新之间的关系

  权利与义务之间的关系

  质量法与其他法之间的关系

  国内与国际之间的关系

着力做好三项工作——

  评估调研

  理论研究

  协同配合

胡可明在讲话中指出,《产品质量法》修订工作要注重总结经验,加强调查研究,在群策群力的基础上不断统一认识,用高质量的修法工作为建设质量强国提供更多助力。

会上,北京大学和中国政法大学两个评估起草组介绍了《产品质量法》实施情况评估和立法起草工作方案,与会专家就《产品质量法》修订工作提出了意见和建议。

(来源:中国质量报)

二、新《反不正当竞争法》修改意义重大

2019年4月23日，第十三届全国人民代表大会常务委员会第十次会议决定修改2017年刚刚修订的《反不正当竞争法》。不同于一年前，此次针对《反不正当竞争法》的修改全部集中于商业秘密相关条款。经过此次修改，我国对商业秘密的保护范围、商业秘密侵权行为的惩罚力度均上升到一个新的高度。

此次《反不正当竞争法》的修改，集中体现了扩展商业秘密的保护范围、提高商业秘密的保护强度的意图。该法第九条扩充了不正当获取商业秘密手段的内容，增加法定保密义务的规定，扩展了潜在的侵权主体范围，新增了教唆、帮助侵权的规定，将经营者以外的其他自然人、法人和非法人组织实施侵权纳入侵权主体。该法第十七条、第二十一条增设惩罚性损害赔偿并大幅提高法定赔偿和行政罚款的最高数额，直观地加大了对商业秘密的保护力度。该法第三十二条增设了专门适用于商业秘密案件的举证责任分配条款，明显降低了权利人的举证责任，更有利于权利人维权。

（来源：中国市场监管报）

针对以上介绍的法律的修订，谈谈你的认识和理解。

_____
_____
_____
_____
_____
_____
_____
_____
_____
_____

案例资讯

一、格力实名举报奥克斯

2019年6月10日，格力电器在官方微博实名举报奥克斯空调，同时"@"中国市场监管与国家发展改革委。举报信称，奥克斯空调多型号产品能效比和制冷消耗功率检测均不合格，涉嫌构成生产销售不合格产品且销售金额巨大。

奥克斯方面则选择在官微予以回应——称格力举报不实，公司已向公安机关报案。同时，奥克斯还针锋相对地称格力在618空调销售旺季来临之际，采用诋毁手段，属于明显的不正当竞争。

对于格力实名举报奥克斯生产销售不合格空调产品事件，10日深夜，市场监督管理总局发文表示，对此高度关注，已于当日下午通知浙江省市场监督管理局对有关情况尽快进行调查核实，将依据调查核实的结果依法依规做出处置，并及时向社会进行公开。

二、"天眼查"诉"企查查"不正当竞争索赔五百余万元

因认为苏州朗动网络科技有限公司运营的"企查查"使用其运营的"天眼查"广告语即"查公司，查老板，查关系"进行宣传，"天眼查"运营商北京金堤科技有限公司将"企查查"运营商苏州朗动网络科技有限公司诉至法院，要求其立即停止侵权并赔偿经济损失520.45万元。日前，海淀法院受理了此案。

原告北京金堤公司诉称，其成立于2014年10月，旗下拥有一款自主研发的商业安全工具——天眼查，可以查询商业主体、个人、商业关系等。北京金堤公司于2014年11月首创"查公司，查老板，查关系"这句广告语，随后在北京、上海、广州等全国各地城市，投入了近两亿元的资金，通过地铁广告、微信推送、影视植入等线上、线下方式，大范围地宣传和推广天眼查"查公司，查老板，查关系"的核心功能，这句广告语已与"天眼查"工具形成了特定的、固定的联系。

后北京金堤公司调查发现，苏州朗动在通过媒体发文、电梯间商业广告等途径为自己的产品做宣传时，采用了与"天眼查"整体相似的广告装潢设计，包括同样使用蓝色作为背景色、白色作为广告字体色，广告主画面都是一名自然人配以夸张、迷茫等表情，更重要的是将"查公司，查老板，查关系"这句广告语用在自己的广告宣传中，给其造成了严重的经济损失。

原告北京金堤公司认为，苏州朗动直接使用原告巨资宣传投入和长时间使用的广告语，采用相似的广告宣传页面，在广告装潢上整体向其靠拢，本身就违背诚信原则和商业道德，也造成了相关消费者的误认与混淆，获得了本来不应该属于其的竞争优势，是不正当竞争行为，故诉至法院，要求其立即停止侵权，并赔偿经济损失520.45万元。

目前，此案正在进一步审理中。

（来源：海淀法院网）

三、认为产品包装被模仿，伊利诉蒙牛不正当竞争

认为蒙牛一款产品的包装、装潢与伊利产品极其近似，易引发公众混淆，内蒙古伊利实业集团股份有限公司（以下简称伊利实业集团）将内蒙古蒙牛乳业（集团）股份有限公司（以下简称蒙牛乳业）诉至法院，要求被告停止使用涉案产品包装装潢、产品名称等不正当竞争行为，停止销售侵权产品，登报消除影响，并赔偿经济损失300万元。2016年3月22日，北京海淀法院受理了此案。

原告伊利实业集团诉称，2012年原告上市了专为儿童设计的饮品"QQ星营养果汁酸奶饮品"，包括香蕉口味和草莓口味，产品包装装潢设计独特，采用国内首创的迪斯尼卡通形象3D立体包装。原告发现，被告蒙牛乳业集团在2015年4月上市了名为"未来星营养果汁酸奶饮品"的产品，该产品也包括香蕉和草莓口味，也以卡通形象为蓝本，进行3D立体包装。包装规格与原告"QQ星饮品"一致，均为4小瓶一组，4组一箱。

伊利实业集团认为，原告的产品"QQ星营养果汁酸奶饮品"自2012年问世以来，获得过SIAL颁发的创新大奖，在知名电视节目《爸爸去哪儿》中进行广告冠名，极大提高了产品知名度，在同类产品中具有极高的市场占有率。然而，蒙牛在2015年推出了一款名为"未来星营养果汁酸奶饮品"的产品，口味也包括香蕉、草莓两种。同样以卡通形象为蓝

本,进行 3D 立体包装。被告的产品包装、装潢在组成要素、设计风格、产品名称方面与原告产品相同或近似,作为同类产品,极易产生公众对产品来源的混淆和误认。而且被告的"未来星饮品"在全国多个城市的大型超市均有销售,销售量大。被告作为同行业竞争者,模仿原告产品包装,损害了原告的合法权益,其行为构成不正当竞争。要求其停止使用涉案产品的装潢、产品名称等不正当竞争行为并赔偿经济损失 300 万元,还要刊登声明,消除影响。

一审法院判蒙牛乳业"未来星"侵权成立,立即停止销售涉案侵权产品,并赔偿伊利实业集团 215 万元。蒙牛不服,提出上诉。2017 年 2 月,北京知识产权法院对蒙牛"未来星"与伊利"QQ 星"不正当竞争案作出二审判决,驳回蒙牛上诉,维持原判。

(来源:海淀法院网)

四、称搜狗浏览器主页被篡改,搜狗公司起诉不正当竞争

因认为其享有著作权的搜狗高速浏览器在安装"蓝光宝盒"软件后主页被篡改为"hao123"主页,损害了其合法权益,北京搜狗信息服务有限公司、北京搜狗科技发展有限公司以不正当竞争纠纷为由将"蓝光宝盒"软件著作权人北京蓝光引力网络股份有限公司、"hao123"主办单位北京百度网讯科技有限公司及"hao123"商标持有人百度在线网络技术(北京)有限公司诉至法院,要求三被告立即停止不正当竞争行为、刊登声明赔礼道歉、赔偿经济损失 100 万元。日前,海淀法院受理了此案。

原告两公司诉称,搜狗网址导航和搜狗高速浏览器拥有众多使用者,其在中文互联网服务市场中亦享有极高的知名度和良好的用户评价。2013 年起,两公司收到用户反映,搜狗高速浏览器网页主页被篡改为"hao123 主页"。经用户反馈发现,在安装"蓝光宝盒"软件后,使用搜狗高速浏览器(PC 版)时无法按照用户的自主选择设定浏览器默认主页,即将 123.sougou.com 或 www.sina.com 等网页设置为浏览器默认主页后,再次打开浏览器后主页并非用户设置的默认主页,而是被篡改设置进而跳转至 hao123 主页。原告通过调查了解到,北京蓝光引力网络股份有限公司是"蓝光宝盒"软件的软件著作权人,北京百度网讯科技有限公司是 hao123 网站的主办单位,百度在线网络技术(北京)有限公司是 hao123 的商标持有人。根据蓝光引力公司官方网站公示信息显示,三公司之间存在合作伙伴关系,且蓝光引力公司曾获得了"百度 hao123 历久弥坚奖""2014 百度联盟峰会聚力-和合共盛奖"。此外,蓝光引力公司开办的网站"蓝光联盟"中显示三公司之间存在深度战略合作关系,蓝光引力公司为百度公司推广"hao123 主页"。

二原告认为,三被告共同利用不正当技术措施与手段,干涉用户选择,为百度公司吸引用户流量,不仅侵犯了用户正当的知情权和选择权,更破坏了搜狗公司为用户提供的正常服务,严重损害了搜狗公司的合法权益,属于不正当竞争行为。

目前,本案正在进一步审理中。

(来源:中国法院网)

五、百度头条宣战,互相索赔 9 000 万

2019 年 4 月 26 日,百度官方宣称,由于今日头条运营主体——北京字节跳动科技有限公司大量窃取百度"TOP1"搜索产品结果,已被百度以不正当竞争为理由起诉到北京市海

淀区人民法院。百度要求字节跳动立即停止侵权，赔偿相关经济损失及合理支出共计人民币 9 000 万元，并连续 30 天在其 APP 及网站首页道歉。

仅仅四个小时过后，头条官方也宣布，其发现百度在搜索中窃取了大量的抖音短视频，同百度一样，字节跳动也以不正当竞争为由，将百度起诉到海淀法院。字节跳动要求百度立即停止侵权，同样也要赔偿人民币 9 000 万元，并在百度首页连续道歉 30 天。

（来源：中国知识产权律师网）

研讨与交流（结合案例资讯，谈谈你对所熟悉企业的一些认识，并说明竞争在企业经营中的重要性和如何正当竞争）：

_____
_____
_____
_____
_____
_____
_____
_____
_____
_____
_____

知识链接

在市场经济的发展中，同行之间的竞争是非常激烈的，如果没有相关的法律来进行规范，就会造成市场经济秩序的混乱，所以国家为了保护经营者、消费者的合法权益，鼓励和保护公平竞争，维护正常的社会经济秩序，制定了市场规制法。

市场规制法是指国家在调节市场结构、规范市场行为、维护市场秩序、保护和促进公平竞争的过程中产生的各种经济关系的法律规范的总称。

市场规制法的体系构成：

（1）市场规制一般法，主要有：①市场准入法，如企业登记管理条例等；②反不正当竞争法；③反垄断法；④消费者权益保护法；⑤质量规制法，如产品质量法、标准化法等；⑥价格规制法，如价格法等；⑦中介服务规制法，如广告法、拍卖法等。

（2）市场规制特别法，主要有金融市场监管法、劳动力市场监管法、房地产市场监管法、电讯市场监管法等。

（3）市场规制相关法，主要有侵权行为法、合同法、知识产权法等。

本模块主要侧重于介绍《反不正当竞争法》《消费者权益保护法》《产品质量法》《广告法》的相关内容。

项目一　了解何为不正当竞争，如何进行正当竞争

导入案例

判赔 570 万元！"人人车"不正当竞争纠纷一审结案

近日，北京知识产权法院一审审结原告北京人人车旧机动车经纪有限公司（简称"人人车公司"）诉被告优舫（北京）信息科技有限公司（简称"优舫公司"）不正当竞争纠纷一案。

法院经审理后认定，优舫公司擅自使用"renrencheshi.com"域名、开发"人人车""人人车二手车"APP 等行为已构成对人人车公司"人人车"服务名称及"renrenche.com"域名权益的不正当竞争。故判令优舫公司承担停止侵权、消除影响的责任，并赔偿人人车公司经济损失和合理支出共计 570 万元。

近年来，随着互联网技术和二手车行业的发展与融合，"互联网＋二手车"行业迎来了迅速发展。二手车网络平台为越来越多的买家和卖家提供了交易新选择，平台之间的竞争也日趋激烈。在利用新兴技术和模式增强品牌知名度、扩大市场规模的过程中，明确市场竞争的合理边界，尊重其他主体的合法权益，已成为平台企业规范自身服务体系的重要环节。

（来源：中国知识产权杂志）

知识简介

一、不正当竞争行为的类型

不正当竞争行为是指经营者违反《反不正当竞争法》规定，损害其他经营者合法权益，扰乱社会经济秩序的行为。

《反不正当竞争法》具体规定了七种不正当竞争行为。

（一）混淆行为

混淆行为是指经营者在市场经营活动中，以种种不实方式对自己的商品或服务作虚假表示、说明或承诺，或不当利用他人的智力劳动成果推销自己的商品或服务，使用户或者消费者产生误解，扰乱市场秩序、损害同业竞争者的利益或者消费者利益的行为。

《反不正当竞争法》规定，经营者不得实施下列混淆行为，引人误认为是他人商品或者与他人存在特定联系：

（1）擅自使用与他人有一定影响的商品名称、包装、装潢等相同或者近似的标识。

（2）擅自使用他人有一定影响的企业名称（包括简称、字号等）、社会组织名称（包括简称等）、姓名（包括笔名、艺名、译名等）。

（3）擅自使用他人有一定影响的域名主体部分、网站名称、网页等。

（4）其他足以引人误认为是他人商品或者与他人存在特定联系的混淆行为。

经营者违反法律规定实施混淆行为的，由监督检查部门责令停止违法行为，没收违法商品。违法经营额五万元以上的，可以并处违法经营额五倍以下的罚款；没有违法经营额或者违法经营额不足五万元的，可以并处二十五万元以下的罚款。情节严重的，吊销营业执照。

(二) 商业贿赂行为

《反不正当竞争法》第七条规定，经营者不得采用财物或者其他手段贿赂下列单位或者个人，以谋取交易机会或者竞争优势：

(1) 交易相对方的工作人员。

(2) 受交易相对方委托办理相关事务的单位或者个人。

(3) 利用职权或者影响力影响交易的单位或者个人。

经营者在交易活动中，可以以明示方式向交易相对方支付折扣，或者向中间人支付佣金。经营者向交易相对方支付折扣、向中间人支付佣金的，应当如实入账。接受折扣、佣金的经营者也应当如实入账。

经营者的工作人员进行贿赂的，应当认定为经营者的行为；但是，经营者有证据证明该工作人员的行为与为经营者谋取交易机会或者竞争优势无关的除外。

经营者违反法律规定贿赂他人的，由监督检查部门没收违法所得，处十万元以上三百万元以下的罚款。情节严重的，吊销营业执照。

(三) 虚假或引人误解的商业宣传行为

《反不正当竞争法》第八条规定，经营者不得对其商品的性能、功能、质量、销售状况、用户评价、曾获荣誉等作虚假或者引人误解的宣传，欺骗、误导消费者。

经营者不得通过组织虚假交易等方式，帮助其他经营者进行虚假或者引人误解的商业宣传。

经营者违反法律规定进行虚假宣传行为的，由监督检查部门责令停止违法行为，处二十万元以上一百万元以下的罚款；情节严重的，处一百万元以上二百万元以下的罚款，可以吊销营业执照。

(四) 侵犯商业秘密的行为

商业秘密，是指不为公众所知悉、具有商业价值并经权利人采取相应保密措施的技术信息、经营信息等商业信息。

《反不正当竞争法》第九条规定，经营者不得实施下列侵犯商业秘密的行为：

(1) 以盗窃、贿赂、欺诈、胁迫、电子侵入或者其他不正当手段获取权利人的商业秘密。

(2) 披露、使用或者允许他人使用以前项手段获取的权利人的商业秘密。

(3) 违反保密义务或者违反权利人有关保守商业秘密的要求，披露、使用或者允许他人使用其所掌握的商业秘密。

(4) 教唆、引诱、帮助他人违反保密义务或者违反权利人有关保守商业秘密的要求，获取、披露、使用或者允许他人使用权利人的商业秘密。

经营者以外的其他自然人、法人和非法人组织实施前款所列违法行为的，视为侵犯商业秘密。

第三人明知或者应知商业秘密权利人的员工、前员工或者其他单位、个人实施本条第一款所列违法行为，仍获取、披露、使用或者允许他人使用该商业秘密的，视为侵犯商业秘密。

经营者违反法律规定侵犯他人商业秘密的，由监督检查部门责令停止违法行为，没收违法所得,处十万元以上一百万元以下的罚款;情节严重的,处五十万元以上五百万元以下的罚款。

(五) 不正当有奖销售行为

有奖销售是指以赠送物品或发放奖品为促销诱因,以刺激消费者购买产品和扩大产品知名度的一种促销方法。

有奖销售的种类主要有:附赠式和抽奖式。

《反不正当竞争法》第十条规定,经营者进行有奖销售不得存在下列情形:

(1) 所设奖的种类、兑奖条件、奖金金额或者奖品等有奖销售信息不明确,影响兑奖。

(2) 采用谎称有奖或者故意让内定人员中奖的欺骗方式进行有奖销售。

(3) 抽奖式的有奖销售,最高奖的金额超过五万元。

经营者违法进行有奖销售活动的,由监督检查部门责令停止违法行为,处五万元以上五十万元以下的罚款。

(六) 诋毁商誉行为

《反不正当竞争法》第十一条规定,经营者不得编造、传播虚假信息或者误导性信息,损害竞争对手的商业信誉、商品声誉。

经营者有损害竞争对手商业信誉、商品声誉行为的,由监督检查部门责令停止违法行为、消除影响,处十万元以上五十万元以下的罚款;情节严重的,处五十万元以上三百万元以下的罚款。

(七) 互联网领域不正当竞争行为

《反不正当竞争法》第十二条规定,经营者利用网络从事生产经营活动,不得利用技术手段,通过影响用户选择或者其他方式,实施下列妨碍、破坏其他经营者合法提供的网络产品或者服务正常运行的行为:

(1) 未经其他经营者同意,在其合法提供的网络产品或者服务中,插入链接、强制进行目标跳转。

(2) 误导、欺骗、强迫用户修改、关闭、卸载其他经营者合法提供的网络产品或者服务。

(3) 恶意对其他经营者合法提供的网络产品或者服务实施不兼容。

(4) 其他妨碍、破坏其他经营者合法提供的网络产品或者服务正常运行的行为。

经营者有妨碍、破坏其他经营者合法提供的网络产品或者服务正常运行行为的,由监督检查部门责令停止违法行为,处十万元以上五十万元以下的罚款;情节严重的,处五十万元以上三百万元以下的罚款。

二、对涉嫌不正当竞争行为的调查

监督检查部门调查涉嫌不正当竞争行为,可以采取下列措施:

(1) 进入涉嫌不正当竞争行为的经营场所进行检查。

(2) 询问被调查的经营者、利害关系人及其他有关单位、个人,要求其说明有关情况或者提供与被调查行为有关的其他资料。

(3) 查询、复制与涉嫌不正当竞争行为有关的协议、账簿、单据、文件、记录、业务函电和其他资料。

(4) 查封、扣押与涉嫌不正当竞争行为有关的财物。

(5) 查询涉嫌不正当竞争行为的经营者的银行账户。

采取上述措施，应当向监督检查部门主要负责人书面报告，并经批准。采取上述第四项、第五项规定的措施，应当向设区的市级以上人民政府监督检查部门主要负责人书面报告，并经批准。

监督检查部门调查涉嫌不正当竞争行为，应当遵守《中华人民共和国行政强制法》和其他有关法律、行政法规的规定，并应当将查处结果及时向社会公开。

监督检查部门及其工作人员对调查过程中知悉的商业秘密负有保密义务。

三、法律责任

1. 民事责任

经营者违反《反不正当竞争法》规定，给他人造成损害的，应当依法承担民事责任。

因不正当竞争行为受到损害的经营者的赔偿数额，按照其因被侵权所受到的实际损失确定；实际损失难以计算的，按照侵权人因侵权所获得的利益确定。经营者恶意实施侵犯商业秘密行为，情节严重的，可以在按照上述方法确定数额的一倍以上五倍以下确定赔偿数额。赔偿数额还应当包括经营者为制止侵权行为所支付的合理开支。

经营者违反《反不正当竞争法》实施混淆行为和侵犯商业秘密的，权利人因被侵权所受到的实际损失、侵权人因侵权所获得的利益难以确定的，由人民法院根据侵权行为的情节判决给予权利人五百万元以下的赔偿。

2. 行政责任

妨害监督检查部门依照《反不正当竞争法》履行职责，拒绝、阻碍调查的，由监督检查部门责令改正，对个人可以处五千元以下的罚款，对单位可以处五万元以下的罚款，并可以由公安机关依法给予治安管理处罚。

3. 刑事责任

违反《反不正当竞争法》规定，构成犯罪的，依法追究刑事责任。

经营者违反《反不正当竞争法》规定，应当承担民事责任、行政责任和刑事责任，其财产不足以支付的，优先用于承担民事责任。

重点知识记录：

案例分析

一、"轩辕剑"引发不正当竞争纠纷

【案情】

海南大舜影视文化传播有限公司（以下简称大舜公司）在涉案电影《轩辕剑传奇》的名称中使用"轩辕剑"字样，被大宇资讯股份有限公司（以下简称大宇公司）起诉侵犯其对第6481452号"轩辕剑"商标享有的注册商标专用权，及构成擅自使用大宇公司知名商品（《轩辕剑》是该公司推出的电脑游戏）特有名称的不正当竞争行为。

北京市朝阳区人民法院一审判决大舜公司立即停止使用"轩辕剑传奇"作为电影名称的不正当竞争行为，刊登声明以消除其不正当竞争行为的影响，并赔偿大宇公司经济损失和合理开支6.5万元。

大宇公司不服一审判决，向北京知识产权法院提起上诉。

经审理，北京知识产权法院认为，电影名称系对电影主题、内容的高度概括，其同时具备作品标题和商品名称的属性。大舜公司将"轩辕剑传奇"作为涉案电影的名称使用，并未起到区分商品来源的作用，不构成商标意义上的使用，故不构成对大宇公司涉案商标专用权的侵犯，但构成擅自使用知名商品特有名称的不正当竞争行为。此外，一审法院根据涉案电影《轩辕剑传奇》的上映时间等因素酌定大舜公司应赔偿大宇公司经济损失5万元，根据大宇公司因该案支出的律师费、公证费、差旅费等费用的合理性、必要性酌情确定合理费用1.5万元并无不当。综上，法院判决驳回大宇公司上诉，维持一审判决。

（来源：中国知识产权律师网）

【问题】擅自使用知名商品特有名称构成不正当竞争，它与侵犯商标权的区别是什么？

【分析】

二者的主要区别在于适用的法律依据不同。侵犯商标专用权违反的是《商标法》，擅自使用知名商品的特有名称违反的是《反不正当竞争法》。但注册商标和知名商品名称其所保护的法益都是相同的，从权利类型上，凡是知名商品特有名称可以涵盖的权能，都可以被注册商标权所包括，其区别只在于是否进行了注册登记。例如《国家工商局关于禁止仿冒知名商品特有的名称、包装、装潢的不正当竞争行为的若干规定》第三条规定，本规定所称知名商品特有的名称，是指知名商品独有的与通用名称有显著区别的商品名称。但该名称已经作为商标注册的除外。

本案中被告的使用行为将不产生市场混淆效果，原告依据注册商标主张权利，被告不构成商标侵权，所以法院仅支持构成擅自使用他人的知名商品特有名称的不正当竞争行为。

《反不正当竞争法》对于知名商品特有名称的保护本质上是对未注册商标的保护，相对于商标法对注册商标的保护而言具有补充性。《反不正当竞争法》之所以在《商标法》之外对已经具有识别功能的商品的名称进行保护，理由主要有两方面：

一是客观上某些商业标识不适合登记注册。由于商业标识具有非穷尽性，所有可能发挥商品和服务来源功能的标识都应当作为商业标识进行保护，但实际能够登记注册的商业标识种类是有限的，例如产品的包装、装潢、整体营业风格等商业标识，其在商标的实际注册上存在一定的困难，有必要通过反不正当竞争法提供补充性保护，这种补充保护与商业标识类法律的保护理念是一致的，是对商业标识类法律保护的延伸。

二是商业标识使用人可能因为商标意识不足等原因，未对其使用的名称、包装和装潢进

行注册，但因该些标识已经具备了识别功能，有必要从防止市场混淆的角度予以保护。

二、商业贿赂

【案情】

2018年年初，某市决定兴建一条连接本市两河岸交通的大桥，采取招标方式选择承包商。某建筑公司为保证能以最低的标价中标，多方寻找能获得其他建筑公司投标价的机会。在得知负责本次招标的张某是本公司一职员李某的大学同学后，该公司领导让李某去说情，并承诺如果该公司能够获得承包权的话，就给李某1万元的好处费，张某10万的好处费。李某去找张某，张某答应帮忙，并在投标截止日前一天把其他建筑公司的投标价和投标文件等信息泄露给了该公司，据此该建筑公司以低于上述最低投标价1.5万元和其他更优惠的条件在投标截止最后期限前递交了投标书。在评标、决标过程中，张某利用其负责人的地位对评标委员会其他成员施加影响，致使该建筑公司最终获得了该大桥的施工合同。

【问题】 请分析本案中建筑公司行为的性质。

【分析】

本案中建筑公司的行为是典型的商业贿赂，因为他为了争取交易机会而给予对方好处费，这是比较常见的商业贿赂形式即给回扣。回扣是指在经济往来中，一方除明确标价应支付价款外，账外暗中向对方退还钱财及其他报酬以争取交易机会和交易条件的行为。回扣具有以下特征：①回扣行为发生在交易双方之间；②回扣的形式是支付货币、有价证券或其他财物；③回扣的目的是在于争取交易机会与交易条件。

知识扩展

折扣、佣金与回扣的区别

折扣与回扣的区别是：第一，折扣是公开的和明示的。在折扣的场合，经营者要向所有的客户事先声明打折的范围、方法和时间等，这与商业贿赂的秘密性特征截然有别。第二，折扣是直接给予对方当事人的。在商业贿赂中，经营者给予的利益可能是给予对方的，但在多数情况下可能是给予对方的有关人员的。而折扣只能给予交易的对方，而不是给予对方的有关人员。第三，折扣必须符合财经制度。折扣不能是账外给付，而折扣中的双方均应当对折扣如实入账。第四，折扣的比例、方式符合商业习惯。折扣中，打折的比例、打折的商品品种、打折的时间、打折的对象等，都要受商业习惯的制约，但商业贿赂中的利益交易是不受商业习惯制约的，而是一种违反常规的操作。

佣金与回扣的区别是：第一，佣金是付给独立的中介人或居间人的。收受佣金的主体是具有独立地位的中间人、经纪人等，他们与达成主交易的双方没有任何隶属关系，而商业贿赂中收受利益的人就是主交易的对方或对方的有关人员。第二，佣金是明示的和公开的。居间活动是一种合法的市场活动，佣金的支付也不必要秘密进行，实践中，居间人、经纪人等甚至常常与经营者讨价还价，最后以书面合同的形式确定佣金的支付方法，这与商业贿赂明显不同。第三，佣金具有劳务报酬的性质。佣金的支付总以中间商的劳动付出和工作成果为根据，在本质上是劳务报酬，而商业贿赂中的利益支付，在本质上是一方对另一方的收买，根本不具有报酬的性质。第四，佣金的支付符合财经制度。佣金的支付不仅要规定于合同中，而且要按正规程序出具票据、记入会计账目、交纳税收。这也是佣金与商业贿赂的一个本质区别。

综上所述，在回扣与折扣、佣金的一系列区别界限中，是否如实入账，是暗中支付还是明示支付是本质的区别。

三、虚假广告

【案情】

天津华尔亚汇科技有限公司通过自有网站及手机APP软件发布含有"华尔亚汇全球顶尖智能跟单平台8年底蕴普惠万家""本平台已入驻10位稳健专家35位交易高手129位跟单者""100%胜率"等内容的广告。经调查，截至案发时，当事人平台还没有任何真实用户交易发生，当事人不能提供证明其服务年限、合作商家及已入驻平台各类交易者的相关真实性的证明材料，且广告内容中含有对收益作出保证性承诺的用语，违反了《广告法》第四条第一款、第二十五条第（一）项、第二十八条第二款第（二）项的规定。依据《广告法》第五十五条第一款、第五十八条第一款第（七）项的规定，2019年2月，天津市南开区市场和质量监督管理局作出行政处罚，责令停止发布违法广告，并处罚款8.8万元。

（来源：国家市场监督管理总局网站）

【问题】如何界定虚假广告？

【分析】

广告以虚假或者引人误解的内容欺骗、误导消费者的，构成虚假广告。

广告有下列情形之一的，为虚假广告：①商品或者服务不存在的；②商品的性能、功能、产地、用途、质量、规格、成分、价格、生产者、有效期限、销售状况、曾获荣誉等信息，或者服务的内容、提供者、形式、质量、价格、销售状况、曾获荣誉等信息，以及与商品或者服务有关的允诺等信息与实际情况不符，对购买行为有实质性影响的；③使用虚构、伪造或者无法验证的科研成果、统计资料、调查结果、文摘、引用语等信息作证明材料的；④虚构使用商品或者接受服务的效果的；⑤以虚假或者引人误解的内容欺骗、误导消费者的其他情形。

知识扩展

广告内容准则

一、一般广告内容准则

1. 广告中对商品的性能、功能、产地、用途、质量、成分、价格、生产者、有效期限、允诺等或者对服务的内容、提供者、形式、质量、价格、允诺等有表示的，应当准确、清楚、明白。广告中表明推销的商品或者服务附带赠送的，应当明示所附带赠送商品或者服务的品种、规格、数量、期限和方式。法律、行政法规规定广告中应当明示的内容，应当显著、清晰表示。

2. 广告禁止出现的情形：

①使用或者变相使用中华人民共和国的国旗、国歌、国徽、军旗、军歌、军徽；②使用或者变相使用国家机关、国家机关工作人员的名义或者形象；③使用"国家级""最高级""最佳"等用语；④损害国家的尊严或者利益，泄露国家秘密；⑤妨碍社会安定，损害社会公共利益；⑥危害人身、财产安全，泄露个人隐私；⑦妨碍社会公共秩序或者违背社会良好风尚；⑧含有淫秽、色情、赌博、迷信、恐怖、暴力的内容；⑨含有民族、种族、宗教、性别歧视的内容；⑩妨碍环境、自然资源或者文化遗产保护；⑪法律、行政法规规定禁止的其他情形。

3. 广告不得损害未成年人和残疾人的身心健康。

4. 广告内容涉及的事项需要取得行政许可的，应当与许可的内容相符合。广告使用数据、统计资料、调查结果、文摘、引用语等引证内容的，应当真实、准确，并表明出处。引证内容有适用范围和有效期限的，应当明确表示。

5. 广告中涉及专利产品或者专利方法的，应当标明专利号和专利种类。未取得专利权的，不得在广告中谎称取得专利权。禁止使用未授予专利权的专利申请和已经终止、撤销、无效的专利作广告。

6. 广告不得贬低其他生产经营者的商品或者服务。

7. 广告应当具有可识别性，能够使消费者辨明其为广告。大众传播媒介不得以新闻报道形式变相发布广告。通过大众传播媒介发布的广告应当显著标明"广告"，与其他非广告信息相区别，不得使消费者产生误解。广播电台、电视台发布广告，应当遵守国务院有关部门关于时长、方式的规定，并应当对广告时长作出明显提示。

二、特殊广告内容准则

1. 医疗、药品、医疗器械广告不得含有下列内容：①表示功效、安全性的断言或者保证。②说明治愈率或者有效率；③与其他药品、医疗器械的功效和安全性或者其他医疗机构比较；④利用广告代言人作推荐、证明；⑤法律、行政法规规定禁止的其他内容。药品广告的内容不得与国务院药品监督管理部门批准的说明书不一致，并应当显著标明禁忌、不良反应。处方药广告应当显著标明"本广告仅供医学药学专业人士阅读"，非处方药广告应当显著标明"请按药品说明书或者在药师指导下购买和使用"。推荐给个人自用的医疗器械的广告，应当显著标明"请仔细阅读产品说明书或者在医务人员的指导下购买和使用"。医疗器械产品注册证明文件中有禁忌内容、注意事项的，广告中应当显著标明"禁忌内容或者注意事项详见说明书"。

除医疗、药品、医疗器械广告外，禁止其他任何广告涉及疾病治疗功能，并不得使用医疗用语或者易使推销的商品与药品、医疗器械相混淆的用语。

2. 保健食品广告不得含有下列内容：①表示功效、安全性的断言或者保证；②涉及疾病预防、治疗功能；③声称或者暗示广告商品为保障健康所必需；④与药品、其他保健食品进行比较；⑤利用广告代言人作推荐、证明；⑥法律、行政法规规定禁止的其他内容。保健食品广告应当显著标明"本品不能代替药物"。

3. 酒类广告不得含有下列内容：①诱导、怂恿饮酒或者宣传无节制饮酒；②出现饮酒的动作；③表现驾驶车、船、飞机等活动；④明示或者暗示饮酒有消除紧张和焦虑、增加体力等功效。

4. 教育、培训广告不得含有下列内容：①对升学、通过考试、获得学位学历或者合格证书，或者对教育、培训的效果作出明示或者暗示的保证性承诺；②明示或者暗示有相关考试机构或者其工作人员、考试命题人员参与教育、培训；③利用科研单位、学术机构、教育机构、行业协会、专业人士、受益者的名义或者形象作推荐、证明。

5. 招商等有投资回报预期的商品或者服务广告，应当对可能存在的风险以及风险责任承担有合理提示或者警示，并不得含有下列内容：①对未来效果、收益或者与其相关的情况作出保证性承诺，明示或者暗示保本、无风险或者保收益等，国家另有规定的除外；②利用学术机构、行业协会、专业人士、受益者的名义或者形象作推荐、证明。

6. 房地产广告，房源信息应当真实，面积应当表明为建筑面积或者套内建筑面积，并不得含有下列内容：①升值或者投资回报的承诺；②以项目到达某一具体参照物的所需时间表示项目位置；③违反国家有关价格管理的规定；④对规划或者建设中的交通、商业、文化教育设施以及其他市政条件作误导宣传。

知识扩展

关于互联网广告的规定

《互联网广告管理暂行办法》已经国家工商行政管理总局局务会议审议通过，自2016年9月1日起施行。

互联网广告，是指通过网站、网页、互联网应用程序等互联网媒介，以文字、图片、音频、视频或者其他形式，直接或者间接地推销商品或者服务的商业广告。

互联网广告包括：

1. 推销商品或者服务的含有链接的文字、图片或者视频等形式的广告。
2. 推销商品或者服务的电子邮件广告。
3. 推销商品或者服务的付费搜索广告。
4. 推销商品或者服务的商业性展示中的广告，法律、法规和规章规定经营者应当向消费者提供的信息的展示依照其规定。
5. 其他通过互联网媒介推销商品或者服务的商业广告。

对发布互联网广告的具体要求：

1. 禁止利用互联网发布处方药和烟草的广告。
2. 医疗、药品、特殊医学用途配方食品、医疗器械、农药、兽药、保健食品广告等法律、行政法规规定须经广告审查机关进行审查的特殊商品或者服务的广告，未经审查，不得发布。
3. 互联网广告应当具有可识别性，显著标明"广告"，使消费者能够辨明其为广告。
4. 付费搜索广告应当与自然搜索结果明显区分。
5. 利用互联网发布、发送广告，不得影响用户正常使用网络。在互联网页面以弹出等形式发布的广告，应当显著标明关闭标志，确保一键关闭。
6. 不得以欺骗方式诱使用户点击广告内容。
7. 未经允许，不得在用户发送的电子邮件中附加广告或者广告链接。

延伸阅读

典型广告法违法案例

一提到广告法,很多人的第一反应就是不得使用"第一""最佳"等顶级词汇,事实上,仅仅将目光放在这一处并不能将广告法的博大精深体现出来,"南京广告发布"给大家推送9个典型广告法违法案例,让大家体会一下什么是"一不小心就违法"。

一、广告中不得含有错别字

【案例】当事人于2015年6月1日开始发布房地产广告,广告中含有"全城鼎级的商城在这里"等内容,广告费用为600元。

【点评】发布含有"全城鼎级的商城在这里"内容广告的行为,违反了《广告语言文字管理暂行规定》第十条第一款的规定,使用了错别字(比如:药品广告:"咳"不容缓;山地车广告:"骑"乐无穷等)。

二、销售状况、曾获荣誉不得与事实不符

【案例】当事人于2017年7月委托他人发布含有"中国房地产综合实力40强""中国最具投资实力的开发企业TOP10""连续3年热销超百亿元"等内容的房地产户外广告,当事人不能提供相关证明材料予以验证。

【点评】当事人的上述行为违反了《广告法》第四条、第二十八条第二款第(三)项(二)商品的性能、功能、产地、用途、质量、规格、成分、价格、生产者、有效期限、销售状况、曾获荣誉等信息,或者服务的内容、提供者、形式、质量、价格、销售状况、曾获荣誉等信息,以及与商品或者服务有关的允诺等信息与实际情况不符,对购买行为有实质性影响的(涉及排名,必须提供相应证据)。

三、对规划或者建设中的交通、商业、文化教育设施以及其他市政条件作误导宣传

【案例】当事人自2018年3月29日起在温州房产营销微信公众号上发布房地产广告,广告中没有明确说明轻轨S3线尚在规划建设中。

【点评】当事人的上述行为违反了《广告法》第二十六条第(四)项:对规划或者建设中的交通、商业、文化教育设施以及其他市政条件作误导宣传。

四、不得作升值或者投资回报的承诺

【案例】2017年4月,当事人印制含有"首付40万元左右,小投资、大财富,财富风暴一触即发!首批旺铺享大优惠、大升值,抢到赚到,财富机遇不容错过"等内容的房地产印刷品广告,广告费用为24 408元。

【点评】当事人的上述行为违反了《广告法》第二十六条第(一)项:升值或者投资回报的承诺。

五、不得使用国徽、国旗等

【案例】当事人为委托人在动车组列车展牌媒体及航机杂志上设计广告。广告中使用的中华人民共和国地图,未将国界线完整、准确表示。

【点评】当事人的上述行为违反了《广告法》第九条,广告不得有下列情形:(一)使用或者变相使用中华人民共和国的国旗、国歌、国徽、军旗、军歌、军徽。

六、除药品等外，任何广告不得涉及治疗功能

【案例】当事人发布的广告中含有"……紫杉醇是国际公认的防癌抗癌药剂，能有效抑制糖尿病并具有治疗心脏病的功效，而从红豆杉的树皮和树叶中提炼出来的紫杉醇，对多种晚期癌症疗效突出，目前在医学界被称为'治疗癌症的一道有效防线'……"等内容。

【点评】当事人的行为已违反了《广告法》第十七条：除医疗、药品、医疗器械广告外，禁止其他任何广告涉及疾病治疗功能，并不得使用医疗用语或者易使推销的商品与药品、医疗器械相混淆的用语。

七、微信发文也可能违反广告法

【案例】当事人为推销其经营的医疗美容服务，通过官方网站、微信公众号等形式发布广告，对外进行宣传。广告含有与事实不符或者缺乏事实依据、容易误导消费者的虚假内容。

【点评】当事人的行为已违反了《广告法》第二十八条等的规定。推送微信软文的要注意。

八、酒类广告不得怂恿饮酒

【案例】当事人委托某传媒公司（另案处理）在上海南站通往南广场的通道内发布含有"关爱留守老人磬玉在行动……磬玉酒庄元养珍藏干红葡萄酒……是老人也可尽情享用的精品葡萄酒！"等内容。

【点评】当事人的行为已违反了《广告法》第二十三条，酒类广告不得含有下列内容：（一）诱导、怂恿饮酒或者宣传无节制饮酒。

九、教育机构不得用受益人形象推荐

【案例】当事人发布教育培训印刷品广告，广告中含有"暑期免费学，新学期让孩子赢在起跑线之前""张某同学在2017年高考中，英语89分，辅导20天，提升49分，理科总分510分，超本科一批30分"等内容。

【点评】当事人的行为已违反了《广告法》第二十三条第（二）项：利用学术机构、行业协会、专业人士、受益者的名义或者形象作推荐、证明。

(来源：搜狐网南京广告发布)

延伸阅读

市场监督管理总局发布2019年第二批虚假违法广告典型案件

详情请扫描二维码

(来源：央广网)

四、侵犯商业秘密案

【案情】

甲公司聘用张某为产品推销员,为了使张某尽快适应岗位需要,甲公司派张某出国到国外的母公司进修关于产品的专有技术知识和市场营销的专业知识,出国前,双方签订一份约定,张某进修归来,必须为甲公司服务满五年,而且,五年之后如果离开公司,两年内不得从事与甲公司同类产品的营销业务。张某进修回来后,在公司的支持下,很快扩大了本公司在市场的份额,销售额直线上升。但在第三年时,张某提出辞职,甲公司考虑到其对公司贡献很大,故没有追究其未满五年服务期的违约责任而予以了同意。但不久,发现张某跳槽至另外一家与甲公司生产同类产品的企业任营销部经理,并带走了大量的公司客户。

【问题】 张某的行为是否构成侵犯商业秘密?

【分析】

商业秘密是指不为公众所知悉、能为权利人带来经济利益、具有实用性并经权利人采取保密措施的技术信息和经营信息。商业秘密的特性是:第一,商业性,表现为它具有实用价值并能够为权利人带来经济利益;第二,秘密性,表现为它不为社会公众所知悉,并且权利人还采取了保密措施来维持这种秘密性。侵犯商业秘密,是指经营者采用非法手段获取、披露或使用他人商业秘密的行为。

本案中,张某违反了竞业禁止的约定条款,并且带走了大量原公司的客户,已经侵犯了原公司的经营信息,属于侵犯商业秘密的行为。

延伸阅读

树脂专利相关信息侵害商业秘密纠纷案——

圣莱科特国际集团、圣莱科特化工(上海)有限公司与华奇(张家港)化工有限公司、徐捷侵害商业秘密纠纷上诉案

【案情摘要】 圣莱科特国际集团、圣莱科特化工(上海)有限公司共同诉称:SP-1068产品的技术信息属于圣莱科特国际集团的商业秘密,被告徐捷原系圣莱科特上海公司员工,掌握了两原告的涉案商业秘密。徐捷从圣莱科特上海公司离职后至被告华奇(张家港)化工有限公司工作。徐捷在华奇公司工作期间将两原告的涉案商业秘密披露给华奇公司,华奇公司使用了两原告的涉案商业秘密。两原告请求法院判令两被告停止侵权、消除影响、赔偿两原告经济损失200万元。上海市第二中级人民法院委托的技术鉴定结论表明,华奇公司生产的SL-1801产品使用的技术信息,以及涉案发明专利中的相关技术信息与属于两原告商业秘密的技术信息不相同且实质不同,遂判决驳回两原告的诉讼请求。两原告不服,提起上诉。二审法院判决驳回上诉,维持原判。

【典型意义】 侵害商业秘密案件的审理,不仅要维护权利人主张的商业秘密,同时亦应注重当事人之间的利益平衡,规范当事人之间的公平竞争,维护市场的正当秩序。本案中,在涉及双方技术比对的审查中,一审法院启动了严格、规范的鉴定程序,并由鉴定机构出具了专业的鉴定报告。

(来源:国家知识产权战略网)

五、商业诋毁纠纷案

【案情】

浙江永晟达科技有限公司（以下简称永晟达公司）与衢州市红日陶瓷机械有限公司（以下简称红日公司）均系制造、销售陶瓷、石材等生产设备的公司，两者具有同业竞争关系，郑某系红日公司法定代表人。郑某多次通过聊天论坛等公开方式捏造、散布虚假事实，诋毁永晟达公司。公安机关因此事受理郑某诽谤一案后调解结案，郑某向永晟达公司赔礼道歉。之后郑某又通过微信等方式向永晟达公司的客户发送诋毁永晟达公司的信息。永晟达公司诉至法院请求判令停止诋毁行为并公开赔礼道歉。

浙江省衢州市中级人民法院一审判决郑某立即停止诋毁行为并赔偿损失5万元。郑某不服，提起上诉。浙江省高级人民法院审理后判决驳回上诉，维持原判。

（来源：中国知识产权律师网）

【问题】什么是商业诋毁？"微信私聊"也构成商业诋毁吗？

【分析】

商业诋毁是指经营者通过捏造、散布虚假事实等不正当手段，损害竞争对手的商业信誉和商品声誉，削弱对手竞争能力的行为。商业信誉是社会对经营者商业道德、商品品质、价格、服务等方面的积极评价。商品声誉是社会对特定商品品质、性能的赞誉。商品声誉给经营者带来商业信誉，商业信誉促进商品声誉，它们是一种互动的关系。它们为经营者带来巨大的经济效益以及市场竞争中的优势地位。

该案中，永晟达公司与红日公司存属同业竞争关系，郑某系红日公司的法定代表人。郑某之前捏造并散布虚伪事实的行为已经公安机关处理，现郑某发送诋毁信息给永晟达公司客户，因该案当事人所属的陶瓷机械设备行业并非大众消费品，产品不为普通公众所熟知，客户相对确定，故郑某向竞争对手的特定客户散布虚伪事实，会给永晟达公司的商业信誉及商品声誉造成损害，构成商业诋毁行为。

该案是一起因通过微信聊天方式给竞争对手的客户发送虚伪信息而被认定为不正当竞争的典型案例，在微信高度普及的当下来说具有很强的代表性，谨记言论自由是有度的。

六、欺骗性有奖销售

【案情】

2018年7月28日，某县消协收到"县长信箱"转来的一封投诉信。投诉人张女士与其母7月25日去某百货商场购买日用品，在商场的抽奖活动中得到一个一等奖，然后花了810元以1.5折的低价购买了价值5 400元的银镶玉吊坠。回家后总感觉不踏实，怀疑受骗，遂向消协投诉，要求商家退货退款。

经调查，发现专柜现场显著位置摆放有5个抽奖盒，其中三个抽奖盒内奖券全部为无中奖标识奖券，两个抽奖盒内全部为一等奖标识奖券，同时在现场未见抽奖详细信息公示。在消协通知商场前来调解的当日，将此投诉移送县工商局，对其展开调查。

经查明：该商场从2017年1月1日起，在一楼大厅的饰品专柜开展有奖销售，促销珠宝、玉器类产品。累计销售额高达685 350.51元，县工商局根据相关法律法规，责令商场立即停止违法销售行为，同时没收违法所得151 130元。并要求该商场立即主动消除影响，妥善处理好消费者的投诉。7月30日，在消费者协会调解下，该商场退还了投诉人张女士购买吊坠款810元，并当场道歉。

（来源：成都市广播电视台官方网站）

【问题】

1. 本案中，商场的行为触犯了哪些法律规定？
2. 本案的处理对你有哪些启示？

【分析】

1. 本案中的经营者存在多项违法行为，一是触犯了价格法所规定的禁止条款"利用虚假的或者使人误解的价格手段诱骗消费者或者其他经营者与其进行交易"。二是触犯了《欺诈消费者行为处罚办法》中"以虚假的'有奖销售''还本销售'等方式销售商品"的规定，消费者有权按照《消费者权益保护法》第四十五条规定："消费者因经营者利用虚假广告或者其他虚假宣传方式提供商品或者服务，其合法权益受到损害的可以向经营者要求赔偿"。该商场应该受到相关部门的处罚。

2. 消协提醒广大消费者"天上不会掉馅饼"，对那些低于成本价"中大奖"的虚假宣传销售方式一定要警惕，不贪便宜，一旦发现自己的合法权益受到侵害要及时到相关部门投诉。

七、网店经营者之间的竞争

【案情】

小张最近比较头疼，公司在淘宝网上开了网店，但是浏览量一直比较小，销量也上不去，但他突然发现跟他经营同样业务的一个卖家最近的销量猛增，信用等级也迅速提高，经过多方调查，发现竞争对手找了职业的刷单、炒信人，将店铺的浏览量、收藏量和销量、好评都刷出了高度。

【问题】

1. 什么是"刷单炒信"？
2. 针对"刷单炒信"法律是如何规定的？

【分析】

1. "刷单炒信"，是指在网络交易平台上通过刷单方式炒作商家信用的行为，属于《电子商务法》《反不正当竞争法》等法律中禁止的以虚构交易、编造用户评价等方式进行虚假或者引人误解的宣传，欺骗、误导消费者的行为。它分为"正向刷单炒信"和"反向刷单炒信"。

2. 《反不正当竞争法》明确规定，经营者不得对其商品的销售状况、用户评价进行刷单、发布引人误解的虚假宣传内容，情节严重的，处一百万元以上二百万元以下的罚款，可以吊销营业执照。

2019年1月1日开始施行的《电子商务法》也将刷单定义为违法行为，规定"电子商务经营者不得以虚构交易、编造用户评价等方式进行虚假宣传，欺骗、误导消费者"。

这意味着刷单的组织在法律层面上没有了生存余地，但在网购平台上刷单现象仍然存在，一批"刷单组织"和"刷手"采取更为隐蔽的方式，甚至还有一些不法分子利用刷单的高额回报作为诱饵，进行五花八门的网络诈骗，所以大家需要提高警惕。

> 知识应用

一、请扫码看视频《盘点五花八门山寨货 脉动细看是脉劫》，并回答视频中的行为是哪一种不正当竞争行为。

央视新闻直播间视频

_____
_____
_____
_____
_____
_____
_____
_____
_____
_____

二、不正当的有奖销售

【案情】

2018年3月，晋江某商业管理有限公司举行有奖销售促销活动。活动期间，该公司通过发放抽奖券、宣传单、宣传册等途径对奖项信息进行了宣传，宣传内容为"抽取奔驰B200（20%首付款）""送奔驰首付款""送奔驰车首付"等，均未详细指定该奖项的具体车型及配置、兑奖条件及奖品金额等。

中奖者在兑奖时才被告知奖品是"奔驰B200动感型轿车20%首付款"，且兑奖条件为中奖者必须购买该款车、由该公司来付这20%的首付款，进而影响消费者兑奖。该公司的行为违反了《反不正当竞争法》第十条第（一）项的规定，晋江市市场监管局依法责令其停止违法行为并处以罚款。

【问题】

1. 该商场的有奖销售促销活动违反了法律的哪些规定？
2. 请联系生活中看到的商家的有奖销售的方式分析其合法性。

【分析】

_____
_____
_____
_____

三、虚假的广告宣传

【案情】

江苏的程先生在一知名美妆购物网站上陆续购买了某品牌系列面膜 56 瓶,某品牌芦荟片 125 盒,某品牌酵素粉 22 盒和玛咖精片 9 盒,一共花了 2.7 万余元。随后,程先生发现这些产品的宣传用语都存在违法情况。

例如,面膜相关网页上宣称"世界上最好的面膜、全球销量第一、口碑全球第一、客户忠实度全球第一"等;芦荟片称具有"润肠通便、美白养颜、排毒减脂、延缓衰老"等功效;酵素粉号称"纤体、通便、排毒、美肌";玛咖精片则宣传具有"提升精力、补肾强精、增加精子活力、改善睡眠"等多种功效。

程先生认为,该网站对化妆品和普通食品进行一系列内容虚假、夸大功效的宣传,误导了消费者,其行为构成欺诈,诉至江苏吴中法院要求网站退还货款 2.7 万余元,并支付三倍赔偿金 8 万余元。

【问题】

1. 网站上关于这些产品的宣传用语是否违反了《广告法》的规定?
2. 法院是否会支持消费者的诉讼请求?为什么?

【分析】

四、互联网经营者的竞争

淘宝(中国)软件有限公司(以下简称淘宝公司)系淘宝网运营商。淘宝公司开发的"生意参谋"数据产品(以下简称涉案数据产品)能够为淘宝、天猫店铺商家提供大数据分析参考,帮助商家实时掌握相关类目商品的市场行情变化,改善经营水平。涉案数据产品的数据内容是淘宝公司在收集网络用户浏览、搜索、收藏、加购、交易等行为痕迹信息所产生的巨量原始数据基础上,通过特定算法深度分析过滤、提炼整合而成的,以趋势图、排行榜、占比图等图形呈现的指数型、统计型、预测型衍生数据。

安徽美景信息科技有限公司(以下简称美景公司)系"咕咕互助平台"的运营商,其以提供远程登录已订购涉案数据产品用户电脑技术服务的方式,招揽、组织、帮助他人获取涉案数据产品中的数据内容,从中牟利。淘宝公司认为,其对数据产品中的原始数据与衍生数据享有财产权,被诉行为恶意破坏其商业模式,构成不正当竞争。遂诉至法院,请求判令:美景公司立即停止涉案不正当竞争行为,赔偿其经济损失及合理费用500万元。

最终一审法院认定美景公司侵权,并判赔200万元,二审判决驳回上诉,维持原判。

(来源:浙青网)

【问题】请根据所学知识分析本案中的不正当竞争行为。

【分析】

延伸阅读

爬取数据,当心"踩雷"

详情请扫描二维码

(来源:中国知识产权律师网)

实训任务

一、任务名称

为企业制定节日促销活动方案并判断促销方案的合法性。

二、任务目的

将《反不正当竞争法》和《广告法》的相关内容运用到实际的工作和生活中。

三、任务要求

(一) 内容要求

1. 制定节日促销活动方案。
2. 格式完整，内容合法。

(二) 完成任务需要最终提交的材料

1. 促销方案。
2. 方案合法性的说明。

(三) 汇报与展示

各学习团队 PPT 展示汇报设计过程，以及介绍设计过程中团队分工与合作情况，并由队长公布队员参与度。

(四) 评价

1. 实训任务纳入过程性考核成绩，学习团队得分将根据以上各项的完成情况由教师给出。
2. 团队队长对队员的贡献进行评价。
3. 队员得分将根据团队得分与团队队长的评价按比例计算得出。

项目二　提升产品和服务质量，保护消费者权益

导入案例

奔驰女车主维权事件

维权事件时间梳理：

3月27日：薛女士在西安利之星以总价66万元，首付20余万元价格购入一辆奔驰车。刚出店门被提示油量不足，销售人员承诺可于次日将车开回店内处理。

3月28日：薛女士将车开到4S店加机油却被告知需要对车做系统升级，并称需要德国方面配合。

4月1日：4S店称退款较麻烦，可换车并给予补偿，三天办完，薛女士同意了该解决方案。

4月8日：利之星店方一反此前态度，称按照国家汽车三包政策只能换发动机，薛女士拒绝。

4月9日：薛女士前往店内坐在一台奔驰展车引擎盖上，向围观群众哭诉了这段购车维权遭遇。视频经网友上传至网络，引发媒体关注。

4月12日：西安市市场监管部门介入调查，并将涉事车辆封存。

4月16日：薛女士与两位奔驰高管会谈后达成和解，4S店承诺为其更换同款同色新车。

5月3日：薛女士在接受某次专访中曾表示"有人找代言，价格随便谈"，但其拒绝。

5月10日：国家市场监管总局就"西安奔驰漏油"事件及相关问题约谈奔驰。相关司局负责人：奔驰4S店收取"金融服务费"等违法，交付不合格汽车产品的应当依法退换货，不得曲解汽车"三包"规定。

5月27日：西安市市场监督管理局高新分局：西安利之星汽车有限公司被处以100万元罚款。

6月11日：薛女士于奔驰店提回新车，被收取的1.5万元服务费也已被退还。

9月11日，中国银保监会发布了一份处罚信息表，显示梅赛德斯－奔驰汽车金融有限公司因"对外包活动管理存在严重不足"问题，北京银保监局依法对其行政处以80万元的罚款。作出处罚决定的日期显示为2019年9月2日。

（来源：金融界网站）

知识简介

一、消费者权益保护法的适用对象

（1）消费者是指为个人生活消费需要购买、使用商品和接受服务的自然人。从事消费活动的社会组织、企事业单位不属于消费者保护法意义上的"消费者"。

（2）农民购买使用直接用于农业生产的消费资料时，参照《消费者权益保护法》执行。

（3）经营者。经营者为消费者提供其生产、销售的商品或者提供服务，适用《消费者权益保护法》。《消费者权益保护法》以保护消费者利益为核心，经营者作为消费者权益保护法保护对象的对立面，首先应当遵守该法的有关规定。

二、《消费者权益保护法》规定的消费者的主要权利

1. 安全权

消费者在购买、使用商品和接受服务时享有人身、财产安全不受损害的权利，简称安全权。安全权包括两方面内容：一是人身安全权，二是财产安全权。

2. 知情权

消费者享有知悉其购买、使用的商品或者接受的服务的真实情况的权利，简称知情权。

3. 自主选择权

消费者享有自主选择商品或者接受服务的权利，简称自主选择权。

4. 公平交易权

消费者享有公平交易的权利，简称公平交易权。消费者的公平交易权主要表现在：一是有权获得公平交易条件。如有权获得质量保障、价格合理、计量正确等交易条件。二是有权拒绝经营者的强制交易行为。如强迫消费者购物或接受服务、强迫搭售等。

5. 求偿权

消费者享有依法获得赔偿的权利，简称求偿权。

6. 结社权

消费者享有依法成立维护自身合法权益的社会团体的权利，简称结社权。

在我国，消费者社会团体主要是中国消费者协会和地方各级消费者协会（或消费者委员会）。

7. 获知权

消费者享有获得有关消费和消费者权益保护方面的知识的权利，简称求教获知权。

8. 受尊重权

消费者在购买、使用商品和接受服务时，享有其人格尊严、民族风俗习惯得到尊重的权利，简称人格尊严和民族风俗习惯受尊重权。

9. 监督权

消费者享有对商品和服务以及保护消费者权益工作进行监督的权利，简称监督权。消费者监督具体表现为：有权检举、控告侵害消费者权益的行为；有权检举、控告消费者权益的保护工作者的违法失职行为；有权对保护消费者权益的工作提出批评、建议。

10. 个人信息权

消费者在购买、使用商品和接受服务时，享有个人信息依法得到保护的权利。

请说明你认为消费者还应该具有哪些权利？

_____
_____
_____
_____
_____
_____
_____
_____
_____
_____

三、《消费者权益保护法》规定的经营者的主要义务

消费者权利的实现有赖于经营者义务的履行，只有经营者切实履行自己依法应承担的义务，消费者的各项权利才能实现，否则所有的权利都是空谈。所以，《消费者权益保护法》规定了经营者应承担的主要义务：

1. 履行法定和约定义务

经营者向消费者提供商品或者服务，应当依照《消费者权益保护法》和其他有关法律、法规的规定履行义务。

经营者和消费者有约定的，应当按照约定履行义务，但双方的约定不得违背法律、法规的规定。

经营者向消费者提供商品或者服务，应当诚信经营，保障消费者的合法权益。

2. 接受监督的义务

经营者应当听取消费者对其提供的商品或者服务的意见，接受消费者的监督。

此项义务与消费者的监督权相对应。经营者接受监督，主要是通过设立意见箱、意见簿、投诉电话等方式进行的。经营者对消费者的投诉应当及时处理。

3. 安全保障义务

安全权是消费者最主要的权利，这一权利的实现要求经营者应当保证其提供的商品或者服务符合保障人身、财产安全的要求。此项义务与消费者的安全权相对应。对可能危及人身、财产安全的商品和服务，经营者应当向消费者作出真实的说明和明确的警示，并说明和标明正确使用商品或者接受服务的方法以及防止危害发生的方法。

宾馆、商场、餐馆、银行、机场、车站、港口、影剧院等经营场所的经营者，应当对消费者尽到安全保障义务。

当经营者发现其提供的商品或者服务存在严重缺陷，即消费者正确使用商品或者接受服务仍然可能对人身、财产安全造成危害时，经营者应当立即向有关行政部门报告，并告知消费者和采取防止危害发生的措施。

4. 提供真实信息的义务

经营者应当提供真实信息，具体包括：①经营者向消费者提供有关商品或者服务的质量、性能、用途、有效期限等信息，应当真实、全面，不得作虚假或者引人误解的宣传。②经营者对消费者就其提供的商品或者服务的质量和使用方法等问题提出的询问，应当作出真实、明确的答复。③经营者提供商品或者服务应当明码标价。此项义务与消费者的知情权相对应。

5. 标明其真实名称和标记的义务

经营者应当标明其真实名称和标记。该义务还要求租赁他人柜台或者场地的经营者，应当标明其真实名称和标记。

6. 出具凭证或单据的义务

经营者提供商品或者服务，应当按照国家有关规定或者商业惯例向消费者出具发票等购货凭证或者服务单据；消费者索要发票等购货凭证或者服务单据的，经营者必须出具。

7. 保证质量的义务

经营者应当保证在正常使用商品或者接受服务的情况下其提供的商品或者服务应当具有的质量、性能、用途和有效期限；但消费者在购买该商品或者接受该服务前已经知道其存在瑕疵，且存在该瑕疵不违反法律强制性规定的除外。

经营者以广告、产品说明、实物样品或者其他方式表明商品或者服务的质量状况的，应当保证其提供的商品或者服务的实际质量与表明的质量状况相符。

8. 履行退货、更换、修理的义务

（1）一般退货义务。

经营者提供的商品或者服务不符合质量要求的，消费者可以依照国家规定、当事人约定退货，或者要求经营者履行更换、修理等义务。没有国家规定和当事人约定的，消费者可以自收到商品之日起7日内退货；7日后符合法定解除合同条件的，消费者可以及时退货，不符合法定解除合同条件的，可以要求经营者履行更换、修理等义务。

依照上述规定进行退货、更换、修理的，经营者应当承担运输等必要费用。

（2）网络购物七天无理由退货。

七天自消费者签收商品的次日开始计算。网络商品销售者收到退货通知后，应当及时向

消费者提供真实、准确的退货地址、联系人、联系电话等有效联系信息。退货运费由消费者承担，经营者与消费者另有约定的，按照约定。

不适用无理由退货的商品包括：

①消费者定作的。②鲜活易腐蚀的。③在线下载或消费者拆封的音像制品、计算机软件等数字化商品。④交付的报纸报刊。

除上述所列商品外，其他根据商品性质并经消费者在购买时确认不宜退货的商品，不适用无理由退货。

经营者采用电视、电话、邮购等方式销售商品，可依照网络购物无理由退货制度的规则来执行。

9. 正确使用格式条款的义务

为了保证消费者的公平交易权，经营者不得以格式合同、通知、声明、店堂告示等方式对消费者作出不公平、不合理的规定，减轻、免除其损害消费者合法权益应当承担的民事责任。

经营者在经营活动中使用格式条款的，应当以显著方式提请消费者注意商品或者服务的数量和质量、价款或者费用、履行期限和方式、安全注意事项和风险警示、售后服务等与消费者有重大利害关系的内容，并按照消费者的要求予以说明。

经营者在格式合同、声明、店堂告示等含有对消费者作出不公平、不合理的规定或减轻、免除经营者损害赔偿责任等内容的，其内容无效。

10. 不得侵犯消费者人格权的义务

此项义务与消费者的受尊重权相对应。经营者不得对消费者进行侮辱、诽谤，不得搜查消费者的身体及其携带的物品，不得侵犯消费者的人身自由。

11. 保护消费者个人信息的义务

保护消费者个人信息，主要有三方面：

一是在收集、使用消费者个人信息时，应当遵循合法、正当、必要的原则，明示收集、使用信息的目的、方式和范围，并经消费者同意。

二是对于已掌握的消费者个人信息，必须严格保密、不得泄露、出售或者非法向他人提供。同时，应采取必要措施确保信息安全，并在信息泄露、丢失时及时加以补救。

三是避免以商业信息骚扰消费者，即经营者未经消费者同意或者请求，或者消费者明确表示拒绝的，不得向其发送商业性信息。

重点知识记录：

_____
_____
_____
_____
_____
_____
_____

案例分析

一、就餐时财物被盗，顾客如何维权？

【案情】

陈某某日与家人前往某饭店就餐，将上衣脱下放在座位旁的椅子上。用餐完毕后，陈某突然发现上衣兜内的 3 200 元现金、手机等物品被人盗走，遂要求饭店赔偿。店方则认为，餐厅醒目位置张贴有"请妥善保管好自己的财物，谨防小偷！"字样的大幅标语告示，店方已尽到提醒警示义务，陈某的财物被盗系其自己保管不善造成，店方不应予以赔偿。陈某则认为，店内虽已张贴告示，但未提供存包服务及保安等有效措施，致其财物被盗，理应赔偿。双方协商未果，遂形成纠纷，陈某依据双方达成的仲裁协议向某仲裁委员会申请仲裁，要求饭店赔偿其各项损失共计 4 800 元。

（来源：济宁新闻网）

【问题】 店内张贴警示标语，是否可以对顾客丢失财物免责？

【分析】

《消费者权益保护法》第七条规定："消费者在购买、使用商品和接受服务时享有人身、财产安全不受损害的权利。"陈某到饭店就餐，与饭店之间构成消费者与经营者之间的关系，饭店对其提供的服务有保证安全的义务，陈某在就餐接受服务时享有财产安全不受损害的权利。《消费者权益保护法》第十八条规定："经营者应当保证其提供的商品或服务符合保障人身、财产安全的要求。对可能危及人身、财产安全的商品和服务，应当向消费者作出真实的说明和明确的警示，并说明和标明正确使用商品或接受服务的方法以及防止危害发生的方法。"

本案中，饭店虽已张贴警示标语，提醒顾客注意保管好私人财物，履行了部分义务，但未能提供存包服务或其他有效的保安服务，以防止顾客财物被盗，其在保障顾客财产安全方面存在服务瑕疵，未完全尽到经营者在合理限度范围内的安全保障义务，致使陈某财产权受到侵害，应当承担相应的民事责任。同时，陈某对自己的财物照看不周、保管不善，亦有部分责任。因此，根据双方应当承担的民事责任，陈某可以要求饭店赔偿部分损失，同时自己也应承担部分损失。

本案的处理结果是：仲裁庭根据相关法律规定裁决店方于 3 日内赔偿陈某各项损失共计 2 100 元。

二、销售过期食品，消费者如何维权？

【案情】

2018 年 10 月 21 日，熊某在晋江市甲超市购买乡下香原味鸡翅一包，截至购买日，该包鸡翅已过保质期。次日，其又在晋江市乙超市购买吉百年松花皮蛋一盒，截至购买日，该盒皮蛋也已过保质期。

随后，熊某来到晋江市法院某法庭，先后对两家超市提起诉讼，并请求两家超市退还货款并支付惩罚性赔偿金各 1 000 元。

晋江市法院某法庭经审理，认为食品的购买日期、地点有原告提供的购物小票为证，上面显示购买时间、价格、编号等。根据案件情况，法官耐心做双方思想工作，最终双方均同意进行调解。

（来源：华律网）

【问题】

1. 明知食品已过保质期而购买的人是否仍是普通意义上的消费者？是否受《消费者权益保护法》的保护？

2. 超市应否按规定予以赔偿？

【分析】

1. 根据国际标准化组织消费者政策委员会为消费者所下的定义（为个人目的购买或使用商品和服务的个体社会成员），熊某应为受《消费者权益保护法》保护的消费者。《消费者权益保护法》第六条第二款规定："国家鼓励、支持一切组织和个人对损害消费者合法权益的行为进行社会监督。"第十五条第五款规定："消费者享有对商品和服务以及保护消费者权益工作进行监督的权利。"

2. 针对熊某是否"知假买假"问题，根据最高人民法院审判委员会于 2013 年 12 月 9 日通过的《最高人民法院关于审理食品药品纠纷案件适用法律若干问题的规定》第三条规定，"因食品、药品质量问题发生纠纷，购买者向生产者、销售者主张权利，生产者、销售者以购买者明知食品、药品存在质量问题而仍然购买为由进行抗辩的，人民法院不予支持。"因此在该案调解过程中，法院认为，两家超市虽以熊某系故意购买过期食品为由进行辩解，但该辩解并不能得到支持。

此外，根据 2015 年 4 月 24 日修订、2015 年 10 月 1 日起实施的《中华人民共和国食品安全法》第一百四十八条第二款的规定："生产不符合食品安全标准的食品或者经营明知是不符合食品安全标准的食品，消费者除要求赔偿损失外，还可以向生产者或者经营者要求支付价款 10 倍或者损失 3 倍的赔偿金；增加赔偿的金额不足 1 000 元的，为 1 000 元。但是，食品的标签、说明书存在不影响食品安全且不会对消费者造成误导的瑕疵除外。"该条规定已经对赔偿金额的最低标准进行限定。

本案的处理结果：经该院调解，两家超市均当场对熊某进行赔偿，赔偿金各 1 000 元。之后熊某向法院提出撤诉申请。

提醒：

商家应自觉下架过期食品。在食品、药品领域，消费者"知假买假"并不影响其消费者依法维护自身权益，即使消费者明知是存在质量问题的食品、药品而购买的，仍可要求索赔维权。超市等销售食品、药品的商家应以此为鉴，自觉下架过期食品，否则将因小失大！

延伸阅读

消费者维权典型案例

详情请扫描二维码

（来源：搜狐网）

三、七天无理由退货的条件

【案情】

一位消费者向消费者协会投诉,他为了储存茶叶,在某电商平台的一家电器专营店看中了一款冰柜,便向客服咨询该款冰柜是否适合存放茶叶,客服给予了肯定的回复。消费者当即下了订单。待冰柜送到后,消费者按要求通电两小时再放入茶叶,第二天却发现冰柜内水流较多,将茶叶包装浸湿,观察两日后,发现流水现象仍然不断,湿度太大,根本不适宜存放茶叶。

于是,消费者与该店客服沟通,要求按照"七天无理由退货"的规定退货退款。但客服表示,网页上已经明示"如有通电通水或包装箱损毁丢失,影响二次销售情况下,不支持七天无理由退换货",因此拒绝了消费者的退货要求。

消费者认为,客服在售前咨询中做出了带有误导性的表述,且该冷柜购买后又在"七天无理由退货"时间范围内,也没有对冰柜造成难以恢复原状的外观使用痕迹,理应退货。

消费者曾和该冷柜生产厂家沟通,厂家称没有规定该款冷柜通电后就不适用"七天无理由退货"。通电后不能退货,是销售商自制的格式条款。

【问题】

怎么认定商品是否完好?该消费者能否要求适用"七天无理由退货"的规定?

【分析】

原国家工商总局颁布的《网络购买商品七日无理由退货暂行办法》第八条规定:"消费者退回的商品应当完好。商品能够保持原有品质、功能,商品本身、配件、商标标识齐全的,视为商品完好。消费者基于查验需要而打开商品包装,或者为确认商品的品质、功能而进行合理的调试不影响商品的完好",显然,消费者对冷柜通电属于"为确认商品的品质、功能而进行合理的调试",不影响商品的完好,符合"七天无理由退货"的条件。

经营者以格式条款的形式规定"通电后不支持七天无理由退货",属于减轻或免除自身责任,加重消费者责任的不公平、不合理规定,是无效的。

四、公益诉讼

【案情】

李先生购买了某公司生产的按摩椅,但使用一年多后出现停滞、接触不良等现象,李先生多次将按摩椅送往生产厂家修理,但仍故障频频,李先生无奈将其收入了储藏间不再使用。而上周,按摩椅生产厂家宣布因质量原因,全球召回该款按摩椅,但召回区域不包括中国。李先生看着新闻叹了口气,怎么办呢?为了一台半旧的按摩椅花钱费时间打官司太划不来了。

【问题】 李先生应该如何维护自己的权利?

【分析】

本案中,李先生可以请求当地的消协提起公益诉讼。根据《消费者权益保护法》第三十七条第一款第七条规定,消费者协会就损害消费者合法权益的行为,支持受损害的消费者提起诉讼或者依照本法提起诉讼。

近几年来,不断出现侵犯消费者权益的群体性消费事件,对于消费纠纷数额较小的事件,相当多的消费者衡量维权成本后,出于各种原因不愿意维权。在存在霸王条款、虚假宣传的群体性消费事件中,由于消费者势单力薄、举证困难,且案件诉讼周期长、花费较大,消费维权常常陷入尴尬境地,"赢了官司输了钱"的结局让不少人望而却步。《消费者权益保护法》明确了消协的诉讼主体地位,中国消费者协会和在省、自治区、直辖市设立的消费者协会可针对"侵害众多消费者合法权益"的行为提起公益诉讼。

延伸阅读

消协组织提起的公益诉讼案件

2018年,小鸣单车因未能退还用户押金被广东省消费者委员会告上法庭,这是全国首例共享单车消费民事公益诉讼案。2018年3月22日,广州市中院进行了公开宣判。判决指出,运营小鸣单车的悦骑公司应按承诺向消费者退还押金,如不能满足承诺,则应对新注册消费者暂停收取押金,同时向申请退还押金的消费者及时退还。此外,法院还判决悦骑公司在指定媒体上发表赔礼道歉声明。

2019年2月18日,长隆集团因多个场所存在"以身高作为未成年人优惠票标准"的问题,被广东消委会提起公益诉讼,这是国内首例未成年人消费公益被受理的诉讼案。广东消委会请求法院判令被告停止以身高排除和限制不特定大多数未成年人消费者权利的侵害行为。法院立案后,长隆集团明晰了旗下主题公园各票种和适用条件,对旗下主题公园"学生票"进行调整,明确了对全体未成年人的门票优惠。鉴此,广东消委会向法院提出撤诉申请,广州中院经审查后,于2月25日裁定准许撤诉。

(来源:界面新闻)

五、产品说明书与实际不符怎么办?

【案情】

甲在某商场购得一台"多功能食品料理机",回家试用后发现该产品只有一种功能,遂向商场提出退货,商场答复:"该产品说明书未就其性能作明确说明,这是厂家的责任,所以顾客应向厂家索赔,商场概不负责。"

【问题】

1. 该产品是合格产品吗?
2. 谁应对该产品负责?
3. 作为消费者,甲的哪些合法权益被侵犯了,他该如何维权?

【分析】

1. 该产品存在产品名称与实际性能不符的问题,即名为"多功能食品料理机",但实际上只有一种功能,产品的实际质量状况完全不符合产品名称表明的质量状况,违反了我国《产品质量法》第二十六条的规定,属于不合格产品。

2. 本品属于瑕疵产品,应由商场先行按照消费者甲的要求给予退货,然后商场可以向生产厂家追偿损失。

因为我国《产品质量法》第四十条规定:"售出的产品有下列情形之一的,销售者应当负责修理、更换、退货；给购买产品的消费者造成损失的，销售者应当赔偿损失；……（三）不符合以产品说明、实物样品等方式表明的质量状况的。销售者依照前款规定负责修理、更换、退货、赔偿损失后，属于生产者的责任或者属于向销售者提供产品的其他销售者（以下简称供货者）的责任的，销售者有权向生产者、供货者追偿"。

3. 甲作为消费者，甲的权利可分两方面的内容：

（1）甲对产品的知悉真情权和公平交易权，由于经营者未对产品性能作出明确说明，使甲基于误解而购买，故经营者侵犯了甲享有的上述权利。

（2）甲的合法权益受到侵害后享有要求商场退货和赔偿损失的权利。

甲向商场提出退货被商场拒绝，商场的做法违反了《产品质量法》和《消费者权益保护法》规定的销售者义务，甲可请求消费者协会调解，也可请求产品质量监督部门或者工商行政管理部门责令商场改正、处以罚款，也可直接向人民法院提起诉讼（因未和商场达成仲裁协议不能申请仲裁）。

知识扩展

《产品质量法》关于生产者、销售者的产品质量责任和义务的规定

一、生产者的产品质量责任和义务：

（一）生产者提供的产品，质量应当符合下列要求

1. 不存在危及人身、财产安全的不合理的危险，有保障人体健康和人身、财产安全的国家标准、行业标准的，应当符合该标准。

2. 具备产品应当具备的使用性能，但是，对产品存在使用性能的瑕疵作出说明的除外。

3. 符合在产品或者其包装上注明采用的产品标准，符合以产品说明、实物样品等方式表明的质量状况。

（二）产品或者其包装上的标识必须真实，并符合下列要求

1. 有产品质量检验合格证明。

2. 有中文标明的产品名称、生产厂厂名和厂址。

3. 根据产品的特点和使用要求，需要标明产品规格、等级、所含主要成分的名称和含量的，用中文相应予以标明；需要事先让消费者知晓的，应当在外包装上标明，或者预先向消费者提供有关资料。

4. 限期使用的产品，应当在显著位置清晰地标明生产日期和安全使用期或者失效日期。

5. 使用不当，容易造成产品本身损坏或者可能危及人身、财产安全的产品，应当有警示标志或者中文警示说明。

裸装的食品和其他根据产品的特点难以附加标识的裸装产品，可以不附加产品标识。

二、销售者的产品质量责任和义务

1. 销售者应当执行进货检查验收制度，验明产品的合格证明和其他标识。

2. 销售者应当采取措施，保证销售产品的质量。

3. 销售者的产品标识义务与生产者一样。

4. 销售者不得违反法律的禁止性规定。

延伸阅读

产品质量监督抽查制度

产品质量监督抽查是国家市场监督管理部门及地方市场监督管理部门按照产品质量监督计划，定期在流通领域抽取样品进行监督检查，了解被抽查企业及其产品的质量状况，并按期发布产品质量监督抽查公报，对抽查的样品不合格的企业采取相应处理措施的一种国家监督活动。

一、抽查的产品范围

产品质量监督抽查的产品范围包括三个方面：

1. 可能危及人体健康，人身、财产安全的产品，如食品、药品、医疗器械和医用卫生材料、化妆品、压力容器、易燃易爆产品等。

2. 影响国计民生的重要工业产品，如农药、化肥、种子、计量器具、烟草，以及有安全要求的建筑用钢筋、水泥等。

3. 消费者、有关社会组织反映有质量问题的产品，包括群众投诉、举报的假冒伪劣产品，掺杂掺假，以假充真，以次充好，以不合格产品冒充合格产品，造成重大质量事故的产品等。

二、抽样的要求

1. 随机抽取

《产品质量法》规定，抽取的样品应当在流通市场上或企业成品仓库内的待销产品中随机抽取。要求随机抽取样品，可以防止生产者、销售者弄虚作假，保证抽样检查的客观性、公正性。

2. 禁止重复抽样

《产品质量法》特别规定国家监督抽查的产品，地方不得另行重复抽查；上级监督抽查的产品，下级不得另行重复抽查。

3. 对抽查检验的要求

《产品质量法》规定，根据监督抽查的需要，可以对产品进行检验。检验抽取样品的数量不得超过检验的合理需要，并不得向被检查人收取检验费用。监督抽查所需检验费用按照国务院规定列支。

国家市场监督管理总局抽查通告

六、获得赔偿权的行使

【案情】

张女士在某百货商店购买了一件纯羊毛大衣，售价 1 280 元。商店标明"换季商品，概不退换"，穿了三天后衣服起满毛球，于是进行质量鉴定，结果证明羊毛大衣所用原料为 100% 腈纶，张女士到购买衣服的百货店要求退货并赔偿因此而造成的损失，商店工作人员答复：当时标明"换季商品，概不退换"，再说店内该柜是出租给个体户的，现在他已破产，租借柜台的费用尚未付清，人也找不到，你只好自认倒霉。

【问题】

1. 商店侵犯了消费者的哪些权利？
2. 商店应如何承担责任？

【分析】

1. 商店侵犯了消费者的知情权、赔偿请求权等权利。商场将原料为 100% 腈纶的大衣标明为"羊毛"大衣，明显存在与实际质量不符的情况，侵犯了消费者知悉商品真实情况的权利。并且在消费者要求退货并赔偿时以借口拒不退货，侵犯了消费者的赔偿请求权。消法规定，经营者不得以格式合同、通知、声明、店堂告示等方式作出对消费者不公平、不合理的规定，或者减轻、免除其损害消费者合法权益应当承担的民事责任。格式合同、通知、声明、店堂告示等含有前款所列内容的，其内容无效。因此，商场所做的"换季商品，概不退换"的免责条款侵犯了消费者的损害赔偿请求权，其内容无效。

2. 根据消法规定，消费者在展销会、租赁柜台购买商品或者接受服务，其合法权益受到损害的，可以向销售者或者服务者要求赔偿。所以，商店在出租柜台的情况下应先行赔偿消费者。并且本案中经营者提供的商品有欺诈行为，消费者可以要求增加赔偿。增加赔偿的金额为消费者购买商品的价格的三倍。

知识扩展

消费者的维权对象和途径

1. 消费者损害赔偿请求权的行使对象

（1）消费者在购买、使用商品时，其合法权益受到损害的，可以向销售者要求赔偿。

（2）消费者或其他受害人因商品缺陷造成人身、财产损害的，可以向销售者要求赔偿，也可以向生产者要求赔偿。

（3）消费者在接受服务时，其合法权益受到损害的，可以向服务者要求赔偿。

（4）消费者在购买、使用商品或接受服务时，其合法权益受到损害，因原企业分立、合并的，可以向变更后承受其权利义务的企业要求赔偿。

（5）使用他人营业执照的违法经营者提供的商品或服务，损害消费者合法权益的，消费者可以向其要求赔偿，也可以向营业执照的持有人要求赔偿。

（6）消费者在展销会、租赁柜台购买商品或者接受服务，其合法权益受到损害的，可以向销售者或者服务者要求赔偿。

(7) 消费者因经营者利用虚假广告提供商品或服务，其合法权益受到损害的，可以向经营者要求赔偿。

2. 消费者权益争议的解决方式

(1) 与经营者协商。
(2) 请求消费者协会调解。
(3) 向有关行政部门申诉。
(4) 根据与经营者达成的仲裁协议提请仲裁机构仲裁。
(5) 向人民法院诉讼。

延伸阅读

日常生活中常见的"无效格式条款"

条款一：免费寄存，不负保管以及赔偿的责任。

超市保管消费者包裹或物品的行为既是服务行为又是经营行为。寄物柜证明超市与消费者构成了保管合同关系，但超市作为保管人是无偿的。

《合同法》第三百七十四条规定，保管人在自身存在重大过失的情况下应当承担损害赔偿责任；至于是否有重大过失，保管人自己应当承担举证责任。因此，超市这条规定显然是对消费者不公平、不合理的规定，其目的是企图免除其损害消费者合法权益应当承担的民事责任。

条款二：本活动的最终解释权归商家所有。

这条是典型的"霸王条款"，甚至已经发展成了行业惯例，在服务行业具有普遍性，其目的就是商家想在促销活动中拥有绝对的权利。

《合同法》第四十一条规定：对格式条款的理解发生争议的，应当按照通常理解予以解释。对格式条款有两种以上解释的，应当作出不利于提供格式条款一方的解释。在履行合同发生争议时，商场的解释只是合同一方当事人的解释，而且应当作出不利于提供格式条款商家的解释。

由此可见，合同解释权应当在消费者与商家双方平等协商的基础上共同拥有，其最终解释权，则在于司法机关或行政主管部门，并非开展促销活动的商家。商家单方告示拥有最终解释权，其企图是商家与消费者一旦发生消费纠纷，该声明就成为推卸责任的法宝和挡箭牌。但商家这一声明侵害了消费者的索赔权和救济权，属于无效的民事行为。

条款三：商家在保修卡上注明包修期"从出厂日期"算起。

该条款违反了《部分商品修理更换退货责任规定》第八条"三包有效期自开具发票之日算起"的规定。

按照该商家的规定，主要部件的包修期从出厂日期开始计算，如果自商品出厂到消费者购买期间的时间长于厂家承诺的"三包"期限，则消费者购买到的就是不具备"三包"服务的商品。该条款剥夺了消费者享受"三包"服务的权利，免除了自身应承担的"三包"义务。

条款四：类似"售出商品，概不退还""打折商品不退不换""本洗衣店损坏、丢失衣物最高赔偿金额不超过洗衣费的10倍""寄存物品丢失最高赔偿200元"等告示。

《消费者权益保护法》第二十六条规定，经营者不得以格式条款、通知、声明、店堂告示等方式，作出排除或者限制消费者权利、减轻或者免除经营者责任、加重消费者责任等对消费者不公平、不合理的规定，不得利用格式条款并借助技术手段强制交易。格式条款、通知、声明、店堂告示等含有前款所列内容的，其内容无效。

以上四则店堂告示免除了经营者的"三包"义务，减轻了经营者应承担的赔偿责任，违反了《消费者权益保护法》的有关规定，显失公正，都属于无效条款。经营者的店堂告示内容必须符合国家法律法规的规定，如果其内容存在不公平、不合理的地方，或者减轻、免除了其应当承担的民事责任，一律无效。

条款五：饭店的提示语："本店谢绝自带酒水，否则按××收取服务费。"

《消费者权益保护法》第九条规定，消费者享有自主选择商品或服务的权利。消费者有权自主选择提供商品或服务的经营者，自主选择商品品种或服务方式，自主决定购买或不购买任何一种商品，接受或不接受任何一种服务。

所谓"谢绝自带酒水"的规定，明显侵犯了消费者自主选择商品或服务的权利。

作为消费者，在识别无效格式条款时，只要抓住"免除商家责任""加重自己责任或排除自己权利的"的表述，就可以基本判断该格式条款无效。消费者在面对合同中突出显示的，如标黄、加粗、倾斜等条款，切记要求商家进行解释说明。

（来源：两高法律资讯）

七、举证责任

【案情】

上海的汪女士2018年10月在某品牌专柜为父母购买了一台腿部按摩器和一台颈椎按摩器。由于加热、开关等频出故障，两台按摩器先后于当年12月和第二年2月更换过。不料，按摩器再次出现故障。汪女士以产品质量问题要求退货，却遭专柜方面拒绝。对方表示，汪女士需拿出权威机构出具的检测报告，确认属于产品质量问题方可退货。

2018年12月中旬，市民许先生在某4S店购买了一辆轿车，价格为10.49万元。车行承诺赠送真皮座椅。提车时，许先生发现车行赠送的座椅不像是真皮的。许先生当场提出质疑，要求车行更换座椅，车行则坚称座椅是真皮的，不肯为其更换。

【问题】请分析这两个案例中消费者是否需要承担举证责任。

【分析】

《消费者权益保护法》规定，经营者提供的机动车、计算机、电视机、电冰箱、空调器、洗衣机等耐用商品或者装饰装修等服务，消费者自接受商品或者服务之日起6个月内发现瑕疵，发生争议的，由经营者承担有关瑕疵的举证责任。即由经营者证明其耐用商品无质量问题。耐用消费品是指那些使用寿命较长，一般可多次使用的消费品。耐用消费品由于购买次数少，因而消费者的购买行为和决策较慎重。耐用消费品的典型适用产品如：家用电器、家具、汽车等。

本案中，汪女士购买的按摩器和许先生购买的汽车均属于耐用消费品，而且都不超过6个月的期限，所以应该由经营者来证明产品没有质量问题，消费者无须举证。

延伸阅读

《部分商品修理更换退货责任规定》的部分内容

第三条 列入目录的产品实行谁经销谁负责三包的原则。销售者与生产者、销售者与供货者、销售者与修理者之间订立的合同，不得免除本规定的三包责任和义务。

第四条 目录中规定的指标是履行三包规定的最基本要求。国家鼓励销售者和生产者制定严于本规定的三包实施细则。

本规定不免除未列入目录产品的三包责任和销售者、生产者向消费者承诺的高于列入目录产品三包的责任。

第五条 销售者应当履行下列义务：

（一）不能保证实施三包规定的，不得销售目录所列产品。

（二）保持销售产品的质量。

（三）执行进货检查验收制度，不符合法定标识要求的，一律不准销售。

（四）产品出售时，应当开箱检验，正确调试，介绍使用维护事项、三包方式及修理单位，提供有效发票和三包凭证。

（五）妥善处理消费者的查询、投诉，并提供服务。

第六条 修理者应当履行下列义务：

（一）承担修理服务业务。

（二）维护销售者、生产者的信誉，不得使用与产品技术要求不符的元器件和零配件。认真记录故障及修理后产品质量状况，保证修理后的产品能够正常使用30日以上。

（三）保证修理费用和修理配件全部用于修理。接受销售者、生产者的监督和检查。

（四）承担因自身修理失误造成的责任和损失。

（五）接受消费者有关产品修理质量的查询。

第七条 生产者应当履行下列义务：

（一）明确三包方式。生产者自行设置或者指定修理单位的，必须随产品向消费者提供三包凭证，修理单位的名单、地址、联系电话等。

（二）向负责修理的销售者、修理者提供修理技术资料、合格的修理配件，负责培训，提供修理费用。保证在产品停产后五年内继续提供符合技术要求的零配件。

（三）妥善处理消费者直接或者间接的查询，并提供服务。

第八条 三包有效期自开具发票之日起计算，扣除因修理占用和无零配件待修的时间。

三包有效期内消费者凭发票及三包凭证办理修理、换货、退货。

第九条 产品自售出之日起7日内，发生性能故障，消费者可以选择退货、换货或修理。退货时，销售者应当按发票价格一次退清货款，然后依法向生产者、供货者追偿或者按购销合同办理。

第十条 产品自售出之日起15日内，发生性能故障，消费者可以选择换货或者修理。换货时，销售者应当免费为消费者调换同型号同规模的产品，然后依法向生产者、供货者追偿或者按购销合同办理。

第十一条　在三包有效期内，修理两次，仍不能正常使用的产品，凭修理者提供的修理记录和证明，由销售者负责为消费者免费调换同型号同规格的产品或者按本规定第十三条的规定退货，然后依法向生产者、供货者追偿或者按购销合同办理。

第十二条　在三包有效期内，因生产者未供应零配件，自送修之日起超过90日未修好的，修理者应当在修理状况中注明，销售者凭此据免费为消费者调换同型号同规格产品。然后依法向生产者、供货者追偿或者按购销合同办理。

因修理者自身原因使修理期超过30日的，由其免费为消费者调换同型号同规格产品。费用由修理者承担。

第十三条　在三包有效期内，符合换货条件的，销售者因无同型号同规格产品，消费者不愿调换其他型号、规格产品而要求退货的，销售者应予以退货；有同型号同规格产品，消费者不愿调换而要求退货的，销售者应当予以退货，对已使用过的商品按本规定收取折旧费。

折旧费计算自开具发票之日起至退货之日止，其中应当扣除修理占用和待修的时间。

第十四条　换货时，凡属残次产品、不合格产品或者修理过的产品均不得提供给消费者。

换货后的三包有效期自换货之日起重新计算。由销售者在发票背面加盖更换章并提供新的三包凭证或者在三包凭证背面加盖更换章。

第十五条　在三包有效期内，除因消费者使用保管不当致使产品不能正常使用外，由修理者免费修理（包括材料费和工时费）。

对应当进行三包的大件产品，修理者应当提供合理的运输费用，然后依法向生产者或者销售者追偿，或者按合同办理。

第十六条　在三包有效期内，提倡销售者、修理者、生产者上门提供三包服务。

第十七条　属下列情况之一者，不实行三包，但是可以实行收费修理：

（一）消费者因使用、维护、保管不当造成损坏的。

（二）非承担三包修理者拆动造成损坏的。

（三）无三包凭证及有效发票的。

（四）三包凭证型号与修理产品型号不符或者涂改的。

（五）因不可抗拒力造成损坏的。

第十八条　修理费用由生产者提供。修理费用指三包有效期内保证正常修理的待支费用。

第十九条　销售者负责修理的产品，生产者按照合同或者协议一次拨出费用，具体办法由产销双方商定。销售者委托或者指定修理者的，其修理费的支付形式由销售者和修理者双方合同约定，专款专用。生产者自行选择其他方式或者自行设置修理网点的，由生产者直接提供修理费用。

第二十条　生产者、销售者、修理者破产、倒闭、兼并、分立的，其三包责任按国家有关法规执行。

第二十一条　消费者因产品三包问题与销售者、修理者、生产者发生纠纷时，可以向消费者协会、质量管理协会、用户委员会和其他有关组织申请调解，有关组织应当积极受理。

第二十二条 销售者、修理者、生产者未按本规定执行三包的，消费者可以向产品质量监督管理部门或者工商行政管理部门申诉，由上述部门责令其按三包规定办理。消费者也可以依法申请仲裁解决，还可以直接向人民法院起诉。

知识应用

一、七天无理由退货

【案情】

"6·18""双11"等购物狂欢节到来之际，各大电商平台往往会推出各种预售商品，有的商家却规定，预售商品不享受"七天无理由退货"的服务。如有媒体报道，有卖家要求，消费者如果对预售商品不满意，必须找实体店"鉴定"，出具有质量问题的单据才能退货。卖家对此解释称，预售商品需要消费者提前支付定金，属于定制商品，定制商品不适用七天无理由退货。

【问题】

1. "预售商品"和"定制商品"的区别是什么？
2. "预售商品"能否适用"七天无理由退货"的规定？

【分析】

_____
_____
_____
_____
_____
_____
_____

延伸阅读

"毒"App 退货难：退货要给违约金　不存在七天无理由

详情请扫描二维码

（来源：澎湃新闻）

二、网上购物或者团购中的发票问题

【案情】

记者调查发现，网上购物时发票"不索要、不开"现象仍存；索要后，有店主要求收货后并保证不退货才可以开具。即便这样，发票能不能到手也还是未知数。

2019年春节过后，在一家公司上班的张小姐通过一家团购网站购买了一桌套餐，用于宴请公司的生意伙伴，但是吃完饭后，想要拿发票回去报销时却遇到了难题。饭店说因为是团购的所以不给开发票。这个现象并非个例，记者对一些正在网上做团购活动的餐厅进行了调查，一些餐厅明确表示：团购他们不提供发票，因为这个费用已经交给了团购网站，何况商家做活动本身也没有赚多少钱。

【问题】

1. 网上购物或者团购经营者是否应该开具发票？
2. 实践中遭遇这种情况该如何处理？

【分析】

三、产品标识问题

【案情】

"90后"职业打假人韩某，在明知青岛一家超市销售的进口红葡萄酒包装不符合国家标准的情况下，分两次从超市购买了2万余元的红葡萄酒，并全程同步摄像。之后，韩某凭购物凭据及录像视频，向法院提起诉讼，提出十倍货款的索赔。因诉讼请求未获一审法院支持，韩某上诉至青岛市中级法院。最终，青岛市中级法院终审判决销售葡萄酒的超市向韩某支付十倍赔偿金。

韩某诉称：本人于2018年7月1日和5日在多美好超市先后购买了6支SALVALAI干红和一箱SALVALAI葡萄酒。两次共计12支，支付人民币20 160元，多美好超市给本人开具了发票。本人购买上述葡萄酒后，发现该葡萄酒瓶身未粘贴中文标签。根据《食品安全法》第九十七条的规定，该葡萄酒属于禁止进口的产品。多美好超市明知该葡萄酒不符合我国食品安全标准仍然向本人出售，侵害了本人的合法权益。为此，请求法院判令多美好超市返还本人个人消费的购货款20 160元，并判令多美好超市向本人支付该购货款十倍赔偿金201 600元。

多美好超市认为,韩某在短短的5天内,分2次购买了12瓶红葡萄酒,且每次都对购买的全程进行录像,购买后又立即向法院提起十倍货款的索赔,显然不是为自己正常消费购买红葡萄酒,而是以营利为目的的知假买假行为。对韩某的这种行为,多美好超市的经营者愤怒不已,当庭指责韩某是以营利为目的,不是我国《消费者权益保护法》意义上的消费者,应驳回韩某的诉讼请求。

(来源:搜狐网)

【问题】

请结合《产品质量法》《食品安全法》和《消费者权益保护法》的内容对案例进行分析。

【分析】

延伸阅读

案例:食用方法图文不符该不该处罚

【案情】

2017年5月9日,投诉举报人向A县食品药品监管局投诉举报,称其在某电商平台上购买的食品"首乌莲子黑米粉"的标签存在问题,要求查处。执法人员经过调查,发现该食品属于"其他方便食品",执行标准为企业标准。厂家在食品标签上以图文并茂的形式注明食用方法有三种,其中第二种食用方法为"牛奶冲泡"。文字说明为:1. 撕开撕口将整袋产品倒入调羹中,直接食用。2. 用调羹拌匀即可。并附有两张图片,第一张图片内容为撕开撕口将整袋产品和牛奶倒入杯子,第二张图片内容为用调羹拌匀。

可见,第二种食用方法"牛奶冲泡"的文字说明有误。经涉案食品生产企业确认,由于工作人员疏忽,食品标签排版印刷存在错误。

那么对涉案食品标签应如何认定以及如何处理?

【案例解析】

1. 标签瑕疵判断原则

根据新修订《食品安全法》的规定,食品标签瑕疵不影响食品安全且不会对消费者造成误导的,由食药监管部门责令改正;拒不改正的,处以2 000元以下罚款。

食品标签瑕疵不得影响食品安全包括两层含义

第一,标签应符合法律规定。主要是指标签的内容在形式上具有完整性,在内容上具有真实性,即食品标签应符合《食品安全法》第六十七条第一款的规定。

第二,标签应符合标准规定。食品标签不仅要符合《预包装食品标签通则》(GB 7718-2011)、《预包装特殊膳食用食品标签》(GB 13432-2013)等食品安全国家标准规定,也要符合其他食品安全国家标准中关于食品标签标注的规定。

此外,标签必须符合其他特殊规定。这主要是针对部分特殊食品和特殊情形。如专供婴幼儿和其他特定人群的主辅食品,其标签还应当标明主要营养成分及其含量;转基因食品应当按照规定显著标示;特殊膳食食品应当标注食用方法和适用人群;食品中含有新食品原料的,其产品标签标识应当符合国家卫生计生委公告要求。

误导的种类

误导,是指食品标签的内容使消费者在食品安全问题上产生错误认识。

一是信息性误导,主要是利用食品标签的图片、文字的大小、颜色,文字字符的类型、内容和位置误导消费者,使消费者忽略或特别注意到部分信息,从而误解食品的真实属性;

二是概念性误导,如在食品标签上标示"纯绿色""无污染""不含××添加剂"等内容;

三是功能性误导,如食品营养成分功能声称和比较声称、普通食品宣称治疗功效、保健食品夸大保健功能、婴幼儿配方食品宣称影响婴幼儿生长发育等,此类功能性误导明显会使消费者对食品的本质产生错误认知;

四是含量性误导,食品标签中特别强调一种或多种有价值、有特性的配料或成分,或者特别强调配料、成分的含量较低或没有时,未标明所强调配料、成分的添加量或在产品中的含量。

2. 本案的法律适用

就本案而言,涉案食品标签应当按照"不影响食品安全"和"不会对消费者造成误导"两个标准进行判断。食品标签瑕疵是否会对消费者造成误导,需以理性、谨慎的普通消费者的一般判断为标准进行衡量,但标签应符合真实、清楚、明显的基本要求。

首先,根据《食品安全法》第六十七条第一款规定,食用方法并非《食品安全法》规定必须在食品标签或说明书上注明的事项。涉案食品执行标准为企业标准,其他法律法规规章和食品安全国家标准也未明确规定涉案食品必须标注食用方法。据此,涉案产品生产企业已经履行食品标签标注的法定义务,不违反法律的强制性规定,不存在食品安全问题。

其次,虽然对"牛奶冲泡"的具体步骤的文字说明有误,但是"牛奶冲泡"本身已经明确了食用方法,且配制图片足以明示食用方法,以理性、谨慎的普通消费者的一般判断为标准进行衡量,这种标签错误不会对消费者造成误导。

据此,对涉案食品标签应认定为不影响食品安全,且不会对消费者造成误导的标签瑕疵,A县食品药品监督管理局根据《食品安全法》第一百二十五条第二款规定责令涉案食品生产企业改正。

(来源:搜狐网海门市食品行业协会)

四、权利行使的界限

【案情】

因认为买家李某在没有任何事实依据的情况下给予差评，公开评论假货，诋毁并侮辱了卖家，造成其商誉严重受损、产品销量下降，该淘宝卖家以侵犯名誉权为由，将李某诉至北京互联网法院，要求李某删除相关评价、赔礼道歉并赔偿经济损失 9 800 元。

2019 年 9 月 11 日，北京互联网法院开庭审理此案并当庭宣判，判决驳回原告某商贸公司的全部诉讼请求。

原告某商贸公司诉称：被告在其店铺购买了儿童秋梨膏，收货后，被告在无事实依据的情况下，与公司客服沟通时发生冲突，言辞激烈并带有侮辱性词汇。原告在此过程中一直通过阿里旺旺与被告进行协商沟通，并反复阐释原告所经营的商品均为正品的事实。被告无视原告提供的照片等证据，继续在差评中追加照片、视频等，公开评论原告卖假货。原告认为被告通过互联网评价展示页面，公开诋毁并侮辱原告的商业信誉，误导其他不特定网页浏览者，造成原告商业信誉严重受损，影响原告营业额并造成一定经济损失。在与被告多次沟通无果的情况下，原告无奈将被告诉至法院。

被告李某辩称：其在原告店铺购买了儿童秋梨膏一盒，收货后发现该产品与其之前购买产品相比，颜色较浅、浓稠度较稀，仔细核对发现其于 2018 年 12 月 5 日购买产品的生产日期竟是 2019 年 10 月 22 日。在与原告沟通过程中，客服人员敷衍解释，之后片面强调自身产品属于正品，要求被告做产品鉴定，并拒绝退货退款申请。在长时间沟通无果后，被告在评论中给予差评，并上传和客服的聊天记录以及产品对比照片。被告认为原告在未尽到商家告知义务的情况下，反复要求消费者提供检验报告和相关证据证明其销售假货，这无异于推脱和欺凌。被告买家信誉度良好，给出差评基于该产品事关幼儿食品安全、客服初期态度消极、提出差评后客服处理方式生硬等原因，无主观恶意，并非侵犯名誉权。被告同意删除评论及相关附件，不同意赔礼道歉、赔偿损失。

【问题】

1. 本案中消费者和经营者的纠纷出现的原因是什么？
2. 这个案件对你有哪些启示？

【分析】

五、上海迪士尼案件

上海浦东新区法院消息，2019年9月12日，备受关注的原告华东政法大学学生王洁莹诉被告上海国际主题乐园有限公司（上海迪士尼乐园）服务合同纠纷一案在上海市浦东新区人民法院（以下简称"上海浦东法院"）主持下调解结案。

2019年1月30日，原告前往上海迪士尼乐园游玩，并携带部分即食食品以备游玩时食用，在乐园安检时，被告知根据《上海迪士尼乐园游客须知》游客不得携带食品进入乐园，经交涉未果，原告自行处置食品后入园。3月15日，原告诉至上海浦东法院，请求判令：1. 确认被告《上海迪士尼乐园游客须知》中"不得携带以下物品入园"部分的"食品、酒精饮料、超过600毫升的非酒精饮料"条款内容无效；2. 被告赔偿原告因上述入园规则被迫丢弃的食品损失46.30元。

上海浦东法院于2019年3月15日立案受理该案，于4月23日公开开庭审理，审理期间多次组织双方调解。

期间，被告对入园规则中相关条款内容进行了修改：除少数特殊食品仍禁止携带外，游客可携带供本人食用的食品及饮料进入上海迪士尼乐园。

9月12日，经上海浦东法院主持调解，原、被告双方自愿达成调解协议：被告上海国际主题乐园有限公司补偿原告王洁莹人民币50元（当庭给付）。该调解协议经双方当事人签收后生效。

（来源：搜狐网）

【问题】请用所学内容分析本案。
【分析】

> **延伸阅读**

《流通领域商品质量监督管理办法》

《流通领域商品质量监督管理办法》（以下简称《办法》）自2016年5月1日起施行。

《办法》明确表示，网络交易平台提供者、广播电视购物平台经营者、商品经营柜台出租者、商品展销会举办者，应当对申请进入其经营场所或者平台销售商品的经营者的主体资格履行审查登记义务。

对未履行审查登记义务，或者拒绝协助工商部门对涉嫌违法行为采取措施、开展调查的，责令改正；拒不改正的，处一万元以上三万元以下的罚款。

禁售商品列出六类负面清单

《办法》明确六类商品不得销售，其中第二类尤为引人关注，即：不符合在商品或者其包装上标注采用产品标准的商品，不符合以商品说明、实物样品等方式表明质量状况的商品，不具备应当具备的使用性能的商品。只要是实物与标注不符、涉及虚假宣传的商品，均在此列之内。

该负面清单上的其他五类商品包括：不符合保障人体健康和人身、财产安全的国家标准、行业标准的商品；国家明令淘汰并禁止销售的商品；伪造产地，伪造或者冒用他人的厂名、厂址，伪造或者冒用认证标志等质量标志的商品；失效、变质的商品；篡改生产日期的商品。

"三无"商品不得作为奖品或赠品

《办法》规定，销售者不得购进或者销售来源不明的"三无"商品，不得在销售的商品中掺杂掺假、以假充真、以次充好、以不合格商品冒充合格商品等。对销售来源不明"三无"商品的销售者，要依法处罚。对商品名称、厂名、厂址等标识不规范的行为，则依照《产品质量法》的规定处理。

此外，《办法》明确，经营者提供的奖品、赠品等视同其销售的商品，应当符合本办法对商品质量的规定，标识标签不符合规定的商品、禁止销售的商品以及"三无"商品等一律不得作为奖品或者赠品，违者将追究其相应的法律责任。

线下商品质量有问题7日可退换

《办法》提出，销售者通过实体店、网络、电视、电话、邮购、直销等方式提供商品，不符合质量要求的，应依照国家规定、当事人约定履行退货、更换、修理等义务。

没有国家规定和当事人约定的，消费者可自收到商品之日起7日内退货；7日后符合法定解除合同条件的，消费者可以及时退货，不符合法定解除合同条件的，可要求经营者履行更换、修理等义务。此外，对依法经有关行政部门认定为不合格的商品，消费者要求退货的，销售者应当负责退货。

销售者应及时履行义务，不得故意拖延或者无理拒绝。对于不合格产品的销售方，除了罚款外，情节严重的还会被吊销营业执照。

流通领域商品质量监督管理办法

延伸阅读

中消协：苏宁易购鸿星尔克"砍单"行为涉嫌侵害消费者合法权益

近日，中国消费者协会官方微博收到部分消费者反映，苏宁易购鸿星尔克旗舰店在"6·18"购物节期间发生"砍单"事件。消费者称，6月20日苏宁易购鸿星尔克旗舰店通过头条、抖音、QQ等多渠道发布广告，宣称店铺将于6月21日0:00-3:00开展"每满21退20"满减活动，引发大量消费者在活动时段下单。21日苏宁易购以鸿星尔克旗舰店"价格异常"为由，取消了满减活动期间的订单。消费者不满苏宁易购和鸿星尔克单方强制取消订单，要求其依约完成订单。

针对此事件，中国消费者协会专家委员会专家邱宝昌指出，《电子商务法》第四十九规定，"电子商务经营者发布的商品或者服务信息符合要约条件的，用户选择该商品或者服务并提交订单成功，合同成立。当事人另有约定的，从其约定。""电子商务经营者不得以格式条款等方式约定消费者支付价款后合同不成立；格式条款等含有该内容的，其内容无效。"他认为，苏宁易购鸿星尔克旗舰店单方取消已经支付货款的消费者订单，是《电子商务法》明确规制的"砍单"行为，侵害了消费者合法权益。

此外，邱宝昌指出，根据《电子商务法》第三十六条的规定，"电子商务平台经营者依据平台服务协议和交易规则对平台内经营者违反法律、法规的行为实施警示、暂停或者终止服务等措施的，应当及时公示。"《电子商务法》第三十八条规定，"电子商务平台经营者知道或者应当知道平台内经营者销售的商品或者提供的服务不符合保障人身、财产安全的要求，或者有其他侵害消费者合法权益行为，未采取必要措施的，依法与该平台内经营者承担连带责任。"苏宁易购作为电商平台，应承担相应的责任，包括制止侵权行为、依据平台规则等对鸿星尔克进行严格规制并向社会公示等。

对此，中国消费者协会认为：

1. 苏宁易购鸿星尔克旗舰店以"系统原因导致价格异常"为由单方强制取消消费者订单，违背诚实信用原则，涉嫌违反《电子商务法》相关规定，扰乱正常的电商购物信用环境，损害消费者合法权益。

2. 苏宁易购鸿星尔克旗舰店应当遵守《消费者权益保护法》《合同法》《电子商务法》中有关保护消费者合法权益的规定，依法履行合同义务。不能履行合同义务的，应依法承担违约责任。

3. 苏宁易购作为电商平台，应当切实承担相应的管理责任，积极督促平台内经营者依法履行合同义务，有效制止侵权行为，妥善处理消费纠纷，依据平台服务协议和交易规则等对鸿星尔克旗舰店相关行为进行处置并向社会公示。

4. 中消协希望电商企业加强信用建设，树立消费者优先理念，认真落实《消费者权益保护法》《合同法》《电子商务法》《广告法》《反不正当竞争法》等各项法律规定，自觉维权消费者合法权益。

5. 中消协鼓励广大消费者主动行使监督权利，对经营者的违法行为积极向有关部门投诉举报，依法维护自身合法权益。

(来源：中国消费者协会官网)

详情请扫二维码

实训任务

一、任务名称

法庭辩论

二、任务目的

充分了解经营者和消费者各自的权利义务

三、任务要求

(一) 内容要求

以某一个正在发生的实际案例为例,小组以抽签方式确定本组的原告或被告身份,然后收集相应的素材资料为己方据理力争。

(二) 完成任务需要最终提交的材料

1. 案例资料。
2. 辩论意见。

(三) 汇报与展示

原被告在课堂上展示辩论过程,并介绍团队分工与合作情况,并由队长公布队员参与度。

(四) 评价

1. 实训任务纳入过程性考核成绩,学习团队得分将根据以上各项的完成情况由教师给出。
2. 团队队长对队员的贡献进行评价。
3. 队员得分将根据团队得分与团队队长的评价按比例计算得出。

模块五

商事主体如何缴纳税收

小张经过认真筹备和规划,实现了自己的创业梦想,成立了自己的有限责任公司,主要经营产品营销策划咨询与服务。企业具有法定纳税义务,面对税收征管,小张的公司应该怎样缴税?要缴纳哪些税,不缴纳税款要罚款吗?

知识目标

1. 了解现行税种。
2. 了解税收征收管理规定。
3. 了解税收违法行为。

能力目标

在商事主体经营过程中,能够明白应该缴纳的税种,能够认清税收征管的违法行为。

态度目标

诚实守信、合法经营、依法纳税。

时代背景

一、大数据分析如何应用于税收征管

随着信息技术的飞速发展,税收征管也已经进入大数据时代,由于数据信息化的广泛运用,税务工作既迎来了空前的发展机遇,又遇到了多种挑战,如果不能有效应对,将会给税收工作带来不利影响。挖掘和利用大数据在信息技术飞速发展的时代对税收管理显得尤为重要。笔者建议,为适应税收机关合并后的征管需要,应在税收分析上引入大数据,通过多维度分析对比,不断强化税收分析力度,为做实税收征管提供数据支撑。

现代税收征管的迫切需要。纳税人的税收服务需求的多样性,迫切需要大数据。互联网发展带来的纳税人类型多元化、业务多样化,必然导致服务需求的多元化,要求税务机关在纳税服务方面不能只停留在传统的申报方式、政策宣传等方面,而应提供更多的"一对一"个性化服务。纳税人希望税务部门对税收政策宣传解释不能停留在文件发布与传达上,而应该向税收政策如何使用上深入发展,让纳税人准确有效地运用税收政策,少走弯路。纳税人希望在日常工作中一有税收问题,就可以在网上与税务专家面对面地在线咨询和交流,实现24小时"客服",而相关需求如果没有大数据做支撑,一切都无从谈起。

征纳双方信息不对称现象越来越严重,迫切需要大数据。电子商务、互联网金融等新兴行业迅速崛起,"无纸化、无址化、无形化、无界化"成为电子商务独有的商业模式特征,税源具有隐匿性、流动性、交叉性,在网络交易信息提供、交易过程追踪稽核等方面,现行税法及有关法律未对诸如第三方的税收保障义务、电子证据的法律效力以及电子货币的适用规范等做出明确规定,要准确完整掌握涉税信息,对传统的税务机关"唱独角戏"的税源管理模式提出了挑战。

企业经营"无界性"与税务管理"有界性"的矛盾,迫切需要大数据。互联网推动了企业跨界融合和跨域经营,税务机关无法准确地确认纳税人的经营行为发生地,也就无法准确行使税收管辖权。企业经营的"无界性",使得应税活动拓展到另一个乃至数个税收管辖权的管辖区域,从而导致税源管理措施失灵,对税务机关传统的层级管理、属地管理方式提出了挑战。

大数据对税收工作具有积极作用。一是认识数据信息,挖掘潜在税源。大数据时代,运用海量数据这一宝库,进行开山凿矿式的开采,可以找出有价值的信息,发现潜藏在数据背后的历史规律和对未来税收发展的趋势进行预测,让数据产生生产力,数据产生税源。

二是转变管理方式,实现科学管理。充分运用大数据的思维和手段,将采集的异常数据推送给税务人员,帮助税务人员了解纳税人潜在的不规范的涉税行为,对税务机关增强税源管理的针对性、准确性、实效性提供可能,对降低税收风险,实现信息管税、税收科技化和税源精细化管理提供支持。

三是改变管理思路,实现信息管税。大数据时代为开展深层次的数据挖掘运用,最大限度地发挥数据的价值,准确判断税收风险提供了数据基础。有针对性地从海量数据中发现有价值的信息,深入挖掘分析内外部数据,使信息管税的效能充分体现,"把沉睡的数据唤醒",让数据转化为实际税源,体现涉税数据的价值,真正实现"信息管税"。

大数据时代税收征管新思路。构建数据模型,打造税收分析新方式。创新现行征管模式与税收征管情况进行多维度的对比分析,从现有税源分布情况出发,结合税收征管情况与历

年税收入库数据,构建行业纳税情况税收分析模型与单个行业、单个企业、单个税种税收情况分析模型。

突出点面结合,提升税收分析全面性。选取占税收比重较大的企业作为典型进行整体税收分析,并对其他企业税种进行个体分析,以个体情况与整体情况进行对比,从而直观了解行业整体税负情况与单个企业或某一税种的税负情况。

做实税收征管,落实税收分析指导性。税收征收管理相关部门以"大数据"税收征管分析得出的税源分布情况为导向,以税收风险管理为重要抓手,精准施策,强化税收征管力度,切实维护行业整体的税负公平,并使得税收质量进一步提升。

此外,大数据时代下税收管理还要注意三点。首先,要建立与大数据相协调的征管新理念。税务机关根据数据信息向纳税人征税,根据数据信息实施税收管理,税收工作已经离不开信息化手段,将大数据理念融入税收征管体系,运用大数据的思维方式和手段,结合风险管理从源头上解决征纳税双方信息不对称问题,清除数据获取的障碍,建立畅通的信息获取渠道,增强数据的流动性和可获取性,打通数据信息共享壁垒,实现数据信息在不同层级、领域的流动共享。

其次,要提高数据质量,提高分析利用率。由于数据集成难度大、数据标准化程度不一致、数据采集录入标准不一致、数据信息共享性差等因素,致使数据存在诸多质量问题,数据挖掘分析利用率低,数据处理分析缺乏规范,岗位职责和流程不明确,数据挖掘分析利用仅限于分类统计、静态查询等浅层次的利用,不能从多维度进行横向对比、分析,数据价值潜在效能远远没有发挥出来。

最后,要加强信息安全,健全完善制度。网络中存在着一定的无序性和风险隐患,涉税信息的安全问题逐渐突出,不仅给征纳双方带来了不利影响,而且很容易对社会稳定造成影响。针对存在的诸多安全问题,税务机关要积极规范涉税信息采集、存储、应用,加强对税务工作人员的涉税信息安全培训,制定信息管理制度,落实责任制,同时要加大资金投入力度,运用多种技术手段,保障涉税信息的安全。

(来源:信息产业网)

二、国家税务总局发布新版纳税服务规范

国家税务总局发布《全国税务机关纳税服务规范》(3.0版)(以下简称"新版纳服规范"),大幅削减证明资料和跑办事项,重点完善事中事后管理。总体上在保持原有框架体例基础上进行优化调整,鼓励各地创新办税方式,进一步提高办税服务质效。

新版纳服规范取消"印花税票代售许可审批"和"非居民企业选择由其主要机构场所汇总缴纳企业所得税的审批"两项审批;改税务登记为信息报告,推行新办企业"套餐";改税务注销为清税申报,推行"免办""即办""承诺办",下大力气优化新办注销程序。

新版纳服规范大幅精简纳税人办税资料,70种外部门证明类资料不再需要报送,148个事项实现"最多跑一次"。"简政便民的同时,我们还创新思路转变服务方式,还权还责于纳税人,明确纳税人自主纳税申报缴税、自主选择享受税收优惠等内容,给纳税人更多自主

选择权。"税务总局纳税服务司司长孙玉山表示。

在整合涉税事项方面,将原国税地税98个共有办税事项由"两次办""联合办"变为"一次办",对附加税(费)申报、房产交易申报等34个关联事项实行"串联办";同时简化办税流程,提供操作指引,整体提升办理效率。

在规范业务流程方面,将业务流程分为受理、办理、反馈、存档4个环节,明确各环节执行步骤;严格落实"窗口受理、内部流转、限时办结、窗口出件"等要求,加强前后台衔接,消除办理流程差异,有效规范纳税服务工作。

在拓展办税渠道方面,加强电子税务局建设,提高网上办税、自助办税比重,明确通过电子税务局、移动端或自助终端办理事项,为纳税人提供多元化办税渠道。

新版纳服规范公布税收优惠事项清单内容,明确除依法须核准和备案的情形外,一律由纳税人"自行判断、申报享受",支持减税降费政策落地落细。如对增值税退税,规定留抵税额退税时间由20个工作日提速到10个工作日,入库退(免)税时间由20个工作日提速到15个工作日,出口退税时间由20个工作日提速到10个工作日,全面提速增值税退税时限。

此外,新版纳服规范制定过程中,税务总局坚持放管服结合,既瞄准办税负担做"减法",又在后续管理上做"加法",多举措完善事中事后管理制度。

一是强化实名验证。全面推行实名办税,对发票领用、发票代开、税务注销等高风险事项,明确实名验证要求;对其他事项,通过减少报送资料引导办税实名验证,有效甄别办税人员身份信息,对涉嫌虚领虚开发票等违法行为进行"锁定",既有效防范逃避税风险,又切实保障守法纳税人权益。

二是强化管理衔接。将管理措施向纳税人办税事项传递,比如把新办纳税人发票管理、小型商贸批发企业实行辅导期管理等内容纳入规范,明确申领发票的用量和最高开票限额;围绕加强前台风险应对,增加提醒纳税人更正纠错要求,对低风险事项合理提醒,对中高风险事项及时阻断。

三是强化信用监管。坚持守信激励、失信惩戒,明确对A、B级纳税人,在发票领用、出口退税、享受税收优惠、留抵退税、税务注销等方面提供便利;对C、D级纳税人,在发票供应、退(抵)税办理、出口退税等方面给予约束,促进纳税人诚信自律。

税务总局有关负责人表示,税务部门将牢固树立以纳税人为中心的理念,在总结第一批主题教育基础上,前后衔接谋划开展好系统第二批主题教育,刀刃向内抓好问题整改,努力为纳税人、缴费人增便利减负担,确保党中央、国务院减税降费等各项决策部署在税务系统落地生根。

(来源:中国证券报·中证网)

三、国家税务总局要求各级税务机关加强影视行业税收征管

为贯彻落实中宣部等五部门关于治理影视行业天价片酬、"阴阳合同"、偷逃税等问题的有关要求，国家税务总局印发《通知》，要求各级税务机关深入推进税收领域"放管服"改革，进一步加强影视行业税收征管，规范税收秩序，积极营造支持影视行业健康发展的良好税收环境。

《通知》指出，影视企业和影视行业从业人员应当依法如实申报并缴纳税款。影视行业纳税人应当按照实际业务如实开具增值税发票，不得填开或让他人为自己开具与实际交易内容不符的发票，不得将不符合规定的发票作为所得税税前扣除凭证。影视行业纳税人享受税收优惠政策不符合相关规定的，税务机关将依法追缴已享受的减免税款，并按照税收征管法等有关规定处理。

《通知》要求，各级税务机关要加强对影视行业的税源管理。建立健全各地税务机关与宣传、文化、市场监督、广电等部门的协作机制，及时掌握影视企业和影视行业从业人员的经营活动、收入、纳税等信息。帮助和督促影视行业纳税人健全财务制度、设置账簿，依法确定影视行业纳税人税款征收方式。加强对影视企业和影视行业从业人员的税收风险分类管理，对中低风险和高风险纳税人分别采取风险提醒、税务稽查等措施，对存在税收违法行为的依法进行处理，并按规定列入税收"黑名单"，推送相关部门开展联合惩戒。

《通知》强调，各级税务机关要严格依法执行税收优惠政策，认真落实支持影视行业健康规范发展的税收管理服务举措，对诚信经营、依法纳税的影视行业纳税人依规提供办税绿色通道等激励，有针对性地加强税法宣传和政策解读，切实保护影视行业纳税人的合法权益，提高其税收遵从度。

（来源：国家税务总局办公厅 2018 年 07 月 13 日）

四、减税降费政策叠加发力为经济发展增添动能

2019 年 4 月 23 日下午，国家税务总局召开新闻发布会，介绍税务部门落实减税降费政策及优化税收营商环境等方面情况。2019 年以来，全国税务系统认真落实党中央、国务院实施更大规模减税降费的重大决策部署，采取一系列措施，确保各项政策落地生根。

（来源：国家税务总局办公厅 2019 年 04 月 23 日）

五、国家税务总局

国家税务总局（State Administration of Taxation），为中华人民共和国国务院主管税收工作的直属机构，正部级。2018 年 3 月，根据中共中央印发的《深化党和国家机构改革方

案》，将省级和省级以下国税地税机构合并，具体承担所辖区域内各项税收、非税收入征管等职责。为提高社会保险资金征管效率，将基本养老保险费、基本医疗保险费、失业保险费等各项社会保险费交由税务部门统一征收。国税地税机构合并后，实行以国家税务总局为主与省（自治区、直辖市）政府双重领导管理体制。国家税务总局要会同省级党委和政府加强税务系统党的领导，做好党的建设、思想政治建设和干部队伍建设工作，优化各层级税务组织体系和征管职责，按照"瘦身"与"健身"相结合原则，完善结构布局和力量配置，构建优化高效统一的税收征管体系。

内设机构：办公厅、政策法规司、货物和劳务税司、所得税司、财产和行为税司、国际税务司、收入规划核算司、纳税服务司、征管和科技发展司、大企业税收管理司、稽查局、财务管理司、督察内审司、人事司、机关党委、离退休干部办公室、巡视工作办公室。

直属单位：教育中心、机关服务中心、电子税务管理中心、集中采购中心、税收科学研究所、税务干部进修学院、中国税务杂志社、中国税务报社、中国税务出版社。

谈谈你对税收的认识和理解？

_____
_____
_____
_____
_____
_____
_____
_____
_____
_____

案例资讯

一、广东警方破获特大虚开发票案

从广东省公安厅获悉，广东深圳警方近期打掉一个虚开增值税普通发票的作案团伙，抓获涉案人员7名，查明虚开单位900多户，涉案金额超过53亿元。

2019年2月，深圳警方接到深圳市税务局移交的案件线索称：有不法分子涉嫌操控大量空壳企业进行普通发票虚开违法犯罪，通过不申报或虚假申报逃避缴纳税款，严重危害深圳税收秩序。

随后，深圳警方与税务部门成立联合专案组，从几十户虚开企业入手，通过大数据分析筛选出1 000余户高风险企业。经查，一个通过注册大量空壳企业，短时间内领取增值税普通发票，再向大量受票企业虚开发票以逃避缴税的犯罪团伙浮出水面。

3月19日，专案组展开收网行动，一共打掉虚开犯罪团伙2个，现场抓获沈某伟、卓某足、沈某建等主要犯罪嫌疑人7名，摧毁虚开发票犯罪窝点5个，现场查获空白发票33 500余份，公章900余个，身份证400余个，扣押电脑、账册、税务登记证、银行存折

（卡）、U盾等作案工具一批。

沈某伟等7人已被警方依法刑事拘留，等待法律的严惩。

（来源：2019年06月02日 新浪网新闻中心）

二、范冰冰"阴阳合同"涉税问题

2018年6月初，群众举报范冰冰"阴阳合同"涉税问题后，国家税务总局高度重视，即责成江苏等地税务机关依法开展调查核实，目前案件事实已经查清。

从调查核实情况看，范冰冰在电影《大轰炸》剧组拍摄过程中实际取得片酬3 000万元，其中1 000万元已经申报纳税，其余2 000万元以拆分合同方式偷逃个人所得税618万元，少缴营业税及附加112万元，合计730万元。此外，还查出范冰冰及其担任法定代表人的企业少缴税款2.48亿元，其中偷逃税款1.34亿元。

对于上述违法行为，根据国家税务总局指定管辖，江苏省税务局依据《中华人民共和国税收征收管理法》第三十二、五十二条的规定，对范冰冰及其担任法定代表人的企业追缴税款2.55亿元，加收滞纳金0.33亿元；依据《中华人民共和国税收征收管理法》第六十三条的规定，对范冰冰采取拆分合同手段隐瞒真实收入偷逃税款处4倍罚款计2.4亿元，对其利用工作室账户隐匿个人报酬的真实性质偷逃税款处3倍罚款计2.39亿元；对其担任法定代表人的企业少计收入偷逃税款处1倍罚款计94.6万元；依据《中华人民共和国税收征收管理法》第六十九条和《中华人民共和国税收征收管理法实施细则》第九十三条的规定，对其担任法定代表人的两户企业未代扣代缴个人所得税和非法提供便利协助少缴税款各处0.5倍罚款，分别计0.51亿元、0.65亿元。

依据《中华人民共和国行政处罚法》第四十二条以及《江苏省行政处罚听证程序规则》相关规定，9月26日，江苏省税务局依法先向范冰冰下达《税务行政处罚事项告知书》，对此范冰冰未提出听证申请。9月30日，江苏省税务局依法已向范冰冰正式下达《税务处理决定书》和《税务行政处罚决定书》，要求其将追缴的税款、滞纳金、罚款在收到上述处理处罚决定后在规定期限内缴清。

依据《中华人民共和国刑法》第二百零一条的规定，由于范冰冰属于首次被税务机关按偷税予以行政处罚且此前未因逃避缴纳税款受过刑事处罚，上述定性为偷税的税款、滞纳金、罚款在税务机关下达追缴通知后在规定期限内缴纳的，依法不予追究刑事责任。超过规定期限不缴纳税款和滞纳金、不接受行政处罚的，税务机关将依法移送公安机关处理。

经查，2018年6月，在税务机关对范冰冰及其经纪人牟某广所控制的相关公司展开调查期间，牟某广指使公司员工隐匿、故意销毁涉案公司会计凭证、会计账簿，阻挠税务机关依法调查，涉嫌犯罪。现牟某广等人已被公安机关依法采取强制措施，案件正在进一步侦查中。

国家税务总局已责成江苏省税务局对原无锡市地方税务局、原无锡市地方税务局第六分局等主管税务机关的有关负责人和相关责任人员依法依规进行问责。同时，国家税务总局已部署开展规范影视行业税收秩序工作。对在2018年12月31日前自查自纠并到主管税务机关补缴税款的影视企业及相关从业人员，免予行政处罚，不予罚款；对个别拒不纠正的依法严肃处理；对出现严重偷逃税行为且未依法履职的地区税务机关负责人及相关人员，将根据不同情形依法依规严肃问责或追究法律责任。

（来源：光明日报2018年10月04日03版）

三、四部门联合打击"假企业""假出口"挽回税收损失 140.83 亿元

公安部 7 月 31 日在京召开新闻发布会，通报 2018 年 8 月份以来，四部门联合打击虚开骗税违法犯罪专项行动成效。专项行动以来，税务部门共计查处虚开企业 11.54 万户，认定虚开发票 639.33 万份，涉及税额 1 129.85 亿元；查处"假出口"企业 2 028 户，挽回税收损失 140.83 亿元。

国家税务总局稽查局局长郭晓林通报，当前，不法分子利用种种手段虚开增值税发票、骗取国家出口退税的现象十分突出。国家税务总局、公安部、海关总署、中国人民银行联合开展打击虚开骗税违法犯罪专项行动，严厉打击没有实际经营业务只为虚开发票的"假企业"和没有实际出口只为骗取退税的"假出口"。

郭晓林介绍，"空壳企业"成为虚开发票攫取非法利益的主要载体。这些"空壳企业"，大多是不法分子通过骗用、租用、借用、盗用他人的身份信息，为实施虚开注册成立的。"暴力虚开"成为虚开团伙大肆违法犯罪的主要方式。所谓"暴力虚开"是指虚开企业甚至不需要编造任何"经营行为"，比如伪造合同、进行虚假资金支付等，而简单粗暴地对外虚开增值税发票。

"走逃失联"成为不法分子逃避打击的主要方法。现阶段，"走逃"已经成为虚开分子逃避打击、掩护下游用票企业的一种基本手段。同时，不法分子滥用简化注销程序等服务措施，通过注销逃避检查的现象也非常突出。"配单配票"成为目前骗取出口退税的主要手段。一些不法分子买卖未税或不需要退税的产品出口报关信息，匹配虚开的增值税专用发票，骗取出口退税。

记者了解到，专项行动以来，全国税务机关已累计将 1.04 万起虚开骗税案件纳入税收违法"黑名单"，累计向相关部门推送联合惩戒信息 17.41 万户次。税务部门严厉打击利用"空壳企业"虚开发票和跨区域骗税团伙，同时坚持"不扩大、不误伤"，对接受发票的正常生产经营的企业注意甄别，不给经济发展增添不利影响。

（来源：新华社 2019 年 08 月 01 日）

研讨与交流（针对现实中企业的税收违法行为，谈谈你对国家加强税收征管的重要性的认识）：

知识链接

一、税收的含义

"税"（又称税赋、税金、税收、赋税、税捐、捐税、租税）指政府为了维持其运转以及为社会提供公共服务，对个人、法人和其他组织强制和无偿征收实物或货币的总称。

税制即指税收制度，由纳税人、课税对象、税目、税率、纳税环节、纳税期限、计税依据、减免税和违章处理等要素构成。

税种指税的种类，差异表现为纳税人和课税对象的不同，税种总合构成"税制"。

税收的基本特点：强制性、无偿性、固定性（对于税法而言）。

二、税法

税法是国家制定的用以调整国家与纳税人之间在纳税方面的权利及义务关系的法律规范的总称。税法是税收制度的法律表现形式。

三、2015 年《中华人民共和国税收征收管理法》

2015 年 4 月 24 日第十二届全国人民代表大会常务委员会第十四次会议修正，修改如下：

因税务机关的责任，致使纳税人、扣缴义务人未缴或者少缴税款的，税务机关在三年内可以要求纳税人、扣缴义务人补缴税款，但是不得加收滞纳金。

因纳税人、扣缴义务人计算错误等失误，未缴或者少缴税款的，税务机关在三年内可以追征税款、滞纳金；有特殊情况的，追征期可以延长到五年。

对偷税、抗税、骗税的，税务机关追征其未缴或者少缴的税款、滞纳金或者所骗取的税款，不受前款规定期限的限制。

四、增值税

增值税是对销售货物或者提供加工、修理修配劳务以及进口货物的单位和个人就其实现的增值额征收的一个税种。增值税已经成为中国最主要的税种之一，增值税的收入占中国全部税收的 60% 以上，是最大的税种。增值税由国家税务局负责征收，税收收入中 50% 为中央财政收入，50% 为地方收入。进口环节的增值税由海关负责征收，税收收入全部为中央财政收入。

五、税收筹划

税收筹划是纳税义务人在税法允许的范围内，从多种纳税方案中进行科学合理的事前选择和规划，利用税法给予的对自己有利的可能选择与优惠政策，选出合适的税收方法，从而使本身税负得以延缓或减轻的一种行为。

项目一　缴纳企业税收

导入案例

区税务局稽查局查获偷税案

北辰区税务局稽查局接到群众举报某家具有限公司销售家具不开具发票，大肆偷逃国家税款。稽查局根据举报线索立即组织人员立案检查。检查组通过对该单位的账簿、记账凭证及相关财务资料、销售单据等资料进行检查，同时调取了该单位法定代表人在中国工商银行开立的个人银行卡的资金往来情况，发现该企业在账簿上不列、少列收入。依据《中华人民共和国税收征收管理法》第六十三条的规定，对上述行为定性为偷税，共计补缴增值税1 076 216.97 元，补缴企业所得税 164 715.48 元，给予所补税款 0.5 倍的罚款即 620 466.31 元，其涉嫌犯罪的行为依据《中华人民共和国税收征收管理法》第三十二条的规定加收万分之五滞纳金。依据《中华人民共和国税收征收管理法》第七十七条以及中华人民共和国国务院令第 310 号《行政执法机关移送涉嫌犯罪案件的规定》第三条的规定，依法将该案件移送司法机关处理。

（来源：天津日报）

知识简介

一、税法的调整对象

我国现行税法的调整对象是在国家税收活动中发生的征收与缴纳主体之间的经济关系、中央与地方之间的税收权限关系和税收程序关系。它具体包括以下内容：

1. 税收征纳关系

纳税人认定关系、税款缴纳关系、票证管理关系等。

2. 税收权限关系

中央与地方、权力机关与行政机关、上级机关与下级机关。

3. 税收程序关系

税务登记、财簿凭证管理、税款征收、纳税申报、税务检查等。

二、税收法律关系

税收法律关系是税法调整国家与纳税义务人之间在税款征收活动中所发生的征纳关系而形成的权利和义务关系。

（一）税收法律关系的主体

主体指税收法律关系的参加者。

（二）税收法律关系的内容

征税主体与纳税主体双方所享有的权利和应承担的义务。

（1）征税主体的权利是依法进行征税，办理税务登记，核发税务登记证，进行税务检查和对违章者进行处罚等，征税主体的义务是将税款及时无误地解缴国库，出具各种凭证，为纳税者保守秘密，及时把税收争议案件提交上级机关处理等。

（2）纳税主体的权利是按税法规定享有减税免税和申报退税，对税务机关作出的不合理决定，有权申请上级税务机关复议，对复议仍持异议，可诉诸法院；纳税主体的义务是必须按时办理纳税登记，接受监督检查，提供真实的会计报表及纳税资料，依法缴纳税款，不拖欠税款，不偷漏税，不抗税等。

（三）税收法律关系的客体

客体指税收法律关系主体之间的权利和义务共同指向的对象和实现的目标，包括货币、实物和行为3个方面。

三、税法的构成要素

税法构成要素，又称课税要素，是指各种单行税法具有的共同的基本要素的总称。

（一）纳税义务人（纳税人）

纳税人，指税法规定的直接对国家承担纳税义务的人，包括各种社会组织和自然人。

（二）征税对象

征税对象，即征税客体，又称计税依据，是指税法规定的必须征税的对象，表明国家对什么样的标的物征税。征税对象是征税与不征税的分界线，而不同征税对象又构成不同税种，在税法中就要以征税对象来区别各种税和设置税种。例如，收益税的征税对象是收益额，流转税的征税对象是商品销售额或服务性业务的营业额等。征税对象按其性质的不同，通常划分为流转额、所得额、财产、资源及行为五大类。

税目，是指税法规定的具体的征税项目，它是征税对象的具体化，表明征税的范围和广度。税法规定税目，可以通过明确征税对象的范围，制定高低不同的税率，从而贯彻国家的经济政策。

（三）税率

税率，是纳税额与计税依据数额之间的比例。我国的税率有三种：

1. 定额税率

定额税率是按征税对象的计量单位直接规定应纳税额的税率形式，采用定额税率征税，税额的多少同征税对象的数量成正比。

2. 比例税率

比例税率是对同一征税对象，不分数额大小，规定相同的征收比例的税率。它是税负横向平衡的重要体现，使用范围比较广泛，通常用于流转额的征税。

3. 累进税率

累进税率是对同一征税对象，随数量的增大，征收比例也随之增高的税率。累进税率按照依据和累进方式的不同，又分为全额累进税率、超额累进税率和超率累进税率。

（四）纳税环节

纳税环节，是指税法规定的征税对象在从生产到消费的流转过程中应缴纳税款的环节。商品经济条件下，商品从生产到消费通常经过生产制造、商业批发、商业零售等环节。商品课税的纳税环节，应当选择在商品流转的必要环节。纳税环节与纳税义务发生时间和纳税期限紧密联系。

（五）纳税期限和纳税地点

1. 纳税期限

纳税期限是税法规定的纳税主体向税务机关缴纳税款的具体时间。纳税期限是衡量征纳双方是否按时行使征税权力和履行纳税义务的尺度。纳税期限一般分为按次征收和按期征收两种。在现代税制中，一般还将纳税期限分为缴税期限和申报期限两段，但也可以将申报期限内含于缴税期限之中。

2. 纳税地点

纳税地点是指缴纳税款的场所。纳税地点一般为纳税人的住所地，也有规定在营业地、财产所在地或特定行为发生地的。

（六）税收优惠

税收优惠是指税法对某些特定的纳税人或征税对象给予的一种免除规定，它包括减免税、税收抵免等多种形式。税收优惠按照优惠目的通常可以分为照顾性和鼓励性两种；按照优惠范围可以分为区域性和产业性两种。

（七）税务争议

税务争议是指税务机关与税务管理相对人之间因确认或实施税收法律关系而产生的纠纷。解决税务争议主要通过税务行政复议和税务行政诉讼两种方式，并且一般要以税务管理相对人缴纳税款为前提。在税务争议期间，税务机关的决定不停止执行。

（八）税收法律责任

税收法律责任是税收法律关系的主体因违反税法所应当承担的法律后果。税法规定的法律责任形式主要有三种：一是经济责任，包括补缴税款、加收滞纳金等；二是行政责任，包括吊销税务登记证、罚款、税收保全及强制执行等；三是刑事责任，对违反税法情节严重构成犯罪的行为，要依法承担刑事责任。

四、我国企业主要涉及的税种

我国税种经历增加、精简、合并等过程，截至目前，现行实施的税种共有 18 种，其中由税务机关征收的有 16 种，由海关征收的 2 种（不考虑委托海关代征的情形）。16 种税种分别是：增值税、消费税、城建税、企业所得税、个人所得税、契税、房产税、印花税、城镇土地使用税、土地增值税、车船使用税、车辆购置税、资源税、耕地占用税、烟叶税、环保税；2 种税种分别是关税、船舶吨税。

五、常见的企业税务违法行为

（一）违反日常税收管理的违法行为

（1）未按规定办理税务登记事项。
（2）未按规定设置、保管账簿等。
（3）未按规定安装和使用税控装置。
（4）未按规定向税务机关报告其全部账号。
（5）未按规定向税务机关报送财务资料。
（6）其他违反日常税收管理行为。

(二) 直接妨害税款征收的违法行为

1. 偷税
采用各种方法和手段,不缴或少缴应缴税款。

2. 抗税
以暴力威胁方法拒不缴纳应纳税款。

3. 骗税
以假报出口或其他欺骗手段骗取国家出口退税款。

4. 逃避追缴欠税
以转移财产手段妨碍税务机关追缴欠税。

5. 拒不缴纳税款
逾期不缴或少缴税款,经税务机关责令限期缴纳,逾期仍不缴纳。

(三) 妨害发票管理的行为
未按规定印制、领购、开具、取得、保管发票,非法携带、邮寄、运输;存放空白发票,私自印制、伪造、变造、倒买倒卖发票。

六、小微企业缴纳的主要税费

1. 增值税
这是我国的第一大税种,无论是进行销售、加工、修理修配、提供劳务或者是进口,都需要交纳增值税。

2. 消费税
生产或者是销售的应税项目属于消费税税目的范围,需要交纳消费税。

3. 个人所得税
企业类型为个人合伙企业、个人独资企业的,缴纳个人所得税。

4. 印花税
需要和别人签订合同等有一些印花税的应税项目,需要缴纳印花税。

5. 城市建设维护税、教育费附加、地方教育费附加
以增值税(或消费税)的税款来作为计税依据。

6. 车辆购置税
企业购买车辆,需要缴纳车辆购置税。

7. 车船税
小微企业有车辆,需要缴纳车船税。

8. 城镇土地使用税
小微企业的经营地占在城市、县城等区域,需要缴纳城镇土地使用税。

9. 契税
小微企业购买房产,在购买时需要缴纳契税。

10. 关税
小微企业有进口的货物、材料等,需要在海关缴纳关税。

其他税种,如资源税、耕地占用税、环境保护税、房产税等也可能涉及。

案例分析

一、过失造成少缴税款案

【案情】

青工公司注册地址位于山东省青岛市，注册资本5 000万元，成立时间为2014年3月，主要经营机械零部件贸易。公司成立以后，营业额逐年增长，至2019年达到40 000万元。为整合资源、减轻公司财务部门工作量，自2015年9月起，青工公司聘请成功事务所代理进行纳税申报。2017年，成功事务所在为青工公司进行网上申报时，由于输入错误，少申报应纳增值税约500万元。青工公司及成功事务所事后均未发现这一失误。2019年9月，公安部门到青工公司调查，称青工公司进行虚假的纳税申报，逃避缴纳税款，已构成逃税罪。青工公司了解相关情况后，认为其少申报税款系由成功事务所的工作失误造成的。直至公安机关对青工公司进行调查，青工公司完全不知情。青工公司在主观上并没有逃避缴纳税款的目的，不应承担刑事责任。由于承担刑事责任将对青工公司的发展造成重创，并严重影响公司的企业形象，公司管理层高度重视本次涉税争议的处理。

【问题】

1. 青工公司是否构成逃税罪？
2. 若不构成逃税罪，青工公司是否还要承担法律责任？

【分析】

1. 青工公司少缴税款不构成逃税罪。本案中，青工公司对成功事务所的输入错误并不知情，当然不构成"明知"，更谈不上"放任"，因此无论如何不能被认定为直接故意或间接故意。事实上，青工公司应当预见到成功事务所的工作可能会发生错误，但由于在与成功事务所多年合作的基础上建立了充分的信赖等原因，青工公司并未发现这一问题。青工公司在主观上是应当预见而没有预见，构成过失。另一方面，青工公司的纳税申报自始至终由成功事务所代理，青工公司亦不存在采取欺骗、隐瞒手段进行虚假的纳税申报或者不申报的行为。根据前文的分析，青工公司无论从主观方面分析，还是从客观方面分析，均不构成逃税罪。

2. 青工公司应当补缴税款。虽然青工公司的行为不构成刑事犯罪，但其仍应当承担按时足额缴纳税款的义务。根据《中华人民共和国税收征收管理法》第五十二条的规定，因纳税人、扣缴义务人计算错误等失误，未缴或者少缴税款的，税务机关在三年内可以追征税款、滞纳金；有特殊情况的，追征期可以延长到五年。税务机关可以追征青工公司少缴的部分税款，并加收滞纳金。青工公司应当依法补缴相关税款和滞纳金。

知识扩展

构成逃税罪的主客观要件

1. 构成逃税罪，主观上应当具有故意。

根据《中华人民共和国刑法修正案七》，构成逃税罪的犯罪行为是"纳税人采取欺骗、隐瞒手段进行虚假纳税申报或者不申报，逃避缴纳税款……"，属于复合行为。其中，手段行为是"采取欺骗、隐瞒手段进行虚假纳税申报或者不申报"，目的行为是"逃避缴纳税"。虽然刑法没有明确规定构成逃税罪应当具有故意，但从上述对目的行为的规定来看，构成逃税罪的主观方面只能是故意。

2. 构成逃税罪，客观上应当采取欺骗、隐瞒手段进行虚假纳税申报或者不申报。

在客观方面，根据《中华人民共和国刑法修正案七》的规定，纳税人采取欺骗、隐瞒手段进行虚假纳税申报或者不申报，从而造成逃避缴纳税款结果的，才构成逃税罪。也就是说，企业虽然逃避缴纳税款，但未实施以欺骗、隐瞒手段进行虚假纳税申报或不申报行为的情形不构成逃税罪。

实践中较为常见的情形是，由于税务机关的工作失误，造成纳税人少缴税款。在这一情形下，行为人按照实际情况向税务机关申报材料，并未向税务机关隐瞒任何情况，更谈不上欺骗，也没有进行虚假的纳税申报或者不申报。虽然行为人明知税务机关的工作失误，且未提出异议，构成逃避缴纳税款的直接故意，但因具备逃税罪客观方面的要件，仍然不能认定行为人构成逃税罪。

二、发票违章

【案情】

某市旺旺火锅城于2014年12月10日进行了工商注册登记，2015年1月20日进行了税务登记，经营范围：餐饮。

2019年1月5日，某市税务局受理县税务局移交的发票违章案件一起。县税务局在移送案件中反应：该纳税人（即旺旺火锅城）在给消费者开具发票时，没有在发票上加盖本店的发票专用章，消费者将开具给自己的发票交由另一家经营旅店的个体户使用，一消费者在消费索取发票刮奖时刮出了奖，拿着中奖发票去某县税务局办税大厅兑奖，被办税大厅工作人员在征管系统中发现，经核查属在某市税务局领用的发票，于是及时通知移交某市税务局。经某市税务局纳税服务分局实地调查，情况属实。

【问题】

1. 旺旺火锅城是否构成违规？
2. 发票与税收有什么关系？

【分析】

1. 旺旺火锅城构成违规。依据《中华人民共和国发票管理办法》第三十五条第一款规定，属应加盖而未加盖发票专用章的行为。某市税务局遂对其违反发票管理办法的行为，处以罚款500元。应对纳税人进行批评教育，对纳税人认真讲解发票的使用、管理的相关知识和规定。同时，在办税大厅进行书面公告。

2. 企业必须按法律、法规，国务院及国务院财政、税务主管部门的规定设置账簿，根据合法有效的凭证，进行核算。其中合法有效的凭证，就是指发票（包括外购的发票）和自制凭证（如工资单）。

税收是国家财政收入的主要形式，占国家财政收入的90%以上，税务机关在日常的税收管理中，发票检查是一项重要的内容，在确认企业收入、确认企业成本费用等过程中，均以发票为基础确定。很多税种以收入为基础计征，如少计一部分收入，就少缴一部分相关税费，进而影响了国家的整体税收。

知识扩展

《中华人民共和国发票管理办法》的相关规定

一、防范虚开发票的违法行为

《中华人民共和国发票管理办法》对虚开发票的违法行为作了进一步细化,增强可操作性,并增加规定运用信息技术手段有效防范虚开发票行为:任何单位和个人不得为他人、为自己、让他人为自己或者介绍他人开具与实际经营业务情况不符的发票。目前比较常见的虚开行为是在发票联多开金额(多报销)而在记账联和存根联上少开金额(少缴税),形成"大头小尾",很难一一查证。近几年,税务机关按照《中华人民共和国税收征收管理法》的规定推广使用税控装置,并试点通过网络发票管理系统开具发票,税务机关也可借此直接监控纳税人开具的发票联信息,不必再依赖记账联和存根联信息,效果较好。因此,《中华人民共和国发票管理办法》增加规定:安装税控装置的单位和个人,应当按照规定使用税控装置开具发票,并按期向主管税务机关报送开具发票的数据;国家推广使用网络发票管理系统开具发票;同时,对使用非税控电子器具开具发票也作了进一步规范。

二、对发票违法行为的处罚

为进一步加大对发票违法行为的惩处力度,《中华人民共和国发票管理办法》作了以下规定:

(一)提高了对发票违法行为的罚款数额。对虚开、伪造、变造、转让发票违法行为的罚款上限由5万元提高为50万元,对违法所得一律没收;构成犯罪的,依法追究刑事责任。

(二)对发票违法行为及相应的法律责任作了补充规定,包括:对非法代开发票的,与虚开发票行为负同样的法律责任;对知道或应当知道是私自印制、伪造、变造、非法取得或者废止的发票而受让、开具、存放、携带、邮寄或者运输的,以及介绍假发票转让信息的,由税务机关根据不同情节,分别处1万元以上5万元以下、5万元以上50万元以下的罚款,对违法所得一律没收。

(三)对违反发票管理规定2次以上或者情节严重的单位和个人,税务机关可以向社会公告,以发挥社会监督作用。

延伸阅读

2019年7月,公安部举行新闻发布会,通报公安机关联合税务等部门共同打击整治涉税违法犯罪工作情况。当日公安部还发布十大涉税犯罪典型案件。据介绍,2018年以来,全国公安机关共立涉税犯罪案件2.28万起,涉案金额5 619.8亿元。其中,2018年11月,安徽合肥公安机关根据税务部门移送的线索,摧毁了一个以邱某塔为首的犯罪团伙。经查,自2017年以来,该犯罪团伙纠集财务公司人员,大量注册空壳公司领购发票后大肆对外虚开。经深挖扩线,发现该团伙控制空壳公司1.1万余个,涉案金额达910余亿元。

2018年,全国共查处涉嫌虚开增值税发票企业108 970户,定性对外、接受虚开增值税专用发票及其他可抵扣凭证582.5万份,涉案税额1 108.93亿元。

(来源:人民网)

知识应用

税收违法行为

【案情】2019年10月10日,甲市税务局接到群众举报信,举报乙市空调设备厂自2018年5月1日起在甲市设立临时销售点,销售本厂生产的产品,取得大量销售收入,未申报纳税。接到举报后,甲市税务局于10月11日,由三名税收管理员对销售点进行检查,发现该销售点未在甲市办理任何有关税务登记的手续,自2018年7月1日起,由李某承包经营,销售点未将有关承包经营的情况向税务机关报告。

【问题】请问销售点在税务登记方面存在哪些税收违法行为?

【分析】

延伸阅读

一、深圳市地方税务局稽查局税务行政处罚决定书

深地税稽罚〔2017〕602号

深圳市安捷利供应链有限公司:

经对你公司(纳税人识别号:440300571953198,注册地址:深圳市福田区福保街道红花路长平商务大厦2221、2222)2014年1月1日至2015年12月31日的纳税情况进行检查,查明的违法事实及处罚决定如下:

(一)违法事实

1. 未按规定申报缴纳印花税

(1)你公司2014年书立购销合同,合同所载金额合计534 146 431.89元,应申报缴纳"购销合同"印花税160 243.9元,你公司在纳税义务发生当期未申报缴纳此项印花税。

虽然你公司在稽查期间2016年9月21日按税款所属期补缴上述少缴的印花税160 243.9元,但在纳税义务发生当期已造成少缴税的事实。

(2)你公司2015年书立购销合同,合同所载金额合计510 783 528.36元,应申报缴纳"购销合同"印花税153 235元,你公司在纳税义务发生当期未申报缴纳此项印花税。

虽然你公司在稽查期间2016年9月21日按税款所属期补缴上述印花税153 235元,但在纳税义务发生当期已造成少缴税的事实。

你公司上述行为违反了《中华人民共和国印花税暂行条例》第一条、第二条、第三条、第五条、第七条的规定。

2. 未按规定代扣代缴个人所得税

(1) 你公司2014年发放春节回乡交通补助等，按规定应代扣代缴"工资、薪金所得"个人所得税32 042.02元，但你公司在扣缴义务发生当期只代扣代缴此项个人所得税31 314.36元，少代扣代缴此项个人所得税727.66元，违反了《中华人民共和国个人所得税法》（中华人民共和国主席令2011年第48号）第一条、第二条和第八条的规定。

(2) 你公司2015年发放春节回乡交通补助，按规定应代扣代缴"工资、薪金所得"个人所得税20 287.6元，但你公司在扣缴义务发生当期只代扣代缴此项个人所得税20 175.6元，少代扣代缴此项个人所得税112元，违反了《中华人民共和国个人所得税法》（中华人民共和国主席令2011年第48号）第一条、第二条和第八条的规定。

（二）处罚决定

1. 根据《中华人民共和国税收征收管理法》第六十四条第二款的规定，对你公司少缴2014年"购销合同"印花税160 243.9元和2015年"购销合同"印花税153 235元行为分别处以少缴税款百分之五十罚款80 121.95元和76 617.5元。

2. 根据《中华人民共和国税收征收管理法》第六十九条的规定，对你公司应扣未扣2014年个人所得税727.66元和2015年个人所得税112元的行为分别处以应扣未扣税款百分之五十罚款363.83元和56元。

以上罚款合计157 159.28元。限你公司自本决定书送达之日起15日内到深圳市福田区地方税务局（深圳市福田区华富路2039号）缴纳入库。

你公司如对本决定不服，可以自收到本决定书之日起六十日内依法向深圳市地方税务局申请行政复议，或者自收到本决定书之日起六个月内依法向深圳市盐田区人民法院起诉。你公司如对处罚决定逾期不申请复议也不向深圳市盐田区人民法院起诉、又不履行的，我局将根据《中华人民共和国税收征收管理法》第四十条、第八十八条第三款的规定采取强制执行措施，或者申请人民法院强制执行。

(来源：晶报多媒体数字版)

二、《电子商务法》正式施行，电商经营者要依法登记纳税

2019年1月1日起，《中华人民共和国电子商务法》正式施行，这是我国电商领域首部综合性法律，主要对电商经营者、电商合同的订立与履行、电商争议解决与电商促进、法律责任等方面做了规定，让网购更加放心和规范。

电商也要办照纳税并公示信息。电商法第十条和第十五条规定，经营者应当依法办理市场主体登记。但是，个人销售自产农副产品、家庭手工业产品，个人利用自己的技能从事依法无须取得许可的便民劳务活动和零星小额交易活动，以及依照法律、行政法规不需进行登记的除外。经营者必须在显著位置公示信息，无须办理市场主体登记情形的必须个人实名。电商平台未报送平台内经营者身份信息的，未提示经营者依法办理登记的，最高将处罚50万元。

(来源：中国孝感政府网站)

项目二　缴纳个人所得税

导入案例

2016年12月，天津一家建筑安装公司发放劳务工资不做账，用材料发票抵顶劳务费用，编造经营支出成本，偷逃个人所得税，被天津市税务局第一稽查局查处，追缴企业税款并加收滞纳金和罚款112万元。

(来源：央广网天津)

知识简介

一、个人所得税含义

个人所得税法是调整征税机关与自然人（居民、非居民）之间在个人所得税的征纳与管理过程中所发生的社会关系的法律规范的总称。

个人所得税是国家对本国公民、居住在本国境内的个人的所得和境外个人来源于本国的所得征收的一种所得税。在有些国家，个人所得税是主体税种，在财政收入中占较大比重，对经济亦有较大影响。

2018年8月31日，关于修改个人所得税法的决定通过，起征点每月5 000元，2018年10月1日起实施最新起征点和税率，新个人所得税法自2019年1月1日起施行。

二、法定对象

（一）居民纳税义务人

在中国境内有住所，或者无住所而一个纳税年度内在中国境内居住累计满一百八十三天的个人，为居民个人。居民个人从中国境内和境外取得的所得，依照《中华人民共和国个人所得税法》（以下简称《个人所得税法》）规定缴纳个人所得税。

（二）非居民纳税义务人

在中国境内无住所又不居住，或者无住所而一个纳税年度内在中国境内居住累计不满一百八十三天的个人，为非居民个人。非居民个人从中国境内取得的所得，依照《个人所得税法》规定缴纳个人所得税。

纳税年度，自公历一月一日起至十二月三十一日止。

三、征税内容

1. 工资、薪金所得

工资、薪金所得，是指个人因任职或受雇而取得的工资、薪金、奖金、年终加薪、劳动分红、津贴、补贴以及与任职或受雇有关的其他所得。这就是说，个人取得的所得，只要是与任职、受雇有关，不管其单位的资金开支渠道或以现金、实物、有价证券等形式支付的，都是工资、薪金所得项目的课税对象。

2. 劳务报酬所得

个人独立从事设计、安装、制图、医疗、会计、法律、咨询、讲学、新闻、广播、投稿、翻译、书画、雕刻、电影、戏剧、音乐、舞蹈、杂技、曲艺、体育、技术服务等项劳务的所得。以工资、薪金形式从其工作单位领取的，则属于工资、薪金所得，不属于劳务报酬所得。

3. 稿酬所得

个人因其作品以图书、报刊形式出版、发表而取得的所得。作品包括中外文字、图片、乐谱等能以图书、报刊方式出版、发表的作品；"个人作品"，包括本人的著作、翻译的作品等。

4. 特许权使用费所得

特许权使用费所得，是指个人提供专利权、著作权、商标权、非专利技术以及其他特许权的使用权取得的所得。提供著作权的使用权取得的所得，不包括稿酬所得。作者将自己文字作品手稿原件或复印件公开拍卖（竞价）取得的所得，应按特许权使用费所得项目计税。

5. 经营所得

个体工商户的生产、经营所得；对企事业单位的承包经营、承租经营所得。

6. 利息、股息、红利所得

利息、股息、红利所得，是指个人拥有债权、股权而取得的利息、股息、红利所得。利息是指个人的存款利息（国家宣布2008年10月8日次日开始取消利息税）、贷款利息和购买各种债券的利息。股息，也称股利，是指股票持有人根据股份制公司章程规定，凭股票定期从股份公司取得的投资利益。红利，也称公司（企业）分红，是指股份公司或企业根据应分配的利润按股份分配超过股息部分的利润。股份制企业以股票形式向股东个人支付股息、红利即派发红股，应以派发的股票面额为收入额计税。

7. 财产租赁所得

财产租赁所得，是指个人出租建筑物、土地使用权、机器设备车船以及其他财产取得的所得。财产包括动产和不动产。

8. 财产转让所得

财产转让所得，是指个人转让有价证券、股权、建筑物、土地使用权、机器设备、车船以及其他自有财产给他人或单位而取得的所得，包括转让不动产和动产而取得的所得。对个人股票买卖取得的所得暂不征税。

9. 偶然所得

偶然所得，是指个人取得的所得是非经常性的，属于各种机遇性所得，包括得奖、中奖、中彩以及其他偶然性质的所得（含奖金、实物和有价证券）。

居民个人取得前述第一项至第四项所得（称为综合所得），按纳税年度合并计算个人所得税；非居民个人取得前述第一项至第四项所得，按月或者按次分项计算个人所得税。纳税人取得前述第五项至第九项所得，依照《个人所得税法》规定分别计算个人所得税。

四、个人所得税的税率

（1）综合所得，适用百分之三至百分之四十五的超额累进税率。

（2）经营所得，适用百分之五至百分之三十五的超额累进税率。

（3）利息、股息、红利所得，财产租赁所得，财产转让所得和偶然所得，适用比例税率，税率为百分之二十。

五、应纳税所得额的计算

1. 居民个人的综合所得

以每一纳税年度的收入额减除费用六万元以及专项扣除、专项附加扣除和依法确定的其他扣除后的余额，为应纳税所得额。

专项扣除，包括居民个人按照国家规定的范围和标准缴纳的基本养老保险、基本医疗保险、失业保险等社会保险费和住房公积金等；专项附加扣除，包括子女教育、继续教育、大病医疗、住房贷款利息或者住房租金、赡养老人等支出，具体范围、标准和实施步骤由国务院确定，并报全国人民代表大会常务委员会备案。

2. 非居民个人的工资、薪金所得

以每月收入额减除费用五千元后的余额为应纳税所得额；劳务报酬所得、稿酬所得、特许权使用费所得，以每次收入额为应纳税所得额。

3. 经营所得

以每一纳税年度的收入总额减除成本、费用以及损失后的余额，为应纳税所得额。

4. 财产租赁所得

每次收入不超过四千元的，减除费用八百元；四千元以上的，减除百分之二十的费用，其余额为应纳税所得额。

5. 财产转让所得

以转让财产的收入额减除财产原值和合理费用后的余额，为应纳税所得额。

6. 利息、股息、红利所得和偶然所得

以每次收入额为应纳税所得额。

劳务报酬所得、稿酬所得、特许权使用费所得以收入减除百分之二十的费用后的余额为收入额。稿酬所得的收入额减按百分之七十计算。

个人将其所得对教育、扶贫、济困等公益慈善事业进行捐赠，捐赠额未超过纳税人申报的应纳税所得额百分之三十的部分，可以从其应纳税所得额中扣除；国务院规定对公益慈善事业捐赠实行全额税前扣除的，从其规定。

六、下列各项个人所得，免纳个人所得税

（1）省级人民政府、国务院部委和中国人民解放军军以上单位，以及外国组织、国际组织颁发的科学、教育、技术、文化、卫生、体育、环境保护等方面的奖金。

(2) 国债和国家发行的金融债券利息。

(3) 按照国家统一规定发给的补贴、津贴。

(4) 福利费、抚恤金、救济金。

(5) 保险赔款。

(6) 军人的转业费、复员费、退役金。

(7) 按照国家统一规定发给干部、职工的安家费、退职费、基本养老金或者退休费、离休费、离休生活补助费。

(8) 依照我国有关法律规定应予免税的各国驻华使馆、领事馆的外交代表、领事官员和其他人员的所得。

(9) 中国政府参加的国际公约、签订的协议中规定免税的所得。

(10) 国务院规定的其他免税所得。由国务院报全国人民代表大会常务委员会备案。

案例分析

个人所得税的缴纳

【案情1】

王某每月工资3万元，2019年前三个月每月缴纳五险一金6 600元。每月的专项附加扣除费用合计为3 000元。

【问题】

按照累计预扣法计算，王某第三个月的应预扣预缴税额是多少？

【分析】

1月份：（30 000 − 6 600 − 5 000 − 3 000）×3% = 462

2月份：（30 000×2 − 6 600×2 − 5 000×2 − 3 000×2）×3% − 462 = 462

3月份：（30 000×3 − 6 600×3 − 5 000×3 − 3 000×3）×10% − 2 520 − 462 − 462 = 1 176

【案情2】

邓某为北京一公司职员，2019年1月工资为10 900元，缴纳五险一金金额1 000元，无其他收入。住房租金支出每月1 500元。

【问题】 该公司职员1月应缴纳个人所得税额为多少？

【分析】

公式：应纳税额 =（月收入 − 五险一金 − 起征点 − 依法确定的其他扣除 − 专项附加扣除）×适用税率 − 速算扣除数。

1月应交个人所得税额 =（工资10 900元 − 个人交五险一金金额1 000元 − 个人所得税扣除额5 000 − 1 500元）×税率3% − 速算扣除数0元 = 102元。

注：

住房租金专项附加扣除标准有3档。

1. 直辖市、省会城市、计划单列市以及国务院确定的其他城市，扣除标准为每月1 500元。

2. 市辖区户籍人口超过100万的城市，扣除标准为每月1 100元。

3. 市辖区户籍人口不超过100万的城市，扣除标准为每月800元。

表 5 – 1 至表 5 – 5 为个人所得税相关表格。

表 5 – 1　个人所得税税率（综合所得适用）

级数	全年应纳税所得额/元	税率/%
1	不超过 36 000 元的部分	3
2	超过 36 000 元至 144 000 元的部分	10
3	超过 144 000 元至 300 000 元的部分	20
4	超过 300 000 元至 420 000 元的部分	25
5	超过 420 000 元至 660 000 元的部分	30
6	超过 660 000 元至 960 000 元的部分	35
7	超过 960 000 元的部分	45

注：本表所称全年应纳税所得额是指依照《个人所得税法》第六条的规定，居民个人取得综合所得以每一纳税年度收入额减除费用六万元以及专项扣除、专项附加扣除和依法确定的其他扣除后的余额。

表 5 – 2　个人所得税税率（经营所得适用）

级数	全年应纳税所得额/元	税率/%
1	不超过 30 000 元的部分	5
2	超过 30 000 元至 90 000 元的部分	10
3	超过 90 000 元至 300 000 元的部分	20
4	超过 300 000 元至 500 000 元的部分	30
5	超过 500 000 的部分	35

注：本表所称全年应纳税所得额是指依照《个人所得税法》第六条的规定，以每一纳税年度的收入总额减除成本、费用以及损失后的余额。

表 5 – 3　个人所得税预扣率
（居民个人工资、薪金所得预扣预缴适用）

级数	累计预扣预缴应纳税所得额/元	预扣率/%	速算扣除数/元
1	不超过 36 000 元的部分	3	0
2	超过 36 000 元至 144 000 元的部分	10	2 520
3	超过 144 000 元至 300 000 元的部分	20	16 920
4	超过 300 000 元至 420 000 元的部分	25	31 920
5	超过 420 000 元至 660 000 元的部分	30	52 920
6	超过 660 000 元至 960 000 元的部分	35	85 920
7	超过 960 000 元的部分	45	181 920

注：《国家税务总局关于发布〈个人所得税扣缴申报管理办法（试行）〉的公告》中指出，扣缴义务人向居民个人支付工资、薪金所得时，按照累计预扣法计算预扣税款，并按月

办理扣缴申报。也就是说，领取工资薪金为主的群体，将适用"累计预扣法"。

表5-4 个人所得税预扣率表
(居民个人劳务报酬所得预扣预缴适用)

级数	预扣预缴应纳税所得额/元	预扣率/%	速算扣除数/元
1	不超过20 000元的	20	0
2	超过20 000元至50 000元的部分	30	2 000
3	超过50 000元的部分	40	7 000

表5-5 个人所得税税率
(非居民个人工资、薪金所得，劳务报酬所得，稿酬所得，特许权使用费所得适用)

级数	应纳税所得额/元	税率/%	速算扣除数/元
1	不超过3 000元的	3	0
2	超过3 000元至12 000元的部分	10	210
3	超过12 000元至25 000元的部分	20	1 410
4	超过25 000元至35 000元的部分	25	2 660
5	超过35 000元至55 000元的部分	30	4 410
6	超过55 000元至80 000元的部分	35	7 160
7	超过80 000元的部分	45	15 160

注：本表所称的应纳税所得额为非居民个人的工资、薪金所得，以每月收入额减除费用五千元后的余额；劳务报酬所得、稿酬所得、特许权使用费所得，以每次收入额为应纳税所得额，劳务报酬所得、稿酬所得、特许权使用费所得以收入减除百分之二十的费用后的余额为收入额。其中，稿酬所得的收入额减按百分之七十计算。

知识应用

个人所得税的缴纳

【案情】

刘某为某理工大学商学院副教授，2019年1月收入明细如下：

1. 基本工资6 000元，岗位工资4 000元，课时补贴800元，社保600元。
2. 刘教授在某权威出版社发表论文5篇，获得稿酬40 000元。
3. 刘教授因购买国债，获得国债利息收入2 000元。
4. 子女教育1 000元，赡养老人2 000元。

【问题】

1. 刘教授1月取得工资、薪金所得应缴纳的个人所得税为多少？
2. 刘教授取得稿酬所得应缴纳的个人所得税为多少？
3. 刘教授取得的国债利息收入要交所得税吗？

【分析】

知识扩展

数字货币

央行将推数字货币，减少洗钱、逃漏税等。央行有关负责人表示，探索央行发行数字货币可降低传统纸币发行、流通的高昂成本，提升经济交易活动的便利性和透明度，减少洗钱、逃漏税等违法犯罪行为，提升央行对货币供给和货币流通的控制力，更好地支持经济社会发展，助力普惠金融全面实现；还有助于建设全新的金融基础设施，进一步完善支付体系，提升支付清算效率，推动经济提质增效升级。

人民银行2014年成立了专门的数字货币研究团队，并于2015年年初进一步充实力量，对数字货币发行和业务运行框架、数字货币的关键技术、数字货币发行流通环境、数字货币面临的法律问题、数字货币对经济金融体系的影响、法定数字货币与私人发行数字货币的关系、国际上数字货币的发行经验等进行了深入研究，已取得阶段性成果。

（来源：新华社网）

延伸阅读

个税改革激发消费潜力

钱袋子鼓起来，消费才能"活起来"。通过更精准的政策措施，不断改善居民消费能力和预期，激发普通居民更大的消费潜能。

近14亿人的大市场，潜力无限，活力无穷。激发居民消费潜力，需要更多实招、硬招，架好消费新支点，撬动消费新增长。

当前，个税改革正在鼓起人们的钱袋子。前4月人均减税1 026元，累计近亿人的工薪所得无须再缴个税，改革红利更多惠及中低收入人群……从2018年10月开始的个人所得税改革,近日交出了让人充满获得感的成绩单,这份减税红包不仅让人觉得"厚重",更让人觉得"精准"。首次实施的子女教育、继续教育、大病医疗、赡养老人等六大专项附加扣除措施,为广大老百姓带来实实在在的获得感。

与其他减税降费举措主要在企业端发力不同,这次个税改革直接增重了普通百姓的钱包,最直接的体现就是居民消费能力的提升。北京大学国民经济研究中心近期发布的研究报告就显示,本次个税改革最终可以扩大消费支出7 176亿元,若以2017年的GDP计算,本次个税改革可以拉动中国GDP增长0.87个百分点。

端午节前一周,1.23亿只粽子在某电商平台销售一空,同比增幅超250%;端午假期国内旅游接待总人数超过9 500万人次,实现旅游收入393.3亿元,同比增长8.6%;端午期间北京旅游售票、娱乐等服务消费支出同比分别增长75.6%和32.1%……消费成为拉动经济增长的主引擎,也是中国经济活力四射的重要体现。2019年一季度,最终消费支出对经济增长的贡献率达65.1%,消费对经济增长的基础性作用在不断巩固。在外部经济环境总体趋紧、国内经济存在下行压力的情况下,促进消费升级、激发消费潜力对当前中国经济发展意义重大。

钱袋子鼓起来,消费才能"活起来"。毋庸讳言,当前制约我国消费升级的因素还有很多,这其中,居民总体收入水平不高依然是个重要因素。让消费者有更大消费能力,实现从"愿消费"到"能消费"的转变,需要在不断做大社会财富蛋糕、努力增加居民收入的同时,通过更精准的政策措施,不断改善居民消费能力和预期,激发普通居民更大的消费潜能。

数据显示,当前中国城镇居民的边际消费倾向介于0.71到0.75,这意味着城镇居民收入每增加1元,至少有0.71元用于消费。以此次个税改革为例,六大专项附加扣除项目不仅是许多家庭未来的支出重点,也越来越成为中等收入群体的消费方向。相比单纯提高"起征点",专项附加扣除能够有效推动实现幼有所育、学有所教、病有所医、住有所居、老有所养等民生目标,兼顾普惠性和特殊性,充分考虑了不同纳税人实际负担状况,让减税红包精准落袋,也让中低收入群体生活负担有效减轻、消费能力普遍增强。

个税改革要落实习近平总书记"坚持问题导向、因势利导、统筹谋划、精准施策"的要求,在"精准"上下功夫。事实上,一些促进居民消费增长的政策措施也应该更加强调精准。比如,消费金融要更普惠,加快消费信贷管理模式和产品创新,释放促进消费升级的新动力;财税政策要更亲民,加大对与普通居民生活关系密切的中低端消费品补贴力度,让老百姓享受到更多质优价廉的好产品。从更大层面而言,个税改革取得实效,对于推进改革具有启发意义:在全面深化改革过程中注重精准施策,才能让宏观政策落地为具体措施、转化为微观感受,从而推动改革落地。

近14亿人的大市场,潜力无限,活力无穷。激发居民消费潜力,需要更多实招、硬招,架好消费新支点,撬动消费新增长,中国经济将在高质量发展的路上更加动力澎湃。

(来源:人民日报)

实训任务

一、任务名称

以学习团队为单位绘制我国现行税法体系图。

二、任务目标

了解我国税法种类,掌握两个常用税种。

三、任务要求

(一)内容要求

(1)查阅我国现行税法种类,根据分类设计税法体系图。
(2)用画图的方式,清晰表现出来。
(3)便于记忆和学习使用。
(4)每组请详细介绍两个税种,并附有简要案例。

(二)完成任务需要最终提交的材料

(1)注明学习团队信息的我国现行税法体系图。
(2)介绍两个税种及相关案例。

(三)汇报与展示

各学习团队 PPT 展示汇报设计过程,以及介绍设计过程中团队分工与合作情况,并由队长公布队员参与度。

(四)评价

(1)实训任务纳入过程性考核成绩,学习团队得分将根据以上各项的完成情况由教师给出。
(2)团队队长对队员的贡献进行评价。
(3)队员得分将根据团队得分与团队队长的评价按比例计算得出。

模块六

如何走司法途径解决经济纠纷

　　小张的公司和甲公司原本是生意场上的重要伙伴，近期却因为一份买卖合同产生了经济纠纷，双方争执不下，想通过司法途径来解决纠纷，到底选择仲裁还是诉讼呢？如果仲裁，到哪里去呢？如果要诉讼，能不能选最近的法院去起诉？小张该怎么办呢？

知识目标

1. 了解纠纷的解决途径。
2. 了解仲裁的条件和程序。
3. 了解诉讼的条件和程序。

能力目标

　　能够按照我国的仲裁和诉讼法律制度正确地处理商事主体在经营过程中发生的各种纠纷。

态度目标

　　知法、守法、用法。

时代背景

党的十九大报告指出,经过长期努力,中国特色社会主义进入了新时代,这是我国发展新的历史方位。十九大报告提出新时代中国特色社会主义思想的命题,明确它是对马克思列宁主义、毛泽东思想、邓小平理论、"三个代表"重要思想、科学发展观的继承和发展,是马克思主义中国化最新成果,是党和人民实践经验和集体智慧的结晶,是中国特色社会主义理论体系的重要组成部分,是全党全国人民为实现中华民族伟大复兴而奋斗的行动指南,必须长期坚持并不断发展。新时代中国特色社会主义思想的主要内容是"八个明确",其中重申全面推进依法治国总目标是建设中国特色社会主义法治体系、建设社会主义法治国家。十九大报告的相关内容,为全面推进依法治国、建设社会主义法治国家,指明了前进方向。

十九大报告阐述了构成新时代坚持和发展中国特色社会主义的基本方略的十四个方面,其中,坚持依法治国方面,提出必须把党的领导贯彻落实到依法治国全过程和各方面,坚定不移走中国特色社会主义法治道路,完善以宪法为核心的中国特色社会主义法律体系,建设中国特色社会主义法治体系,建设社会主义法治国家,发展中国特色社会主义法治理论,坚持依法治国、依法执政、依法行政共同推进,坚持法治国家、法治政府、法治社会一体建设,坚持依法治国和以德治国相结合,依法治国和依规治党有机统一,深化司法体制改革,提高全民族法治素养和道德素质。

十九大报告法治建设相关内容的看点,一是强调全面推进依法治国,必须坚定不移走中国特色社会主义法治道路。简单地说,就是坚持党的领导、中国特色社会主义制度和中国特色社会主义法治理论。这三个方面实质上是中国特色社会主义法治道路的核心要义,规定和确保了中国特色社会主义法治体系的制度属性和前进方向。

习近平总书记曾指出,中国特色社会主义法治道路,是社会主义法治建设成就和经验的集中体现,是建设社会主义法治国家的唯一正确道路,在走什么样的法治道路问题上,必须向全社会释放正确而明确的信号,指明全面推进依法治国的正确方向,统一全党全国各族人民认识和行动。

二是重申全面依法治国是国家治理的一场深刻革命,是中国特色社会主义的本质要求和重要保障。建设社会主义法治国家是实现国家治理体系和治理能力现代化的必然要求,也是全面深化改革的必然要求,有利于在法治轨道上推进国家治理体系和治理能力现代化,有利于在全面深化改革总体框架内全面推进依法治国各项工作,有利于在法治轨道上不断深化改革。

三是明确和重申全面推进依法治国的总抓手。十九大报告提出完善以宪法为核心的中国特色社会主义法律体系,建设中国特色社会主义法治体系。全面推进依法治国涉及很多方面,在实际工作中必须有一个总揽全局、牵引各方的总抓手,这个总抓手就是建设中国特色社会主义法治体系,依法治国各项工作都要围绕这个总抓手来谋划和推进,而建设中国特色社会主义法治体系,包括形成完备的法律规范体系、高效的法治实施体系、严密的法治监督体系、有力的法治保障体系,形成完善的党内法规体系。

四是强调了全面依法治国的工作布局和重点任务,要求坚持依法治国、依法执政、依法行政共同推进,坚持法治国家、法治政府、法治社会一体建设,坚持依法治国和以德治国相结合,依法治国和依规治党有机统一,并提出维护宪法权威、科学立法、严格执法、公正司法、全民守法等五个方面的重点任务。

五是提出深化依法治国实践的新要求，如加强宪法实施和监督，推进合宪性审查工作，维护宪法权威；以良法促进发展、保障善治；建设法治政府；深化司法体制综合配套改革；树立宪法法律至上、法律面前人人平等的法治理念，要求各级党组织和全体党员要带头尊法学法守法用法，任何组织和个人都不得有超越宪法法律的特权，绝不允许以言代法、以权压法、逐利违法、徇私枉法。

谈谈你对党的十九大报告中关于落实全面依法治国的认识和理解？

_____
_____
_____
_____
_____
_____
_____
_____
_____
_____
_____

案例资讯

两大凉茶广告之争落幕 加多宝赔偿王老吉 100 万

从商标之争、包装之争，再到广告之争，王老吉和加多宝"两罐凉茶"的纠纷一直持续。2019 年 8 月 16 日，白云山发布的关于诉讼结果的公告显示，最高人民法院判决加多宝立即停止发布包含"中国每卖 10 罐凉茶 7 罐加多宝"广告词的广告以及立即停止使用并销毁印有"全国销量领先的红罐凉茶——加多宝"广告词的产品包装；并赔偿广药集团、王老吉大健康公司经济损失和合理费用共计 100 万元。同时，法院驳回了广药集团、王老吉其他诉讼请求。

商标侵权的 14 亿"大案"至今悬而未决

白云山近日公告，就加多宝集团相关 6 家主体公司侵犯广药集团"王老吉"注册商标纠纷案件，控股股东广州医药集团有限公司收到广东省高级人民法院一审民事判决书。广东省高院判处加多宝集团相关 6 家公司自判决发生法律效力起 10 日内，赔偿广药集团相关经济损失及合理维权费用共计 14.41 亿元。

不过，加多宝随即发布公告表示，"加多宝不服该一审判决，并立即向最高人民法院提起上诉，该一审判决不会生效。"

2019 年 7 月 1 日，加多宝在官网发布信息称收到最高人民法院就加多宝与广药集团"王老吉"商标侵权纠纷案裁定，最高人民法院裁定书认定：一审判决采信的证据在内容与形式上均存在重大缺陷，不能作为认定本案事实的依据，裁定撤销广东省高级人民法院（2014）粤高法民三初字第 1 号民事裁判，案件发回广东省高级人民法院重审。

王老吉与加多宝之间的较量，无论是宣传营销还是法律纠纷，都已经绵延数年。行业专家表示，作为凉茶饮料的两大巨头品牌，王老吉与加多宝的纷争不仅是对品牌资源和社会资源的无谓内耗，更是影响了凉茶作为我国特色民族饮料走向世界的壮大之路。律师也表示，在两大品牌之间，诉讼数量如此之多在业内也属罕见，并提醒其他企业应吸取双方的教训。

（来源：看财经）

研讨与交流（你如何看待王老吉和加多宝长达近十年的"拉锯战"？对于这两家企业所采用的解决经济争议的方式，你有何认识与了解?）

_____
_____
_____
_____
_____
_____
_____
_____
_____
_____
_____

知识链接

在现实生活中，民事主体间发生矛盾和纠纷有四种解决途径：

1. 协商解决

双方当事人在平等自愿的基础上，通过友好协商、互谅互让达成和解协议，进而解决纠纷。

2. 调解解决

在有关组织（如人民调解委员会）或中间人的主持下，在平等、自愿、合法的基础上分清是非、明确责任，并通过摆事实、讲道理，促使双方当事人自主达成协议，从而解决纠纷。

3. 仲裁解决

纠纷当事人根据纠纷前或者后达成的仲裁协议或合同中仲裁条款向仲裁机构提出申请，由仲裁机构依法审理，作出裁决，并通过当事人对裁决的自觉履行或由一方向人民法院申请强制执行而使纠纷得以解决。

4. 诉讼解决

通过打官司解决，它是指纠纷当事人一方依法向人民法院起诉，由法院依法审理，作出判决或裁定，通过当事人对生效裁判的自觉履行或人民法院的强制执行而解决纠纷。

上述四种解决纠纷的途径中，仲裁和诉讼具有法律上的强制执行力，协商和调解则不具有，因而当事人对协商和调解达成的协议可以反悔，但不按协议履行要承担相应的责任。当然，究竟采用何种途径去解决一个具体的民事纠纷则完全取决于当事人的意愿。

项目一　了解何为仲裁，如何提出仲裁

导入案例

甲地方市场监督管理局向乙百货商场购买了一批办公用品，因办公用品的质量问题与该百货商场发生纠纷。同时，乙百货商场与甲地方市场监督管理局又因向其征收市场管理费而发生争议。请问这两项争议是否可以通过仲裁的方式解决？

知识简介

一、仲裁的概念

仲裁，一般是当事人根据他们之间订立的仲裁协议，自愿将其争议提交由非司法机构的仲裁员组成的仲裁庭进行裁判，并受该裁判约束的一种制度。仲裁活动和法院的审判活动一样，关乎当事人的实体权益，是解决民事争议的方式之一。

二、《中华人民共和国仲裁法》的适用范围

根据《中华人民共和国仲裁法》（以下简称《仲裁法》）的规定，平等主体的公民、法人和其他组织之间发生的合同纠纷和其他财产纠纷，可以仲裁。仲裁的适用范围是指哪些纠纷可以通过仲裁解决、哪些纠纷不能以仲裁来解决。

1. 合同纠纷

这是指当事人因履行各类合同而产生的纠纷，包括各类经济合同纠纷、知识产权纠纷、房地产合同纠纷等。

2. 其他财产权益纠纷

这主要是指由侵权行为引发的纠纷，例如产品质量责任和知识产权领域的侵权行为。

仲裁委员会对下列争议或纠纷不予受理：婚姻、收养、监护、扶养、继承纠纷；依法应由行政机关处理的行政争议；劳动争议；农业集体经济组织内部的农业承包合同纠纷。

知识扩展

经济仲裁与劳动仲裁的区别

经济仲裁是解决平等民事主体间的合同纠纷和其他财产纠纷的一种争议解决方式，即处理的是经济纠纷，也称为民商事纠纷。劳动仲裁是通过劳动部门解决用人单位与个人之间劳动报酬、劳动保险、工伤等纠纷的一种方式，即处理的是劳动争议纠纷。二者的主要区别是：

1. 适用对象不同。经济仲裁适用于平等民事主体之间的经济纠纷关系，处理的是经济合同纠纷和财产权益纠纷；劳动仲裁适用于个人与单位之间的劳动关系，处理的是个人与用人单位之间在工资、劳保、辞职辞退、劳动补偿以及工伤等方面产生的劳动争议。

2. 设立依据不同。经济仲裁机构是依照《仲裁法》的规定由地市人民政府组建的专门处理经济纠纷的独立部门;劳动仲裁机构是依据劳动法律、法规规定在劳动部门设立的处理劳动争议的组织。

3. 立案条件不同。经济仲裁必须当事人双方在合同中订有明确具体的仲裁条款或事后已经达成仲裁协议,才能申请立案。劳动仲裁是法律规定解决劳动争议的必经程序,只要个人与用人单位签有劳动合同或者形成事实上的劳动关系,发生劳动争议后就可以申请立案。

4. 适用法律不同。经济仲裁是双方当事人同意就相互之间可能发生或已经发生的经济纠纷通过仲裁一裁终局法律手段解决的方式,适用的是《民法》《合同法》《仲裁法》等民商事法律、法规以及国际惯例和商业规则。劳动仲裁处理的是劳动争议,适用的是《劳动法》及其相关法律法规。

5. 仲裁效力不同。经济仲裁属于一裁终局,裁决一经作出即具有法律效力,除非法定原因,当事人不能再提起诉讼,仲裁裁决与人民法院判决具有同等法律效力,当事人逾期不履行,另一方当事人可以直接申请强制执行;劳动仲裁是处理劳动争议的前置程序,当事人不服劳动仲裁裁决,多数情况下可以再提起诉讼。

三、经济仲裁的基本制度

(一) 协议仲裁制度

仲裁协议是仲裁机构受理案件的唯一依据。所谓仲裁协议,是指双方当事人在自愿、协商、平等互利的基础之上将他们之间已经发生或可能发生的争议提交仲裁解决的书面文件,是申请仲裁的必备材料。

从书面仲裁协议的存在形式来看,仲裁协议包括合同中订立的仲裁条款、仲裁协议书和以其他书面方式在经济纠纷发生前或者经济纠纷发生后达成的请求仲裁的协议。"其他书面方式"包括合同书、信件和数据电文等形式。

(二) 一裁终局制度

仲裁实行一裁终局的制度,仲裁裁决作出后,即发生法律效力,即使当事人对裁决不服,也不能就同一案件向法院提出起诉。当事人就同一纠纷再申请仲裁或者向人民法院起诉的,仲裁机构或者人民法院不予受理。任何一方当事人不履行裁决所规定的义务,对方当事人可根据我国《民事诉讼法》的有关规定,向人民法院申请强制执行。

(三) 或裁或审制度

或裁或审制度指当事人选择解决争议途径时,在仲裁与审判中只能二者取其一的制度。当事人选择了以仲裁途径解决争议,就不可以再选择诉讼;当事人若选择了诉讼就不可以同时选择仲裁。

由于仲裁实行或裁或审制度,当事人双方达成仲裁协议后,一方当事人不信守协议向法院起诉,另一方当事人在实质性答辩之前,可以向法院提出管辖权异议,只要仲裁协议合法有效,法院就会裁定驳回起诉,该争议仍应由仲裁解决。当然,如果当事人首次开庭前未提出管辖权异议的,那么就表示当事人已放弃仲裁协议,人民法院就可以继续审理。

四、仲裁程序

（一）申请和受理

1. 申请仲裁

我国《仲裁法》第二十一条规定，当事人申请仲裁应当符合下列条件：第一，有仲裁协议；第二，有具体的仲裁请求和事实、理由；第三，属于仲裁委员会的受理范围。

当事人申请仲裁，应当采取书面的方式。《仲裁法》第二十二条规定："当事人申请仲裁，应当向仲裁委员会递交仲裁协议、仲裁申请书及副本。"

2. 审查和受理

仲裁委员会收到仲裁申请书之日起5日内，认为符合受理条件的，就应当受理，并通知当事人；认为不符合条件的，应当书面通知当事人不予受理，并说明理由。

仲裁委员会受理仲裁申请后，应当在仲裁规则规定的期限内将仲裁规则和仲裁员名册送达申请人，并将申请书副本和仲裁规则、仲裁员名册送达被申请人。被申请人应当在规定的期限内递交答辩书，并由仲裁委员会按规定将答辩书副本送达申请人。被申请人未提交答辩书的，不影响仲裁程序的进行。

（二）仲裁审理

1. 开庭审理

它是指在仲裁庭的主持下，在双方当事人和其他仲裁参与人的参加下，按照法定程序，对案件进行审理并作出裁决的方式。开庭审理是仲裁审理的主要方式。

开庭审理不同于公开审理。仲裁不公开进行，当事人协议公开的，可以公开进行，但涉及国家秘密的除外。

2. 书面审理

它是指在双方当事人及其他仲裁参与人不到庭参加审理的情况下，仲裁庭根据当事人提供的仲裁申请书、答辩书以及其他书面材料作出裁决的过程。书面审理是开庭审理的必要补充。

（三）仲裁中的和解、调解和裁决

1. 仲裁和解

仲裁和解是指仲裁当事人通过协商，自行解决已提交仲裁的争议事项的行为。仲裁和解是仲裁当事人行使处分权的表现。《仲裁法》第四十九条规定："当事人申请仲裁后，可以自行和解。"

2. 仲裁调解

仲裁调解是指在仲裁庭主持下，仲裁当事人在自愿协商、互谅互让的基础上达成协议，从而解决纠纷的一种制度。《仲裁法》第五十一条规定："仲裁庭在作出裁决前，可以先行调解。当事人自愿调解的，仲裁庭应当调解。调解不成的，应当及时作出裁决。"

3. 仲裁裁决

仲裁裁决是指仲裁庭对当事人之间所争议的事项进行审理后所作出的终局权威性判定。仲裁裁决可以按照多数仲裁员的意见作出，也可以按照首席仲裁员的意见作出。

（四）申请撤销仲裁裁决

申请撤销仲裁裁决是指对符合法定应予撤销情形的仲裁裁决，经由当事人向人民法院申请审查核实，裁定撤销仲裁裁决的行为。当事人申请撤销仲裁裁决，应当自收到裁决书之日起 6 个月内提出。

1. 申请撤销仲裁裁决的情形

当事人提出证据证明裁决有下列情形之一的，可以向仲裁委员会所在地的中级人民法院申请撤销裁决：①没有仲裁协议的。②裁决的事项不属于仲裁协议的范围或者委员会无权仲裁的。③仲裁庭的组成或者仲裁的程序违反法定程序的。④裁决所依据的证据是伪造的。⑤对方当事人隐瞒了足以影响公正裁决的证据的。⑥仲裁员在仲裁该案时有索贿、徇私舞弊、枉法裁决行为的。

2. 人民法院撤销仲裁裁决的程序

人民法院受理撤销裁决的申请后，认为可以由仲裁庭重新仲裁的，通知仲裁庭在一定期限内重新仲裁，并裁定中止撤销程序。仲裁庭拒绝重新仲裁的，人民法院应当裁定恢复撤销程序。

对当事人撤销仲裁裁决的情形，应当裁定撤销。人民法院认定仲裁裁决违背社会公共利益的，应当裁定撤销。人民法院应当在受理撤销裁决申请之日起 2 个月内作出撤销裁决或者驳回申请的裁定。

案例分析

一、仲裁条款或仲裁协议的效力

【案情】

2018 年 5 月，山东德州某健身俱乐部与青岛市健身器械公司签订了一份购销合同。合同中的仲裁条款规定："因履行合同发生的争议，由双方协商解决；无法协商解决的，由仲裁机构仲裁。"2018 年 8 月，双方发生争议。该健身俱乐部向其所在地的市仲裁委员会递交了仲裁申请书，但健身器械公司拒绝答辩。同年 10 月，双方经过协商，重新签订了一份仲裁协议，并商定将此合同争议提交该健身器械公司所在地的青岛市仲裁委员会仲裁。

【问题】本案中的仲裁条款和仲裁协议是否有效？

【分析】

本案中的仲裁条款因未指明具体的仲裁委员会，致使仲裁条款无法履行而无效。争议发生之后，双方重新签订的仲裁协议有效，理由是该仲裁协议指明了具体的仲裁委员会。

知识扩展

有效仲裁协议与无效仲裁协议

1. 仲裁协议应具备的内容

仲裁协议应当具有下列内容：第一，请求仲裁的意思表示；第二，仲裁事项；第三，选定的仲裁委员会。

2. 无效仲裁协议

有下列情形之一，仲裁协议无效：第一，约定的仲裁事项超出法律规定的仲裁范围的；第二，无民事行为能力人或限制行为能力人订立的仲裁协议；第三，一方采取胁迫手段迫使对方订立仲裁协议的。

仲裁协议对仲裁事项或仲裁委员会没有约定或约定不明确的，当事人双方可以补充协议，若达不成补充协议时，仲裁协议无效。当事人对仲裁协议的效力有异议的，可以请求仲裁委员会作出决定或者请求人民法院作出裁定。一方请求仲裁委员会作出决定，另一方请求人民法院作出裁定的，由人民法院裁定。当事人对仲裁协议的效力有异议，应当在仲裁庭首次开庭前提出。

二、仲裁庭的组成与回避制度

【案情】

2019 年，河北沧州某装修公司与石家庄某饭店签订了装饰装修合同。合同履行后，饭店以装修质量低劣为由拒绝付款。在多次协商未果的情况下，装修公司依据合同约定，向石家庄仲裁委员会提请仲裁。石家庄仲裁委员会受理此案后，依据仲裁规则和当事人双方的约定，由仲裁委员会主任和另外两名仲裁员组成了合议庭审理此案。开庭后，装修公司发现该仲裁委员会的主任与饭店的代理人曾经是中学同学，认为可能影响本案的公正裁决。为此，装修公司向石家庄仲裁委员会提出了仲裁员回避申请。

【问题】仲裁员是否适用回避制度？仲裁委员会主任的回避由谁决定？

【分析】

仲裁员的回避是指仲裁员具有可能影响案件公正裁决的情形后，依照法律的规定，自行申请退出仲裁庭，或者根据当事人的申请退出仲裁庭。

依据《仲裁法》第三十四条的规定，仲裁员有下列情形之一的，必须回避，当事人也有权提出回避申请：第一，是本案当事人或者当事人、代理人的近亲属；第二，与本案有利害关系；第三，与本案当事人、代理人有其他关系，可能影响公正仲裁的；第四，私自会见当事人、代理人，或者接受当事人、代理人的请客送礼的。

当事人提出回避申请，应当说明理由，在首次开庭前提出。回避事由在首次开庭后知道的，可以在最后一次开庭终结前提出。仲裁员是否回避，由仲裁委员会主任决定；仲裁委员会主任担任仲裁员时，由仲裁委员会集体决定。

本案中，仲裁委员会主任与当事人饭店的代理人曾经是中学同学，另一方当事人认为仲裁委员会主任有可能影响本案的公正裁决，但是中学同学关系是否构成与本案当事人、代理人可能影响公正仲裁的其他关系，应当由仲裁委员会集体决定，也就是说当事人可以提出仲裁员回避，但回避申请是否能够得到支持则由仲裁委员会集体决定。

知识扩展

侵犯商标专用权赔偿数额的计算

仲裁庭的组成与仲裁员的条件

1. 仲裁庭的组成形式

仲裁委员会受理仲裁申请后,组成仲裁庭裁决案件,仲裁庭行使仲裁权。仲裁庭的组成有两种形式:一种是由3名仲裁员组成的合议庭,一种是由1名仲裁员独任仲裁员。前者应当由双方当事人各自选定或者各自委托仲裁委员会主任指定1名仲裁员,第3名仲裁员由当事人共同选定或者共同委托仲裁委员会主任指定,第3名仲裁员是首席仲裁员;后者应当由当事人共同选定或者共同委托仲裁委员会主任指定。

2. 仲裁员的条件

仲裁委员会应当从公道正派的具有仲裁员资格的人员中聘任仲裁员。仲裁员应符合下列条件之一:①通过国家统一法律职业资格考试取得法律职业资格,从事仲裁工作满8年的。②从事律师工作满8年的。③曾任法官满8年的。④从事法律研究、教学工作并具有高级职称的。⑤具有法律知识、从事经济贸易等专业并具有高级职称或者具有同等专业水平的。

三、仲裁程序

【案情】

甲公司与乙公司签订了一份买卖节能灯的合同,双方在合同中约定:如果发生纠纷,应提交仲裁委员会仲裁。后来,乙公司作为买方提货时发现甲公司提供的货有严重的质量问题,于是向甲公司提出赔偿损失的要求,公司不允,双方协商未果。乙公司遂向仲裁委员会申请仲裁,提出申请的时间为8月18日,仲裁委员会于8月28日受理此案,并决定由3名仲裁员组成仲裁庭。甲、乙公司分别选定了一名仲裁员。乙公司作为申请方又委托仲裁委员会主任指定了首席仲裁员。乙公司所选的仲裁员恰好是乙公司上级单位的常年法律顾问。此三名仲裁员公开对此案进行了审理。当事人当庭达成了和解协议,仲裁庭依和解协议制作了仲裁调解书,此案圆满结束。

【问题】仲裁委员会在程序上有无不当之处,请指出并说明理由。

【分析】

1. 本案中仲裁委员会从收到申请书到受理申请之间间隔的时间违反仲裁程序。依据《仲裁法》第二十四条的规定,仲裁委员会应在收到仲裁申请书之日起5日内作出受理或不受理的决定。本案的间隔时间已经有10天了,显然不合法。

2. 选定仲裁员的方法是错误的。依据《仲裁法》第三十一条的规定,当事人应当各自选定或者各自委托仲裁委员会主任指定1名仲裁员,第3名仲裁员由当事人共同选定或共同委托仲裁委员会主任指定。本案中,乙公司独自委托仲裁委员会主任指定首席仲裁员的做法是违背程序的。

3. 仲裁员没有申请回避。依据《仲裁法》第三十四条第三项的规定,与本案当事人、代理人有其他关系,可能影响公正仲裁的仲裁员,应当申请回避。而本案中,乙公司选定的仲裁员是自己上级单位的常年法律顾问,属于这一情形,当事人虽然没有申请回避,仲裁员也应自行回避。

4. 仲裁不应公开进行。依据《仲裁法》第四十条的规定，仲裁不公开进行。当事人协议公开的，可以公开进行，但涉及国家秘密的除外。本案中，当事人没有协议公开审理，但仲裁庭却将该案公开审理，这一做法显然违反法律规定。

5. 仲裁庭依和解协议制作了仲裁调解书是不对的。依据《仲裁法》第四十九条的规定，当事人申请仲裁后，可以自行和解。达成和解协议的，可以请求仲裁庭根据和解协议作出裁决书，也可以撤回仲裁申请。而本案中，当事人既未提出申请，仲裁庭又出具了调解书，显然是错误的。

知识应用

一、仲裁协议的有效性认定

【案情】
上海某公司与汕头某公司在 A 市签订了一份皮鞋购销合同，该合同约定履行地在广州市。合同中的仲裁条款约定：如本合同发生争议，提交 A 市仲裁委员会仲裁。后上海公司与汕头公司就皮鞋质量问题发生合同纠纷，上海公司欲申请仲裁，但得知 A 市未设仲裁委员会，但上海、广州、汕头三个市均设立了仲裁委员会。

【问题】 请问本案合同中的仲裁协议是否有效？上海公司是否可以向上海、广州或汕头的仲裁委员会申请仲裁？

【分析】

_____
_____
_____
_____
_____
_____
_____
_____

二、仲裁协议的效力

【案情】
甲工厂与乙公司签订了一份加工承揽合同，合同约定 3 个月后，甲工厂将成品交给乙公司，乙公司收货后一个星期内付清款项。3 个月后，甲工厂按期将成品交付乙公司，但乙公司迟迟不付货款，拖欠近 2 个月。甲工厂多次找乙公司请求其支付货款，并赔偿损失。乙公司认为甲工厂加工的成品质量不合格，坚持不予付款。后双方经协商达成书面仲裁协议。一周后，甲工厂向协议书约定的仲裁委员会申请仲裁，乙公司却向合同履行地的人民法院提起诉讼，人民法院未予受理。

【问题】请问本案中谁应受理此案？双方在纠纷发生后达成的书面仲裁协议是否有效？为什么？

【分析】

延伸阅读

中国国际经济贸易仲裁委员会

中国国际经济贸易仲裁委员会（英文简称CIETAC，中文简称"贸仲委"）是世界上主要的常设商事仲裁机构之一。

贸仲委以仲裁的方式，独立、公正地解决经济贸易争议。

贸仲委设在北京，并在深圳、上海、天津和重庆分别设有华南分会、上海分会、天津国际经济金融仲裁中心（天津分会）和西南分会。贸仲委在香港特别行政区设立贸仲委香港仲裁中心。

贸仲委及其分会/仲裁中心是一个统一的仲裁委员会，适用相同的《仲裁规则》和《仲裁员名册》。贸仲委《章程》规定，分会/仲裁中心是贸仲委的派出机构，根据贸仲委的授权接受并管理仲裁案件。

根据仲裁业务发展的需要，以及就近为当事人提供仲裁咨询和程序便利的需要，贸仲委先后设立了29个地方和行业办事处。为满足当事人的行业仲裁需要，贸仲委在国内首家推出独具特色的行业争议解决服务，为不同行业的当事人提供适合其行业需要的仲裁法律服务，如粮食行业争议、商业行业争议、工程建设争议、金融争议以及羊毛争议解决服务等。此外，贸仲委还为当事人提供域名争议解决服务，积极探索电子商务的网上争议解决。针对快速解决电子商务纠纷及其他经济贸易争议的需要，于2009年5月1日推出《网上仲裁规则》。该规则在"普通程序"之外根据案件争议金额大小分别规定了"简易程序"和"快速程序"，以真正适应在网上快速解决经济纠纷的需要。

60多年来，贸仲委以其仲裁实践和理论活动为中国《仲裁法》的制定和中国仲裁事业的发展做出了贡献。贸仲委还与世界上主要仲裁机构保持着友好合作关系，以其独立、公正和高效在国内外享有盛誉。

中国海事仲裁委员会

中国海事仲裁委员会（China Maritime Arbitration Commission，简称 CMAC）是根据中华人民共和国国务院1958年11月21日的决定，于1959年1月22日设立于中国国际贸易促进委员会内受理国内外海事争议案件的常设仲裁机构，设立时名为中国国际贸易促进委员会海事仲裁委员会，1988年改为现在的名称，主要以仲裁的方式，解决海事、海商和物流争议，以及其他契约性和非契约性争议。

中国海事仲裁委员会的总部设于北京，只在上海、天津、重庆设有分会。仲裁委员会分会可以受理并处理案件。仲裁委员会及其分会设秘书处，秘书处设秘书长，分别领导仲裁委员会秘书处和分会秘书处处理日常事务。

仲裁委员会制定仲裁规则。仲裁委员会设立仲裁员名册。仲裁员由仲裁委员会从对航海、保险、法律等方面具有专门知识和实际经验的中外人士中聘任。

中国海事仲裁委员会设立仲裁员名册，供当事人选择指定仲裁员。中国海事仲裁委员会的仲裁员由中国国际贸易促进委员会（中国国际商会）从具有航运、保险、物流、法律等方面专业知识和实践经验的中外知名人士中聘任。除了法律专业之外，仲裁员的专业范围涉及海上货物运输、海上保险、船舶租赁、船舶买卖、船舶修理、船舶建造、船舶检验、船舶代理、航海技术、轮机工程、港务监督、港口管理、引航技术、海洋环境保护、船舶碰撞、救助、打捞、拖带、海损理算、物流等领域，为保证公正地审理各种类型的案件提供了坚实的基础。

青岛仲裁委员会

青岛仲裁委员会（Qingdao Arbitration Commission）是根据《中华人民共和国仲裁法》的规定，由青岛市人民政府组建的常设仲裁机构，是依法对平等主体的公民、法人和其他经济组织之间发生的合同纠纷和其他财产权益纠纷进行仲裁的专门机构。

青岛仲裁委员会秉承"依法、公正、亲和、高效"的理念，裁处了大量国内外合同纠纷和其他财产权益纠纷，已成为具有一定区域影响力的仲裁机构。在首届中国仲裁公信力评选中荣获"开拓进取奖"，在第二届中国仲裁公信力评选中，青岛仲裁委员会又被评为"全国十佳仲裁机构"和"涉外服务十佳仲裁机构"。"亲和仲裁"标识成功注册马德里、欧盟国际商标。

青岛仲裁委员会不断拓展服务领域，在区（市）、行业和商会成立了30个仲裁中心。突出专业优势，服务现代化国际城市建设，先后成立了知识产权仲裁院、海事海商仲裁院、国际金融仲裁院、国际贸易仲裁院、现代物流仲裁院、互联网仲裁院等6个专业仲裁院。致力于优化青岛市国际化、法治化、便利化营商环境，国际仲裁中心（山东）、欧洲-中国国际仲裁协会驻山东办事处于2018年落地青岛仲裁委员会。

仲裁员的专业领域遍及海事海商、国际贸易、知识产权、金融投资、证券期货、建筑工程等，可以满足各类民商事纠纷仲裁的需要。青岛仲裁委员会凭借丰富的仲裁理论和仲裁实践所奠定的坚实基础，正朝着走在全国前列、打造一流仲裁机构目标奋勇前进。

项目二　了解何为诉讼，如何提起诉讼

导入案例

江某将自己的五间房屋租给当地某商场作为库房。商场王某在库房值夜班时，不慎失火，将这五间房屋全部烧毁。江某要求赔偿损失，商场领导以房屋是王某不慎烧毁为由，拒不赔偿。现江某向人民法院起诉。江某应向哪一级以及哪一区的法院提起诉讼？

知识简介

一、民事诉讼的概念及特征

1. 民事诉讼

民事诉讼是指人民法院在当事人以及其他人员的参与下，依法审理案件、解决纠纷，保障当事人合法权益的各种活动的总称。

2. 民事诉讼的特征

民事诉讼是在国家审判机关主持下进行的活动，具有公权性；民事诉讼具有强制性和终局性的特点；民事诉讼具有明显的阶段性。

二、民事诉讼法的基本制度

民事诉讼法的基本制度，是在民事诉讼活动过程中的某个阶段或几个阶段对人民法院的民事审判起重要作用的行为准则。我国民事诉讼法的基本制度如下：

（一）合议制度

合议制度是指由若干名审判人员组成合议庭对民事案件进行审理的制度。按合议制组成的审判组织，称为合议庭。一般来说，合议庭由3个以上的单数的审判人员组成。在普通程序中，合议庭的组成有两种形式：一种是由审判员和人民陪审员共同组成，另一种是由审判员组成合议庭。

（二）回避制度

回避制度是指为了保证案件的公平审判，而要求与案件有一定利害关系的审判人员或其他有关人员，不得参与本案的审理活动或诉讼活动的审判制度。

（三）公开审判制度

公开审判制度是指人民法院审理民事案件，除法律规定的情况外，审判过程及结果应当向群众、社会公开。即允许群众旁听案件审判过程，允许新闻记者对庭审过程进行采访，允许其对案件审理过程进行报道，将案件向社会披露。

下列案件不公开审理：一是涉及国家秘密的案件；二是涉及个人隐私的案件；三是离婚案件、涉及商业秘密的案件，当事人申请不公开审理的，可以不公开审理。无论是否公开审理，宣判时一律公开。

（四）两审终审制度

两审终审制度是指一个民事案件经过两级人民法院审判后即告终结的制度。依两审终审

制度，一般的民事诉讼案件，当事人不服一审人民法院的判决、允许上诉的裁定，可上诉至二审人民法院，二审人民法院对案件所做的判决、裁定为生效判决、裁定，当事人不得再上诉。

下列案件实行一审终审：最高人民法院所做的一审判决、裁定；适用特别程序、督促程序、公示催告程序和企业法人破产还债程序审理的案件。

三、民事诉讼的管辖

（一）级别管辖

它是指各级人民法院之间受理第一审案件的分工和权限。《民事诉讼法》一般根据案件的大小、繁简程度、影响大小、当事人的行政隶属关系等情况，划分上下级人民法院之间受理第一审经济纠纷案件的分工和权限。

（二）地域管辖

地域管辖，是指同级人民法院之间受理第一审民事案件的分工和权限。地域管辖主要根据当事人住所地、诉讼标的物所在地或者法律事实所在地来确定。地域管辖分为一般地域管辖、特殊地域管辖、专属管辖、共同管辖和协议管辖。

四、诉讼时效

诉讼时效是指民事权利受到侵害的权利人在法定的时效期间内不行使权利，当时效期间届满时，人民法院对权利人的权利不再进行保护的制度。

2017年3月15日，第十二届全国人民代表大会第五次会议表决通过了《民法总则》。该法自2017年10月1日起施行。该法第一百八十八条第一款规定："向人民法院请求保护民事权利的诉讼时效期间为3年。法律另有规定的，依照其规定。"这表明，我国民事诉讼的一般诉讼时效从2017年10月1日起为3年。2020年5月28日，十三届全国人大三次会议表决通过了《中华人民共和国民法典》，自2021年1月1日起施行，届时《民法总则》同时废止，但《民法典》关于诉讼时效的规定与《民法总则》是一致的。

五、民事审判程序——第一审普通程序

第一审普通程序是指人民法院审理当事人起诉案件所适用的程序。其通常包括以下几个阶段：

（一）起诉和受理

1. 起诉

起诉指公民、法人或者其他组织因自己的民事权益受到侵害或者发生争议，而向人民法院提出诉讼请求，要求人民法院依法予以保护的诉讼行为。

2. 受理

受理指人民法院通过对当事人的起诉进行审查，对符合法律规定条件的，决定立案受理的行为。认为符合起诉条件的，应在7日内立案，并在立案之日起5日内将起诉状副本发送被告，被告在收到起诉状副本之日起15日内提出答辩状；经审查认为不符合法定条件的，视不同情况分别予以处理。

（二）调解

人民法院审理民事案件，根据当事人自愿的原则，在事实清楚的基础上，分清是非，进行调解。

根据民事诉讼法的规定，法院的调解在诉讼的各个阶段、各个审级均可进行。调解必须双方自愿，调解协议的内容不得违反法律规定。对调解达成协议的，人民法院应当制作调解书。调解书经双方当事人签收后，具有法律效力。对调解未达成协议或调解书送达前一方反悔的，人民法院应当及时判决。

（三）开庭审理

它是指人民法院在当事人和其他诉讼参与人的参加下，依照法定程序，在法庭上对案件进行审判的全部诉讼活动。开庭审理是第一审普通程序中最重要的阶段和中心环节。开庭审理由准备阶段、法庭调查、法庭辩论和评议宣判阶段组成。

1. 开庭审理前的准备

人民法院确定开庭日期后，应当在开庭 3 日前通知当事人和其他的诉讼参与人。通知当事人用传票，通知其他的诉讼参与人应当用通知书。对于公开审理的案件，人民法院应当在开庭审理前 3 日发布公告，公告当事人的姓名、案由以及开庭的时间、地点，以便群众旁听，记者采访、报道。

2. 法庭调查

它是指审判人员在诉讼参与人的参加下，在法庭上依照法定程序调查、核实案件事实和证据的诉讼活动，是法庭审理案件的中心环节。其任务是审查核实各种诉讼证据，对案件进行直接的、全面的调查。

3. 法庭辩论

双方当事人及诉讼代理人在人民法院的主持下，充分行使自己的辩论权，在法庭上就有争议的事实和法律问题进行辩驳和论证。

4. 评议和宣判

它是指由合议庭的人员在法庭调查和法庭辩论的基础上，明确案件性质，认定案件事实，确定适用的法律，最后宣告案件的审理结果，这是开庭审理的最后阶段。

法庭辩论终结后，由审判长宣布休庭。合议庭组成人员进入评议室对案件进行评议。合议庭评议实行少数服从多数的原则，评议的情况应如实记入笔录。

宣告判决有两种方式：一种是当庭宣判，一种是定期宣判。当庭宣判的，应在 10 日内向当事人发送判决书。定期宣判的，应在宣判后立即发给判决书。不管采用哪种形式宣判，都要告知当事人上诉权利、上诉期限以及上诉法院。

案例分析

一、级别管辖

【案情】

原告王某于 2018 年 6 月 10 日向某市中级人民法院递交起诉状称：被告陈某于 2014 年 11 月租用原告房屋二间，每月租金 2 000 元，租期 3 年。现租期已过，原告要求被告迁出，收回房屋自用。中级人民法院告知原告本院对本案无管辖权,没有受理原告的起诉,让其到区人民法院起诉。王某想不通,认为中级人民法院的审判员水平高,更能公正审理案件,区法院的审判员水平不高,不愿去区法院起诉。

【问题】本案应由哪级法院管辖?《民事诉讼法》对级别管辖是如何划分的?

【分析】

根据《人民法院组织法》规定,我国人民法院的设置分为四级:即基层人民法院、中级人民法院、高级人民法院和最高人民法院。这四级人民法院都有权审理一定范围的第一审民事案件,但由于它们各自的职能不同,所担负的审理第一审民事案件的任务不同,所以各自受理第一审民事案件的职权范围需要进行合理划分。

依据我国《民事诉讼法》第十七条规定:"基层人民法院管辖第一审民事案件,但本法另有规定的除外。"据此,第一审民事案件原则上由基层人民法院管辖。《民事诉讼法》第十八条规定:"中级人民法院管辖下列第一审民事案件:第一,重大涉外案件;第二,在本辖区有重大影响的案件;第三,最高人民法院确定由中级人民法院管辖的案件。"《民事诉讼法》第十九条规定:"高级人民法院管辖在本辖区有重大影响的第一审民事案件。"《民事诉讼法》第二十条规定:"最高人民法院管辖下列第一审民事案件:第一,在全国有重大影响的案件;第二,认为应当由本院审判的案件。"本案是一个比较简单的民事案件,不必由中级人民法院管辖。当事人的担心是不必要的,对区法院的审判如果不服,还可以上诉至中级人民法院,所以本案应由区法院管辖。

延伸阅读

《全国各省、自治区、直辖市高级人民法院和中级人民法院管辖第一审民商事案件标准》(最高人民法院于2008年3月31日公布,自4月1日起执行)

……

山东省

一、高级人民法院管辖诉讼标的额在1亿元以上的民商事案件,以及诉讼标的额在5 000万元以上且当事人一方住所地不在本辖区或者涉外、涉港澳台的第一审民商事案件。

二、中级人民法院管辖下列第一审民商事案件

1. 济南、青岛市中级人民法院管辖诉讼标的额在1 000万元以上的第一审民商事案件,以及诉讼标的额在500万元以上且当事人一方住所地不在本辖区或者涉外、涉港澳台的第一审民商事案件;

2. 烟台、临沂、淄博、潍坊市中级人民法院管辖诉讼标的额在500万元以上的第一审民商事案件,以及诉讼标的额在200万元以上且当事人一方住所地不在本辖区或者涉外、涉港澳台的第一审民商事案件;

3. 济宁、威海、泰安、滨州、日照、东营市中级人民法院管辖诉讼标的额在300万元以上的第一审民商事案件,以及诉讼标的额在200万元以上且当事人一方住所地不在本辖区或者涉外、涉港澳台的第一审民商事案件;

德州、聊城、枣庄、菏泽、莱芜市中级人民法院管辖诉讼标的额在300万元以上的第一审民商事案件,以及诉讼标的额在200万元以上且当事人一方住所地不在本辖区的第一审国内民商事案件;

4. 济南铁路运输中级法院依照专门管辖规定，管辖诉讼标的额在 300 万元以上的第一审民商事案件。青岛海事法院管辖第一审海事纠纷和海商纠纷案件，不受争议金额限制。

二、一般地域管辖

【案情】
居住在甲市的崔某与居住在乙市的韦某在丁市签订了一份协议，崔某将一版珍稀纪念邮票以 10 万元的价格卖给韦某并约定双方在丙市一手交钱一手交货。后崔某得知该纪念邮票在邮市上可卖到 12 万元，且价格还在上涨，遂决定反悔并电告韦某自己已将邮票卖给他人。韦某认为崔某违约，便向乙市人民法院提起民事诉讼。崔某随即向法院提出管辖权异议，认为该案件应由自己所在地甲市人民法院管辖。

【问题】本案该由哪个市的人民法院管辖？

【分析】
本案该由甲市人民法院管辖。

《民事诉讼法》规定，因合同纠纷提起的诉讼，由被告住所地或者合同履行地人民法院管辖。同时，按照《最高人民法院关于适用〈中华人民共和国民事诉讼法〉若干问题的意见》的规定，因合同纠纷提起的诉讼，如果合同没有实际履行，当事人双方住所地又都不在合同约定的履行地的，应由被告住所地人民法院管辖。本案中，双方当事人的住所分别为甲市和乙市，约定的合同履行地为丙市，合同签订地在丁市。但因崔某反悔，合同最终没有实际履行，而双方当事人的住所甲市和乙市又不在合同约定的履行地丙市，所以本案应由被告住所地甲市法院管辖。

三、特殊地域管辖

【案情】
2009 年 2 月，电影《非诚勿扰》上映没多久，温州人金阿欢即向国家商标总局提出申请"非诚勿扰"文字商标。2010 年 9 月，金阿欢获注册证。2010 年 1 月，江苏省广播电视总台旗下的《非诚勿扰》电视栏目开播，很快成为国内家喻户晓、极有影响的节目。2013 年，金阿欢委托律师向深圳市南山区法院起诉江苏省广播电视总台及合作伙伴深圳市珍爱网信息技术有限公司，要求对方停止对"非诚勿扰"商标的侵权。2014 年，南山区法院认为"《非诚勿扰》电视节目虽然与婚恋交友有关，但终究是电视节目，相关公众一般认为两者不存在特定联系，不容易造成公众混淆，两者属于不同类商品（服务），不构成侵权"，一审判决驳回了原告金阿欢的诉讼请求。2015 年 12 月，深圳市中级法院作出终审判决：江苏广电总台立即停止侵害金阿欢第 7199523 号"非诚勿扰"注册商标行为，即：其所属的江苏卫视频道于该判决生效后立即停止使用"非诚勿扰"栏目名称；珍爱网亦应立即停止侵权，于判决生效后立即停止使用"非诚勿扰"名称进行广告推销、报名筛选、后续服务等行为。

江苏卫视与珍爱网均不服二审判决，依法提起再审申请。2016 年 11 月，广东省高院审查后认为，江苏卫视对被诉"非诚勿扰"标识的使用，从客观使用情况和主观意图来看，属于商标性使用。但作为一档以相亲、交友为题材的电视文娱节目，其服务目的在于向社会公众提供娱乐、消遣，服务对象是不特定的广大电视观众等。这与现实中的婚介服务活动，在服务目的、内容、方式和对象上均区别明显。广东高院同时认为，要考虑涉案注册商标的显著性与知名度，在确定其保护范围与强度的基础上，考虑相关公众混淆、误认的可能性，判断是否构成商标侵权。由于金阿欢注册商标本身显著性低，而被诉节目作为娱乐、消遣的综艺文娱电视节目为公众所熟知，公众能够对该服务来源作出清晰区分，不会产生两者误认和混淆，被诉行为并未损害涉案注册商标的识别和区分功能，不构成商标侵权。最终判决如下：一、撤销广东省深圳市中级人民法院（2015）深中法知民终字第927号民事判决。二、维持广东省深圳市南山区人民法院（2013）深南法知民初字第208号民事判决。本案一、二审案件受理费各100元，均由金阿欢负担。本判决为终审判决。

（来源：晶报、央视网新闻）

【问题】
1. 金阿欢为什么先后向深圳市南山区人民法院和深圳市中级法院提起诉讼？
2. 江苏卫视在二审终审后采用了什么方式维护自己的权益？

【分析】
1. 此案涉及地域管辖中的特殊地域管辖等相关内容。特殊地域管辖包括十种情形，其中第六种情形规定，"因侵权行为提起的诉讼，由侵权行为地或者被告住所地人民法院管辖。"本案中江苏省广播电视总台及合作伙伴深圳市珍爱网信息技术有限公司第一次以"非诚勿扰"的名义招募男女嘉宾的地点是在深圳市，即侵权行为发生地是在深圳，根据特殊地域管辖的相关法律规定，故金阿欢先后向深圳市南山区人民法院和深圳市中级人民法院提起诉讼。

2. 江苏卫视在二审后依照《民事诉讼法》的规定提出了再审。《民事诉讼法》第一百九十九条规定，当事人对已经发生法律效力的判决、裁定，认为有错误的，可以向上一级人民法院申请再审，在本案中，江苏卫视以二审判决认定事实错误、法律适用错误为由，向广东省高院申请再审，从而启动该案再审审查程序。合议庭在组织各方当事人进行公开听证之后，审查认为本案符合《民事诉讼法》第二百条第六项"适用法律确有错误"这一应当再审情形的规定，依法提审本案。

知识扩展

地域管辖的分类

1. 一般地域管辖

（1）一般地域管辖的原则。

一般地域管辖的原则是"原告就被告"，即民事诉讼由被告所在地人民法院管辖。对公民提起的民事诉讼，由被告住所地人民法院管辖，被告住所地与经常居住地不一致的，由经常居住地人民法院管辖。

对法人或者其他组织提起的民事诉讼，由被告住所地人民法院管辖。法人或其他组织的住所地，是指其主要营业地或者主要办事机构所在地。如果被告是不具有法人资格的其他组织，又没有办事机构，则应由被告注册登记地人民法院管辖。

（2）一般地域管辖的例外规定。

在某些特殊情况下，由原告住所地人民法院管辖，原告的住所地与经常居住地不一致的,由原告的经常居住地人民法院管辖。这些例外情况是:第一,对不在中华人民共和国领域内居住的人提起的有关身份关系的诉讼;第二,对下落不明或者宣告失踪的人提起的有关身份关系的诉讼;第三,对正在被劳动教养的人提起的诉讼;第四,对正在被监禁的人提起的诉讼。

2. 特殊地域管辖

特殊地域管辖又称特别地域管辖,是指以诉讼标的所在地或者引起民事法律关系发生、变更、消灭的法律事实所在地为标准确定的管辖。特殊地域管辖有以下十种情形:

第一,因合同纠纷提起的诉讼,由被告住所地或者合同履行地人民法院管辖。

第二,因保险合同纠纷提起的诉讼,由被告住所地或者保险标的物所在地人民法院管辖。

第三,因票据纠纷提起的诉讼,由票据支付地或者被告住所地人民法院管辖。

第四,因公司设立、确认股东资格、分配利润、解散等纠纷提起的诉讼,由公司住所地法院管辖。

第五,因铁路、公路、水上、航空运输和联合运输合同纠纷提起的诉讼,由运输始发地、目的地或者被告住所地人民法院管辖。

第六,因侵权行为提起的诉讼,由侵权行为地或者被告住所地人民法院管辖。

第七,因铁路、公路、水上和航空事故请求损害赔偿提起的诉讼,由事故发生地或者车辆船舶最先到达地、航空器最先降落地或者被告住所地人民法院管辖。

第八,因船舶碰撞或者其他海事损害事故请求损害赔偿提起的诉讼,由碰撞发生地、碰撞船舶最先到达地、加害船舶被扣留地或者被告住所地人民法院管辖。

第九,因海难救助费用提起的诉讼,由救助地或者被救助船舶最先到达地人民法院管辖。

第十,因共同海损提起的诉讼,由船舶最先到达地、共同海损理算地或者航程终止地人民法院管辖。

3. 专属管辖

它是指对某些特定类型的案件,法律强制规定只能由特定的人民法院行使管辖权。对于专属管辖的案件,当事人双方无权以协议或约定的方式变更管辖法院。下列案件由人民法院专属管辖:

第一,因不动产纠纷提起的诉讼,由不动产所在地人民法院管辖。

第二,因港口作业发生纠纷提起的诉讼,由港口所在地人民法院管辖。

第三,因继承遗产提起的诉讼,由被继承人死亡时住所地或者主要遗产所在地人民法院管辖。

4. 共同管辖

它是指依照法律规定两个或两个以上的人民法院对同一诉讼案件都有管辖权。在几个人民法院对同一案件都有管辖权的情况下,原告可以向其中任一法院起诉。如果原告向两个以上有管辖权的人民法院起诉,由最先立案的人民法院管辖。

5. 协议管辖

协议管辖又称合意管辖或者约定管辖,是指双方当事人在纠纷发生前或发生后,以合意方式约定解决他们之间纠纷的管辖法院。协议管辖只适用于第一审民事案件。协议管辖地一旦确定则不能更改。

延伸阅读

互联网法院审理案件司法解释出台：网购等 11 类纠纷在互联网法院审理

根据新的司法解释，北京、广州、杭州互联网法院将集中管辖所在市的辖区内应当由基层人民法院受理的一审案件，那么，究竟哪些类型的案件需要由互联网法院审理呢？

司法解释明确下列 11 类案件将由互联网法院审理：

（一）通过电子商务平台签订或者履行网络购物合同而产生的纠纷。
（二）签订、履行行为均在互联网上完成的网络服务合同纠纷。
（三）签订、履行行为均在互联网上完成的金融借款合同纠纷、小额借款合同纠纷。
（四）在互联网上首次发表作品的著作权或者邻接权权属纠纷。
（五）在互联网上侵害在线发表或者传播作品的著作权或者邻接权而产生的纠纷。
（六）互联网域名权属、侵权及合同纠纷。
（七）在互联网上侵害他人人身权、财产权等民事权益而产生的纠纷。
（八）通过电子商务平台购买的产品，因存在产品缺陷，侵害他人人身、财产权益而产生的产品责任纠纷。
（九）检察机关提起的互联网公益诉讼案件。
（十）因行政机关作出互联网信息服务管理、互联网商品交易及有关服务管理等行政行为而产生的行政纠纷。
（十一）上级人民法院指定管辖的其他互联网民事、行政案件。

（来源：东方网）

四、诉讼时效

【案情】

2017 年 3 月 10 日，张某向钱某借款 5 万元，约定还款期限 1 个月。到期后张某没有按时还款，钱某也一直未主张还款。2020 年 1 月 30 日，钱某被确诊感染了新型冠状病毒，之后被隔离治疗至 3 月 10 日，病愈出院。

被告辩称，原告的诉讼时效已过，应驳回其诉讼请求。原告当庭反驳道，2017 年 10 月 1 日起施行的《民法总则》已将普通民事案件的诉讼时效由 2 年变更为 3 年，本案起诉并未超过 3 年诉讼时效。

【问题】

1. 本案中的诉讼时效期间正常应该什么时候届满？
2. 钱某在被隔离治疗期间无法主张权利，诉讼时效期间怎么计算？

【分析】

1. 根据《民法总则》和《民法典》第一百八十八条规定，向人民法院请求保护民事权利的诉讼时效期间为三年。诉讼时效期间自权利人知道或者应当知道权利受到损害以及义务人之日起计算。所以本案应该从 2017 年 4 月 10 日张某没有按时还款时开始计算三年诉讼时效期间，正常是到 2020 年的 4 月 10 日届满。
2. 钱某可以主张从入院隔离治疗之日中止计算诉讼时效期间，自治疗结束或隔离解除时开始继续计算时效。因为钱某被隔离治疗发生在诉讼时效期间的最后六个月内，符合法律规定的诉讼时效中止的情形。

知识扩展

诉讼时效的中断和中止

一、诉讼时效的中断

诉讼时效的中断，是指在诉讼时效期间进行中，因发生一定的法定事由，致使已经经过的时效期间统归无效，待时效中断的事由消除后，诉讼时效期间重新起算。

（一）诉讼时效中断的法定事由

1. 权利人向义务人提出履行请求。
2. 义务人同意履行义务。
3. 权利人提起诉讼或者申请仲裁。
4. 与提起诉讼或者申请仲裁具有同等效力的其他情形。

首先，《民法典》将起诉作为诉讼时效中断的事由。依《最高人民法院关于审理民事案件适用诉讼时效制度若干问题的规定》规定，下列事项之一，人民法院应当认定与提起诉讼具有同等诉讼时效中断的效力：申请仲裁；申请支付令；申请破产、申请破产债权；为主张权利而申请宣告义务人失踪或死亡；申请诉前财产保全、诉前临时禁令等诉前措施；申请强制执行；申请追加当事人或者被通知参加诉讼；在诉讼中主张抵销等。其次，权利人向人民调解委员会以及其他依法有权解决相关民事纠纷的国家机关、事业单位、社会团体等组织提出保护相应民事权利请求的，导致诉讼时效中断。再次，权利人向公安机关、人民检察院、人民法院报案或者控告，请求保护其民事权利的，导致诉讼时效中断。

（二）从何时起中断诉讼时效

依据《最高人民法院关于审理民事案件适用诉讼时效制度若干问题的规定》主要有以下几种情况：

1. 当事人一方向人民法院提交起诉状或者口头起诉的，诉讼时效从提交诉状或者口头起诉之日起中断。
2. 权利人向人民调解委员会以及其他依法有权解决相关民事纠纷的国家机关、事业单位、社会团体等社会组织提出保护相应民事权利的请求，诉讼时效从提出请求之日起中断。时效从债务承担意思表示到达债权人之日起中断。
3. 权利人向公安机关、人民检察院、人民法院报案或者控告，请求保护其民事权利的，诉讼时效从其报案或者控告之日其中断。
4. 债权转让的，应当认定诉讼时效从债权转让通知到达债务人之日起中断。债务承担情形下，构成原债务人对债务承认的，应当认定诉讼。

二、诉讼时效的中止

诉讼时效的中止，是指在诉讼时效进行中，因一定的法定事由产生而使权利人无法行使请求权，暂停计算诉讼时效期间。

（一）诉讼时效中止的原因

《民法典》第一百九十四条规定，在诉讼时效期间的最后六个月内，因下列障碍，不能行使请求权的，诉讼时效中止：

1. 不可抗力。
2. 无民事行为能力人或者限制民事行为能力人没有法定代理人，或者法定代理人死亡、丧失民事行为能力、丧失代理权。
3. 继承开始后未确定继承人或者遗产管理人。
4. 权利人被义务人或者其他人控制。
5. 其他导致权利人不能行使请求权的障碍。

（二）诉讼时效中止的条件和效力

1. 诉讼时效的中止必须是因法定事由而发生。
2. 法定事由发生在诉讼时效期间的最后6个月内，发生在最后6个月之前（诉讼时效期间）但持续到最后6个月时尚未消失，则产生中止诉讼时效的效力。
3. 诉讼时效中止之前已经经过的期间与中止时效的事由消失之后继续进行的期间合并计算，而中止的时间过程则不计入时效期间。
4. 中止事由发生在诉讼时效期间最后六个月之前，但持续到最后六个月时仍然存在，则应在最后六个月（注意：这种情况下不能在中止事由发生时就中止诉讼时效的进行）时中止诉讼时效的进行。

三、诉讼时效的延长

诉讼时效的延长，是指因特殊情况，法院对已经完成的诉讼时效期间给予的延展。

延长的条件：

1. 诉讼时效期间届满。
2. 权利人在时效期间内未行使权利确有正当理由。
3. 是否延长由法院决定。
4. 决定延长的期间必须适当。

这里的正当理由是指不可抗力。我国《民法典》第一百八十八条规定"诉讼时效期间自权利人知道或者应当知道权利受到损害以及义务人之日起计算。法律另有规定的，依照其规定。但是自权利受到损害之日起超过二十年的，人民法院不予保护；有特殊情况的，人民法院可以根据权利人的申请决定延长。"根据这一规定，最长的诉讼时效期间是从权利被侵害之日起计算，权利享有人不知道自己的权利被侵害，时效最长也是二十年，超过二十年，人民法院不予保护。

五、起诉与受理

【案情】

2018年5月嘉诺公司与中国铁路对外服务北京公司（以下简称对外服务公司）签署了出口货物委托书一份，委托对外服务公司将货物从北京运至目的地，并明确收货人为易通公司。2018年，对外服务公司向铁路北京南站办理了货物托运手续，其填写的货运单中记载的发货人是意大利FIT公司，收货人是索达运输公司。意大利FIT公司与嘉诺公司签订了联运协议书，约定双方互为中国境内外的运输代理，对外服务公司接受嘉诺公司的委托后，并确认收货人是西班牙的索达公司。该批货物运送到目的地后,承运人通知收货人索达公司领取货物,但遭到拒领。易通公司因不是运单记载的收货人而无法领取货物,经过多方协商后最终于2018年10月才收到货物。因此,易通公司要求嘉诺公司赔偿其所受损失,双方协商不成。2019年1月易通公司向法院提起民事诉讼。

【问题】易通公司向法院提起诉讼,应当具备哪些条件?

【分析】

根据我国《民事诉讼法》第一百一十九条的规定,经济纠纷案件的当事人向人民法院起诉,必须符合下列条件:第一,原告是与本案有直接利害关系的公民、法人和其他组织;第二,有明确的被告;第三,有具体的诉讼请求和事实、理由;第四,属于人民法院管辖范围和受诉人民法院管辖。这是原告提起民事诉讼的实体要件,当事人必须具备以上四个条件,否则法院将不予受理。

另外,当事人向法院起诉还应当具有一定的形式要件。第一,诉讼当事人起诉,应当向人民法院递交起诉状,并按照被告人数提出副本。书写起诉状确有困难的,可以口头起诉,由人民法院记入笔录,并告知对方当事人。起诉状应当写明以下内容:当事人的姓名、性别、年龄、民族、职业、工作单位和住所,法人或者其他组织的名称、住所和法定代表人或主要负责人的姓名、职务;诉讼请求和所根据的事实、理由;证据和证据来源,证人姓名和住所。第二,诉讼当事人起诉,还应当依法预交案件受理费。若原告不依法预交案件受理费,应当裁定不予受理或者驳回起诉。

也就是说,易通公司向法院提起诉讼,应当具备上述实体条件和形式要件。

六、二审程序

【案情】

2014年9月,永昌水泥厂因经营不善,将该厂承包给李向阳个人,双方签订了承包合同。该合同约定:永昌水泥厂由李向阳个人承包经营,承包期自2014年9月10日起至2018年9月10日止;李向阳每年交付永昌水泥厂15万元,剩余归李向阳个人所有;如果李向阳违约不交付15万元,承包合同将自动终止。2015年年初,李向阳因缺少流动资金,便以永昌水泥厂名义,并用永昌水泥厂的固定资产作抵押,向县工商银行贷款15万元,期限为1年。但是到还本付息时,李向阳因为经营不善造成亏损,无力偿还县工商银行15万元贷款。

为此,县工商银行以永昌水泥厂不归还其贷款为由,向县人民法院提起了诉讼。永昌水泥厂辩称:李向阳在承包永昌水泥厂期间的一切债权债务,均由他个人承担,应将李向阳作为本案第三人追加参与诉讼。于是,县人民法院通知李向阳按时参加本案的开庭审理。一审法院判决:李向阳个人偿还县工商银行15万元贷款及利息。李向阳不服,上诉到第二审法院。

第二审人民法院依法组成合议庭审理本案,经审理后认为,一审判决认定事实清楚,但是判决李向阳偿还银行贷款不妥。因为李向阳个人虽然承包了永昌水泥厂,但是李向阳本人与县工商银行之间没有法律关系,应当由永昌水泥厂负责偿还。据此,第二审法院依照《民事诉讼法》第170条的规定,撤销一审判决,判决由永昌水泥厂归还县工商银行贷款15万元及利息。

【问题】第二审法院的判决是否正确？

【分析】

依据我国《民事诉讼法》第一百七十条的规定，第二审人民法院对上诉案件，经过审理，按照下列情形，分别处理：第一，原判决、裁定认定事实清楚，适用法律正确的，以判决、裁定方式驳回上诉，维持原判决、裁定；第二，原判决、裁定认定事实错误或者适用法律错误的，以判决、裁定方式依法改判、撤销或者变更；第三，原判决认定基本事实不清的，裁定撤销原判决，发回原审人民法院重审，或者查清事实后改判；第四，原判决遗漏当事人或者违法缺席判决等严重违反法定程序的，裁定撤销原判决，发回原审人民法院重审。原审人民法院对发回重审的案件作出判决后，当事人提起上诉的，第二审人民法院不得再次发回重审。

第二审人民法院审理上诉案件，可以进行调解。调解达成协议，应当制作调解书，由审判人员、书记员署名，加盖人民法院印章。调解书送达后，原审人民法院的判决即视为撤销。

第二审人民法院的判决、裁定，是终审的判决、裁定，宣判之后立即发生效力。

本案中，二审法院认为一审法院认定事实清楚，只是原判决适用法律有错误，应当依法改判，符合法律的规定。就本案事实来讲，贷款合同双方当事人是永昌水泥厂和县工商银行，李向阳作为水泥厂的承包人只与永昌水泥厂存在承包合同关系，和县工商银行不存在直接的债权债务关系。因此，一审法院判决由李向阳来偿还银行贷款没有法律依据，二审法院对原判决进行改判是正确的。关于李向阳与永昌水泥厂之间的民事关系，有关贷款偿还后的追偿问题是另外的纠纷，在本案中不作处理。

知识扩展

民事审判程序——第二审程序

第二审程序是指当事人不服第一审人民法院的判决、裁定，在法定的期限内提起上诉，由上一级人民法院进行审理的程序。第二审程序可以分为上诉和受理、法院审理和裁判等阶段。

（一）上诉和受理

当事人不服第一审判决的，有权在判决书送达之日起15日内向上级人民法院提起上诉，不服第一审裁定的，上诉期限为10日。逾期不上诉的，一审判决和裁定发生法律效力，当事人便不得上诉。

一审程序中的原告、被告以及被判决承担民事责任的第三人均可提起上诉。上诉的一方称为上诉人，另一方称为被上诉人。上诉应提交上诉状，其内容包括：当事人的姓名、法人的名称及其法定代表人的姓名或者其他组织的名称及其主要负责人的姓名；原审法院名称；案件的编号和案由；上诉的请求和理由。

上诉状应当通过原审人民法院提出，并按照对方当事人或者代表人的人数提出副本。原审法院收到上诉状，应当在5日内将上诉状副本送达对方当事人，并限期在收到之日起15日内提交答辩状。逾期不答辩的，不影响案件的审理。原审法院收到上诉状、答辩状，应当在 5 日内连同全部案卷和证据，报送第二审人民法院。当事人直接向第二审人民法院起诉的，第二审人民法院应当在 5 日内将上诉状移交原审人民法院。

（二）法院审理和裁判

第二审人民法院应当对上诉请求的有关事实和适用法律进行审查，不受上诉范围限制，也不受一审裁判的限制，以保证对案件的正确裁判。第二审人民法院审理上诉案件，可以进行调解。调解达成协议，应当制作调解书，由审判人员、书记员署名，加盖人民法院印章。调解书送达后，原审人民法院的判决即视为撤销。

第二审人民法院对上诉案件，应当组成合议庭，开庭审理。经过阅卷和调查，询问当事人，在事实核对清楚后，合议庭认为不需要开庭审理的，也可以自行判决、裁定。

当事人对重审的判决、裁定，仍可以上诉。二审判决、裁定已经作出，即便生效，当事人不得再次上诉，只能通过审判监督程序申请再审。

人民法院审理对判决的上诉案件，应当在第二审立案之日起 3 个月内审结，有特殊情况需要延长的，由受理法院院长批准；对裁定的上诉案件，应当在第二审立案之日起 30 日内审结。

知识应用

一、管辖

【案情】王一、王二是堂兄弟，早先兄弟俩曾共同出资在原籍枣庄市修建住宅一幢，共同居住。后兄弟二人先后来到济宁市工作。王一的家属也调到济宁市工作。王二的家属仍在枣庄市工作，并住在原房中。2015 年 6 月，王一想退休回枣庄市养老，要求其堂弟腾出一部分房屋，王二不同意腾房，只愿意补偿房屋价款。兄弟二人遂发生争议，王一准备诉请法院解决。

【问题】本案由哪个法院管辖？

【分析】

_____
_____
_____
_____
_____
_____
_____
_____

二、诉讼程序

【案情】

陈某因买卖合同纠纷向法院起诉，要求被告肖某履行合同并承担违约责任。法院按照普通程序审理该案件,由于被告要求由人民陪审员参加审理,法院决定由法官郭某和人民陪审员张某、尹某组成合议庭,郭某任审判长。陈某得知陪审员张某是被告的表弟,便要求其回避,但回避申请被郭法官当场拒绝。在审理中,被告提出自己未能按照合同约定交货,是由于天降大雨,冲垮了公路。法庭审理后认为,原告未及时告知交货地点是造成被告迟延履行的主要原因,因而驳回了原告要求被告承担违约责任的请求。原告不服判决,提起上诉,二审法院发回重审,一审法院组成合议庭对该案件再次进行审理。

【问题】
1. 本案合议庭的组成是否合法?
2. 陈某申请回避的理由是否成立?
3. 郭法官的做法是否合法?
4. 对法院的决定不服,是否可以提出上诉?

【分析】

延伸阅读

中华人民共和国法院的组织体系

最高人民法院

《中华人民共和国宪法》规定,最高人民法院是中华人民共和国最高审判机关,负责审理各类案件,制定司法解释,监督地方各级人民法院和专门人民法院的审判工作,并依照法律确定的职责范围,管理全国法院的司法行政工作。

高级人民法院

高级人民法院包括:省高级人民法院、自治区高级人民法院以及直辖市高级人民法院。高级人民法院设刑事审判庭、民事审判庭、经济审判庭,根据需要可以设其他审判庭。

依法审判下列案件:
1. 法律、法令规定由它管辖的第一审案件。

2. 下级人民法院移送审判的第一审案件。
3. 对下级人民法院判决和裁定的上诉案件和抗诉案件。
4. 人民检察院按照审判监督程序提出的抗诉案件。

中级人民法院

中级人民法院包括：在省、自治区内按地区设立的中级人民法院，在直辖市内设立的中级人民法院，省、自治区辖市的中级人民法院以及自治州中级人民法院。中级人民法院设刑事审判庭、民事审判庭、经济审判庭，根据需要可以设其他审判庭。

依法审判下列案件：

1. 法律、法令规定由它管辖的第一审案件。
2. 基层人民法院移送审判的第一审案件。
3. 对基层人民法院判决和裁定的上诉案件和抗诉案件。
4. 人民检察院按照审判监督程序提出的抗诉案件。

中级人民法院对它所受理的刑事和民事案件，认为案情重大应当由上级人民法院审判的时候，可以请求移送上级人民法院审判。

基层人民法院

基层人民法院包括：县人民法院和市人民法院、自治县人民法院以及市辖区人民法院。基层人民法院可以设刑事审判庭、民事审判庭和经济审判庭，庭设庭长、副庭长。基层人民法院根据地区、人口和案件情况可以设立若干人民法庭。人民法庭是基层人民法院的组成部分，它的判决和裁定就是基层人民法院的判决和裁定。

基层人民法院审判刑事和民事的第一审案件，但是法律、法令另有规定的案件除外。对所受理的刑事和民事案件，认为案情重大应当由上级人民法院审判的时候，可以请求移送上级人民法院审判。

除审判案件外，并且办理下列事项：

1. 依法处理不需要开庭审判的民事纠纷和轻微的刑事案件。
2. 依法指导人民调解委员会的工作。

专门人民法院

专门人民法院是中国统一审判体系——人民法院体系中的一个组成部分，它和地方各级人民法院共同行使国家的审判权。包括军事法院、海事法院、铁路运输法院、森林法院、农垦法院、石油法院等。

专门人民法院与地方法院的区别主要在于如下几个方面：

1. 专门人民法院是按特定的组织或特定范围的案件建立的国家审判机关，而地方人民法院是按照行政区划建立的国家审判机关。
2. 专门人民法院管辖的案件具有专门性，即专门人民法院所审理的案件的性质不同于地方人民法院，受理管辖案件的范围具有特定的约束。
3. 专门人民法院的产生及其人员的任免不同于地方人民法院。例如中国人民解放军军事法院院长并不是经过人民代表大会选举产生的，而是由最高人民法院联同中央军事委员会任命的。

中华人民共和国法院的机关人员

审判人员

人民法院的审判人员和其他人员包括有选举权和被选举权的年满二十三岁的公民，可以被选举为人民法院院长，或者被任命为副院长、庭长、副庭长、审判员和助理审判员，但是被剥夺过政治权利的人除外。人民法院的审判人员必须具有法学专业知识。

法官是依法行使国家审判权的审判人员，包括最高人民法院、地方各级人民法院和军事法院等专门人民法院的院长、副院长、审判委员会委员、庭长、副庭长、审判员和助理审判员。法官必须忠实执行宪法和法律，全心全意为人民服务。法官依法履行职责，受法律保护。

地方各级人民法院院长由地方各级人民代表大会选举，副院长、庭长、副庭长和审判员由地方各级人民代表大会常务委员会任免。

在省、自治区内按地区设立的和在直辖市内设立的中级人民法院院长、副院长、庭长、副庭长和审判员，由省、自治区、直辖市的人民代表大会常务委员会任免。在民族自治地方设立的地方各级人民法院的院长，由民族自治地方各级人民代表大会选举，副院长、庭长、副庭长和审判员由民族自治地方各级人民代表大会常务委员会任免。

最高人民法院院长是中华人民共和国首席大法官，由全国人民代表大会选举，副院长、庭长、副庭长、审判员由全国人民代表大会常务委员会任免。

各级人民法院院长任期与本级人民代表大会每届任期相同。各级人民代表大会有权罢免由它选出的人民法院院长。在地方两次人民代表大会之间，如果本级人民代表大会常务委员会认为人民法院院长需要撤换，须报请上级人民法院报经上级人民代表大会常务委员会批准。

各级人民法院按照需要可以设助理审判员，由本级人民法院任免。助理审判员协助审判员进行工作。助理审判员，由本院院长提出，经审判委员会通过，可以临时代行审判员职务。

司法人员

有选举权和被选举权的年满二十三岁的公民，可以被选举为人民陪审员，但是被剥夺过政治权利的人除外。

人民陪审员在人民法院执行职务期间，是他所参加的审判庭的组成人员，同审判员有同等权利。人民陪审员在执行职务期间，由原工作单位照付工资；没有工资收入的，由人民法院给以适当的补助。

各级人民法院设书记员，担任审判庭的记录工作并办理有关审判的其他事项。地方各级人民法院设执行员，办理民事案件判决和裁定的执行事项，办理刑事案件判决和裁定中关于财产部分的执行事项。地方各级人民法院设法医。各级人民法院设司法警察若干人。

实训任务

任务一：模拟仲裁

一、任务名称

模拟仲裁

二、任务目的

充分了解仲裁的程序

三、任务要求

（一）内容要求

教师提供合同纠纷的案例，同学扮演双方当事人及仲裁代理人、仲裁员。

（二）操作程序

选出部分或全部学生，把他们分成3组——角色分工，各担一方——其他同学检验过程的对错——总结该论证结果。

（三）实训内容

第一步，将学生以每组大约3人分组，分为3组，各担任双方当事人及仲裁员。
第二步，各组围绕案例材料进行讨论，编写相应的文书。
第三步，按流程要求，进行仲裁模拟。
第四步，总结。

（四）评价

1. 实训任务纳入过程性考核成绩，学习团队得分将根据以上各项的完成情况由教师给出。
2. 团队队长对队员的贡献进行评价。
3. 队员得分将根据团队得分与团队队长的评价按比例计算得出。

任务二：模拟法庭

一、任务名称

模拟法庭

二、任务目的

充分了解诉讼的程序

三、任务要求

（一）内容要求

教师提供合同纠纷的案例，同学扮演双方当事人及诉讼代理人、审判团人员。

(二)操作程序

选出部分或全部学生,把他们分成3组——角色分工,各担一方——其他同学检验过程的对错——总结该论证结果。

(三)实训内容

第一步,将学生以每组大约3人分组,分为3组,各担任双方当事人及法官。

第二步,各组围绕案例材料进行讨论,编写相应的文书。

第三步,按流程要求,进行诉讼模拟。

第四步,总结。

(四)评价

1. 实训任务纳入过程性考核成绩,学习团队得分将根据以上各项的完成情况由教师给出。

2. 团队队长对队员的贡献进行评价。

3. 队员得分将根据团队得分与团队队长的评价按比例计算得出。

附文书样本

仲裁申请书的格式

申请人:姓名、性别、出生年月、民族、文化程度、工作单位、职业、住址。(申请人如为单位,应写明单位名称、法定代表人姓名及职务、单位地址)

被申请人:姓名、性别、出生年月、民族、文化程度、工作单位、职业、住址。(被申请人如为单位,应写明单位名称、法定代表人姓名及职务、单位地址)

请求事项:(写明申请仲裁所要达到的目的)

事实和理由:(写明申请仲裁或提出主张的事实依据和法律依据,包括证据情况和证人姓名及联系地址。特别要注意写明申请仲裁所依据的仲裁协议)

此致

××××仲裁委员会
申请人:(签名或盖章)
××××年××月××日

附:

一、申请书副本×份(按被申请人人数确定份数);

二、证据××份;

三、其他材料××份。

民事起诉状的格式

(一)原告为自然人时起诉书格式

民事起诉状

原告:姓名、性别、出生年月、民族、工作单位、职业、住址、联系方式。

被告:姓名、性别、出生年月、民族、工作单位、职业、住址、联系方式。

请求事项:(写明向法院起诉所要达到的目的)

事实和理由:(写明起诉或提出主张的事实依据和法律依据,包括证据情况和证人姓名

及联系地址）

此致

              ×××× 人民法院

               原告人：（签名或盖章）

                ×××× 年 × 月 × 日

附：

1. 本诉状副本 × 份（按被告人数确定）；
2. 证据 ×× 份；
3. 其他材料 ×× 份。

（二）原告为法人时起诉书格式

民事起诉状

原告：名称、地址、联系方式。

法定代表人：姓名、职务。

委托代理人：姓名、性别、年龄、民族、职务、工作单位、住址、联系方式。

被告：名称、地址、联系方式。

法定代表人：姓名、职务。

诉讼请求：（写明向法院起诉所要达到的目的）

事实和理由：（写明起诉或提出主张的事实依据和法律依据，包括证据情况和证人姓名及联系地址）

此致

              ×××× 人民法院

               原告人：（签名或盖章）

              法定代表人：（签名）

                ×××× 年 × 月 × 日

附：

1. 本诉状副本 × 份（按被告人数确定）；
2. 证据 ×× 份；
3. 其他材料 ×× 份。

【填写说明】

1. 当事人栏，注明自然情况。自然人要列出姓名、性别、年龄、民族、工作单位、住址。法人或其他组织要列出名称、住所地、法定代表人或负责人姓名、职务，填写要准确，特别是姓名（名称）栏不能有任何错字。地址要尽量翔实，具体到门牌号，最好注明邮编及通讯方式。

2. 案由。主要写明当事人之间讼争的法律关系及其争议。

3. 诉讼请求。主要写明请求解决争议的权益和争议的事实，以及请求人民法院依法解决原告一方要求的有关民事权益争议的具体事项。

4. 事实和理由。事实部分，要全面反映案件事实的客观真实情况。

5. 在起诉状尾部，当事人是自然人的，要由本人签字，是法人或其他组织的，由法定代表人或负责人签字并加盖单位公章。日期要填写准确。

参 考 文 献

[1] 马玉卿. 经济法理论与实务[M]. 北京：北京理工大学出版社，2015.
[2] 陈佩虹. 经济法案例[M]. 北京：清华大学出版社，2009.
[3] 黄彬. 经济法概论[M]. 上海：上海财经大学出版社，2011.
[4] 焦娇. 经济法概论[M]. 上海：复旦大学出版社，2010.